Nicole Funck
Michael Narten
Roland Hanewald

Borkum

Sei mir gegrüßt, Du ewiges Meer!
Wie Sprache der Heimat rauscht mir Dein Wasser,
wie Träume der Kindheit sehe ich es Flimmern
auf Deinem wogenden Wellengebiet.

Heinrich Heine, Auszug aus „Die Nordsee", Zweiter Zyklus

Impressum

Nicole Funck
Michael Narten
Roland Hanewald
REISE KNOW-HOW Borkum

erschienen im
REISE KNOW-HOW Verlag Peter Rump GmbH,
Bielefeld, Osnabrücker Str. 79, 33649 Bielefeld

© REISE KNOW-HOW Verlag Peter Rump GmbH
1997, 1999, 2001, 2004, 2006, 2008, 2009,
2011, 2012, 2015
**11., neu bearbeitete
und komplett aktualisierte Auflage 2017**

Alle Rechte vorbehalten.

Gestaltung:
Umschlag: G. Pawlak, P. Rump (Layout);
    A. Pentzien (Realisierung)
Inhalt: G. Pawlak (Layout); A. Pentzien (Realisierung)
Fotonachweis: Siehe Seite 251
Titelfoto: Michael Narten (Motiv: Fundstücke
    am Spülsaum)
Karten: Th. Buri; C. Raisin; der Verlag

Lektorat (Aktualisierung): André Pentzien

Druck und Bindung: D3 Druckhaus GmbH, Hainburg

Anzeigenvertrieb:
KV Kommunalverlag GmbH & Co. KG,
Alte Landstraße 23, 85521 Ottobrunn,
Tel. 089-928096-0, info@kommunal-verlag.de

ISBN 978-3-8317-2985-2
Printed in Germany

Dieses Buch ist erhältlich in jeder Buchhandlung
Deutschlands, der Schweiz, Österreichs, Belgiens
und der Niederlande. Bitte informieren Sie Ihren
Buchhändler über folgende Bezugsadressen:

Deutschland
    Prolit GmbH, Postfach 9, D-35461 Fernwald (Annerod)
    sowie alle Barsortimente
Schweiz
    AVA Verlagsauslieferung AG
    Postfach 27, CH-8910 Affoltern
Österreich
    Mohr Morawa Buchvertrieb GmbH
    Sulzengasse 2, A-1230 Wien
Niederlande, Belgien
    Willems Adventure, www.willemsadventure.nl

Wer im Buchhandel trotzdem kein Glück hat,
bekommt unsere Bücher auch über unseren
**Büchershop im Internet:
www.reise-know-how.de**

Wir freuen uns über Kritik, Kommentare
und Verbesserungsvorschläge, gern auch
per E-Mail an info@reise-know-how.de.

Alle Informationen in diesem Buch sind
von den Autoren mit größter Sorgfalt
gesammelt und vom Lektorat des Verlages
gewissenhaft bearbeitet und überprüft
worden.

Da inhaltliche und sachliche Fehler nicht
ausgeschlossen werden können, erklärt
der Verlag, dass alle Angaben im Sinne der
Produkthaftung ohne Garantie erfolgen
und dass Verlag wie Autoren keinerlei Ver-
antwortung und Haftung für inhaltliche
und sachliche Fehler übernehmen.

Die Nennung von Firmen und ihren Produkten und ihre Reihenfolge sind als Beispiel
ohne Wertung gegenüber anderen anzusehen. Qualitäts- und Quantitätsangaben sind
rein subjektive Einschätzungen der Autoren
und dienen keinesfalls der Bewerbung von
Firmen oder Produkten.

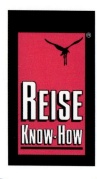

Vorwort

Das Wattenmeer der Nordseeküste ist eine einzigartige Landschaft, nicht umsonst zählt sie zum UNESCO-Weltnaturerbe. Wer vielfältige Landschaftsformen auf begrenztem Raum im Hochseeklima entdecken möchte, für den ist auf Borkum genau der richtige Ort. Die westlichste der Ostfriesischen Inseln ist groß genug, um auch bei einem längeren Aufenthalt immer wieder Neues entdecken zu können. Die großartige Natur unter weitem Himmel zählt dazu, die lebhaft pulsierende Stadt bietet einen tollen Kontrast. Die Wege sind hier meist nicht weit zum Shoppen, Schauen und Schlemmen. Die über die Insel rumpelnde Borkumer Kleinbahn ist die Attraktion für Kinder und Eisenbahnfreunde – sogar die restaurierte Dampflokomotive bekommt ihre Einsätze. 2013 hat Borkum das ECARF-Gütesiegel der „Allergikerfreundlichen Kommune" erhalten, hier können auch gesundheitlich eingeschränkte Urlauber ihre Ferien genießen.

Die Inseln im ostfriesischen Wattenmeer verändern sich permanent. Sie haben eine Eigendynamik, die mit ständig neuen Aspekten aufwartet. *Panta rhei*, alles fließt. Nicht nur die rastlosen Gezeiten und winterlichen Stürme sorgen stets für Veränderungen der Inselkonturen. Auch jede Welle, und sei sie noch so klein, zeichnet ihre Unterschrift in den Sand, wellt und glättet ihn wieder, versieht ihn im Gefolge winziger Strudel mit langen Rippelmustern. Jedesmal entsteht ein nie gesehenes Gemälde. Und dieser Vorgang wiederholt sich, Tausend

Auf der Reise zu Hause
www.reise-know-how.de

- Ergänzungen nach Redaktionsschluss
- kostenlose Zusatzinformationen und Downloads
- das komplette Verlagsprogramm
- aktuelle Erscheinungstermine
- Newsletter abonnieren

Bequem einkaufen im Verlagsshop

Oder Freund auf Facebook werden

Mal, Millionen Mal. Es genügt, die stetige Veränderung der Materie zu beobachten, den Blick für das immer Neue zu schärfen und sich des nie gleich bleibenden Gesichts der Insel zu erfreuen. Der Aufenthalt an der ozonhaltigen Luft am Spülsaum der Nordsee zwischen Sand und Meer sorgt für Wohlbefinden und Hochgefühl. Die bereichernden Eindrücke der Natur erfreuen das Herz, und die Seele kommt zur Ruhe.

Die Insel Borkum ist – mitsamt ihrer zahlreichen Annehmlichkeiten – zweifellos der rechte Platz für beste Erholung, Entspannung und vielfältige Entdeckungen.

Wir wünschen unseren Lesern eine **schöne Zeit auf Borkum.**

Nicole Funck, Michael Narten
und Roland Hanewald

Danke

Ohne die Unterstützung vieler Helfer kann kein guter Reiseführer entstehen. Deshalb möchten wir an dieser Stelle allen ganz herzlich danken, denn so konnten wir gemeinsam ein Buch machen, das hoffentlich vielen Lesern gefällt.

Jan Schneeberg und *Klaas Bakker* vom Archiv des Heimatvereins Borkum e.V.; *Hidde Staghouwer* und *Elke Ulsamer* vom Inselmuseum Dykhus; *Maria* und *Ihno Oetjen* vom Nordsee-Aquarium Borkum; *Sebastian Keller, Juliane Romahn, Sebastian Schmidtkord, André Thorenmeier* und das Team vom Nationalparkschiff Borkumriff; *Michael Bolken* vom Nordseekletterpark Borkum; *Frank Schönball* von den Stadtwerken Borkum; *Corina Habben* von der AG Ems; *Petra Stanggassinger* von der Borkumer Kleinbahn; *Silvia Bos, Claudia Fink, Marina Fink, Paula Marina Hahn, Giulia Löscher, Dennis Möller, Leon Schmidt* und *Uwe Ulrich* von den Wirtschaftsbetrieben Borkum; *Werner Tapper* vom Watertoorn Börkum e.V.; *Wolf Schneider* vom Burkana Verlag; *Jörg Zogel* von der Deutschen Gesellschaft zur Rettung Schiffbrüchiger (DGzRS); *Peter Schöpel* vom Gezeitenland; Stadtführer *„Bucki" Begemann; Ursula Bähr* von der Borkumer Bücherstube; *Ulrich Junker* vom Landesamt für Geoinformation und Landvermessung Niedersachsen; *Carmen Neuser; Jutta Oltmanns* und *Roland Dubberke; Achim Uhlenhut* sowie *Torsten Juilfs* von der Borkum Stiftung.

Wenn Sie, liebe Leser, nach Gebrauch dieses Reiseführers Wünsche und Anregungen für die nächste Auflage haben, freuen wir uns auf Ihr konstruktives Feedback.

Inhalt

Vorwort	4
Danksagung	5
Kartenverzeichnis	7
Exkursverzeichnis	7
Hinweise zur Benutzung	8
Gezeitentabelle	9
Einleitung – Willkommen an Bord – willkommen auf Borkum	10
Steckbrief	11
Zehn Insel-Highlights	12
Fünf kulinarische Entdeckungen	14
Fünf Angebote für Aktive	15

1 Sehenswertes 17

Alter Leuchtturm	18
Neuer Leuchtturm	21
Kleiner Leuchtturm	23
Borkums Baken	23
Heimatmuseum (Dykhus)	24
Nordsee-Aquarium	29
Wasserturm	33
Strandpromenade und Wandelhalle	35
Aussichtsdünen	40
Nationalparkschiff Borkumriff	42
Seenotrettungskreuzer „Alfried Krupp"	45

2 Insel-Info A–Z 49

Adressen und Telefonnummern	50
Anreise	51
Barrierefreies Reisen	63
Camping	64
Einkaufen	67
Elektromobilität und Energieversorgung	69

Fortbewegung	70
Führungen und Rundfahrten	76
Gastronomie	80
Hunde	89
Internet	92
Kinder	92
Kirchen	94
Kurgast auf Borkum	95
Lokalpresse und -radio	99
Sport	100
Strände	107
Unterhaltung	109
Unterkunft	113
Veranstaltungen	122
Wandern auf der Insel und im Watt	124
Wellness und Thalasso-Therapie	133

3 Borkums Natur 135

Landschaftformen	136
Lebensräume, Pflanzen und Tiere	143
Die Naturschutzgebiete in der Ruhezone	146
Wattenmeer und Ökotourismus	156

4 Inselgeschichte 161

Was bedeutet „Borkum" eigentlich?	162
Borkum und die Römer	163
Borkum im Mittelalter	166
Vitalienbrüder und Strandjer	169
Die Entwicklung vom 14. bis zum 18. Jahrhundert	173
Die Ära des Walfangs	175
Franzosenzeit und Seebadgründung	184
Kommunikationszentrum Borkum	192
Borkum im 20. Jahrhundert	196

Karten

Borkum, Insel	Umschlag vorn
Borkum, Ort	Umschlag hinten

**Borkum im Überblick/
Zehn Insel-Highlights** 12

Thematische/sonstige Karten

Anreise Emden	52
Borkums Insel-Highlights	14
Emsmündung	58
Gastronomie	84
Nationalpark	
Niedersächsisches Wattenmeer	138
Schutzzonen des Nationalparks	150
Unterkunft	116
Verkehrsübersicht	72

5 Die Nordsee 203

Land und Meer	204
Wind und Wetter	209
Ebbe und Flut	211
Gefahren beim Baden	214
Meer und Gesundheit	217
Das Sonnenlicht	219
Die Menschen an der Küste	221
Könen ji Börkumer Platt prooten?	223
Essen und Trinken an der Küste	227

6 Anhang 235

Literaturhinweise	236
Fährzeiten Emden 2015	238
Fährzeiten Eemshaven 2015	240
Register	247
Die Autoren	252

Exkurse

Sehenswertes

Der Untergang der „Teeswood"	38
Der Borkumer Walpfad	46

Insel-Info A–Z

Die Borkumer Kleinbahn	74
Von Borkumern für Borkumer – der Brauch „Klaasohm"	110
Das Notfall-Orientierungs-System	128
Borkums Trinkwasser	131

Borkums Natur

Essbare Wildpflanzen auf Borkum	140
Ein Seehund am Strand – was tun?	154

Inselgeschichte

Mediis tranquillus in undis	164
Archäologische Grabungen	167
Borkums berühmte Gäste	186
Vom erschröcklichen Baden im Meer	190
Die Deutsche Gesellschaft zur Rettung Schiffbrüchiger	194
Der Seebäder-Antisemitismus	198

Die Nordsee

Küstenschutz ist Inselschutz	206
Mit dem Fahrrad auf der Sandbank	212
Sturm und Wellen	216
Börkumer Maudersprake – eine Geschichte auf Börkumer Platt	224

Hinweise zur Benutzung

Autorentipps

UNSER TIPP: Mit diesem Kasten sind unsere ganz subjektiven Empfehlungen jenseits der „offiziellen" Sehenswürdigkeiten gekennzeichnet. Dies kann beispielsweise ein herausragendes Restaurant sein, ein Ort mit außergewöhnlichem Flair oder ein Geschäft mit einer besonderen Auswahl.

Öko-Tipp

🦋 Das Schmetterlingssymbol steht in diesem Buch für herausragende **Naturschönheiten** sowie für **nachhaltig wirtschaftende Betriebe:** Restaurants, Cafés oder Unterkünfte, die sich beispielsweise durch besonders schonenden Umgang mit natürlichen Ressourcen und/oder der Verwendung von Bioprodukten auszeichnen, aber auch für bemerkenswerte Naturschönheiten, an denen Borkum nicht arm ist.

Allergiker

Borkum gilt als allergikerfreundliche Stadt, deshalb tragen einige Restaurants, Cafés und Unterkünfte das **ECARF-Siegel.** Sie nehmen besondere Rücksicht auf Allergiker, es gibt zum Beispiel Zonen mit Hundeverbot oder besondere Rücksichtnahme bei der Zubereitung von Speisen.

Öffnungszeiten, Fahrpläne und Tourenangebote

Wie auf allen Inseln in Deutschland unterscheiden sich die Öffnungszeiten und Fahrpläne der öffentlichen Verkehrsmittel sowie die Abfahrtszeiten der Tourenanbieter im Winter, in der Neben- und Hauptsaison sowie den Ferien ganz erheblich. Deshalb werden keine Öffnungszeiten genannt, sondern es wird für aktuelle Informationen auf die jeweilige Website verwiesen.

Eintrittspreise

Zuerst werden die Eintrittspreise für Erwachsene angegeben, danach die für Kinder, soweit nicht anders angegeben. Da sich die Preise fast jede Saison verändern, ist es ratsam, vor einem Besuch auf den entsprechenden **Websites** die **aktuellen Tarife** anzuschauen. Die seitens der Stadt Borkum betriebenen Einrichtungen wie Neuer Leuchtturm, Gezeitenland etc. dürfen nur nach Vorlage der Kurkarte betreten werden. Ist diese nicht dabei, wird man leider ohne Ausnahme wieder weggeschickt.

Preiskategorien der Hotels

Unterkünfte aller Art sind in diesem Buch **mit Ziffern** (s.u.) klassifiziert, was aber nicht mit dem offiziellen Sterne-System identisch ist, sondern lediglich die **Preisklasse** kennzeichnet. Die Angaben beziehen sich dabei stets auf die **Unterbringung für zwei Personen in einem Doppelzimmer in der Hauptsaison** inklusive Frühstück. Das Angebot

Gezeitentabelle für Borkum

Wattwanderung oder Badespaß – Ebbe oder Flut. Aber wann ist eigentlich genau Niedrig- oder Hochwasser? Die Antwort gibt die Gezeitentabelle. **Und so geht's:** Richten Sie Ihr Smartphone mit einer beliebigen Scanner-App auf den QR-Code rechts, tippen Sie auf die Region und scrollen zu Borkum. Bestätigen Sie „Eingabedaten ok?", und schon wird die wöchentlich aktualisierte Gezeitentabelle angezeigt.

Link zur Gezeitentabelle:
http://www.bsh.de/de/Meeresdaten/Vorhersagen/Gezeiten/index.jsp
Quelle: Bundesamt für Seeschifffahrt und Hydrographie

Der Website **www.borkum.de** sind nützliche Informationen wie z.B. Hinweise zu Unterkünften oder zur Anfahrt zu entnehmen. Bei Facebook präsentiert sich Borkum unter: **www.facebook.de/borkum.de**

---

an Übernachtungsmöglichkeiten auf Borkum ist riesig und verändert sich ständig. Bei der Liste der Unterkünfte handelt es sich deshalb um eine rein **subjektive Auswahl empfehlenswerter Hotels und Pensionen.** Auf der Website www.borkum.de findet man einen sehr guten Überblick inklusiver Ferienwohnungen.

Unterkünfte – Preisangaben im Buch

①	bis 45 €
②	45–70 €
③	70–100 €
④	über 100 €

Gastronomie

Auf eine Klassifizierung von gastronomischen Betrieben wurde in diesem Buch verzichtet, da die Speisekarten der meisten Restaurants sowohl niedrigpreisige als auch hochpreisige Gerichte anbieten.

Willkommen an Bord – willkommen auf Borkum

Abfahrt

Fähranleger in Emden, Auto problemlos geparkt. Der Schiffsmotor brummt leise, ab und zu fliegt eine kleine Wolke vorbei. Wir sitzen an Deck und genießen die Fahrt über leicht welliges Meer. Gischt liegt in der Luft, der Alltag bleibt am Festland zurück.

Zwei Stunden später

Am Horizont schälen sich die Konturen Borkums heraus. In der Ferne sieht man die Silhouette der Inseltürme. Rechts leuchten in der Sonne zwei riesige Windräder. Die rote Seezeichen-Fischerbalje markiert den Beginn der Fahrrinne zum Hafen. Schließlich führt der Weg am Yachthafen Port Henry und am großen Schutzhafen vorbei. Kurz dahinter befindet sich der Fähranleger.

Ankunft auf der Insel

Dicht drängen sich die Passagiere am Ausgang der Fähre, die Urlaubserwartung liegt in der Luft. Nach wenigen Minuten fährt die Borkumer Kleinbahn mit ihren bunten Wagen ein, um die neuen Inselgäste abzuholen. Auf geht es in die Waggons mit den erstaunlich bequemen Holzbänken, das Gepäck stellt man einfach auf dem Boden ab.

Fahrt mit der urigen Kleinbahn

Nach einem Pfiff setzt sich der Zug rumpelnd in Bewegung. Rechts vorbei geht es an Deutschlands größter Jugendherberge. Weiter führt der Weg durch dichten Bewuchs aus Kartoffelrosen und Röhricht auf einem Damm durch das Wattenmeer. Ab und zu lässt sich ein Blick auf das im Osten liegende Watt erhaschen. Nach dem Passieren des Deichtors fährt der Zug durch die Greune Stee – eine dichte, grüne Waldlandschaft. Die ersten Häuser kommen in Sicht.

Ankunft im Ort

Das belebte Zentrum von Borkum ist erreicht. Nach kurzem Gedränge am Bahnhof geht es wenige Hundert Meter zu Fuß zur Unterkunft.

Erste Eindrücke

Nach kurzem Auspacken gilt der erste Weg dem Meer – man kann es schon riechen! Unübersehbar ragt der Neue Leuchtturm empor. An der Strandpromenade leuchten die mächtigen weißen Hotelbauten aus der Gründerzeit in der Sonne. Wir schlendern Richtung Westen und schauen dabei auf das Meer und die vorgelagerte Sandbank, auf der sich wie Stecknadelköpfe die Seehunde reihen. Die Sandbank ist Schutz- und Rückzugsgebiet für Wasservögel und Seehunde, weshalb ihr Betreten verboten ist. Die Cafés und Restaurants in der Wandelhalle und auf der Promenade haben Stühle, Tische und Lounge-Liegen herausgestellt. Wir lassen uns in einen der bequemen Sessel sinken: Der Urlaub hat begonnen.

Steckbrief Borkum

- **Name:** Borkum
- **Landkreis:** Leer
- **Bundesland:** Niedersachsen
- **Ort:** Stadt Borkum
- **Lage:** westlichste der Ostfriesischen Inseln
- **Koordinaten:** 53° 35′ 17″ N, 6° 40′ 11″ O
- **Entfernung bis zum deutschen Festland:** 20 km
- **Entfernung bis zur niederländischen Küste:** 12 km
- **Länge:** 10 km
- **Breite:** 7 km
- **Fläche:** 30,97 km^2
- **Umfang:** 34 km
- **Durchschnittliche Höhe:** 6 m ü. NN
- **Höchster Punkt:** Oldemanns Düne (im Naturschutzgebiet) 19,30 m
- **Einwohner:** ca. 5500 (Ende 2015)
- **Bevölkerungsdichte:** 177 Einwohner pro km^2 (Deutschland 230 Einwohner pro km^2)
- **Postleitzahl:** 26757
- **Vorwahl:** (+49) 04922
- **Internet:** www.borkum.de

△ Entspannen am Südstrand

▽ Graugans mit Küken auf Außenweiden

Borkum im Überblick / Zehn Insel-Highlights

Neuer Leuchtturm | 21
Er ist eines der wichtigsten Seezeichen an der Nordsee für die Schifffahrt vor der Emsmündung. In klaren Nächten ist sein Licht 45 Kilometer weit zu sehen.

Alter Leuchtturm mit Friedhof | 18
Vor dem Bau des Neuen Leuchtturms diente der „Olde Baas" aus dem Jahr 1576 den Seefahrern als Landmarke zur Orientierung in den gefährlichen Gewässern vor Borkum. Neben dem Alten Turm befinden sich schöne alte Grabsteine, teilweise noch aus der Walfängerzeit.

Strandpromenade und Wandelhalle | 35
Entlang der alten Hotelzeilen aus der Gründerzeit reihen sich Unterkünfte, Restaurants, Ruhebänke und Fahrradständer aneinander. Der Musikpavillon steht dominant im Blickfeld, in der Wandelhalle laden verschiedene Geschäfte, Cafés und Lounge-Bars zum Entspannen ein.

Nordsee-Aquarium | 29
Bereits seit den 1970er Jahren kann man in die faszinierende Unterwasserwelt rund um Borkum eintauchen und die Tiere und Pflanzen der Nordsee kennenlernen.

Aussichtsdüne „Norddüne" | 40
Mit 18,70 Metern ist sie die höchste Aussichtsdüne Borkums und bietet einen wunderbaren Rundblick auf das Meer, die Dünenlandschaft und auch auf das Zentrum der Ortschaft Borkum.

Feuchtbiotop „Greune Stee" | 146
Die „Grüne Stelle" ist ein sehr verwunschener Ort. Das vor vielen Jahren künstlich aufgeforstete größte Waldgebiet der Insel ist etwa 60 Hektar groß. Dort wachsen vor allem Moorbirken, Schwarzerlen und Weiden.

Borkumer Kleinbahn | 70, 74
Für Eisenbahnfans ist die Fahrt mit der seit 1888 bestehenden Schmalspurbahn ein absolutes Muss. Jeder Urlaub beginnt und endet mit einer Fahrt durch Dünen, Salzwiesen und Wald bis in die Stadt und umgekehrt.

Borkum im Überblick / Zehn Insel-Highlights

Heimatmuseum Dykhus | 24
Wie in einem Schaukasten eröffnet sich in diesem Museum eine bunte Welt voller Utensilien rund um die Inselgeschichte. Das Museum zeigt einen wirklich sehenswerten Querschnitt des Alltags auf Borkum im Wandel der Jahrhunderte.

Hoge Hörn | 152
Der östlichste Zipfel Borkums ist eine riesige Sand-, Watt- und Salzwiesenfläche. Sie darf zum Schutz der Tier- und Pflanzenwelt nur auf den markierten Wegen betreten werden.

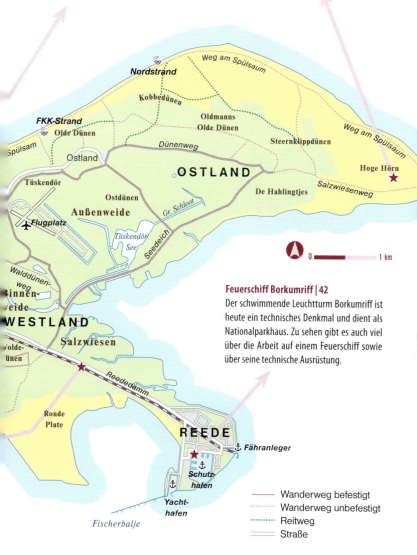

Feuerschiff Borkumriff | 42
Der schwimmende Leuchtturm Borkumriff ist heute ein technisches Denkmal und dient als Nationalparkhaus. Zu sehen gibt es auch viel über die Arbeit auf einem Feuerschiff sowie über seine technische Ausrüstung.

— Wanderweg befestigt
⋯ Wanderweg unbefestigt
— Reitweg
= Straße

Fünf kulinarische Entdeckungen

Byl's Fisshus | 83
Gutes Fischlokal mit Imbissatmosphäre und angeschlossenem Fischgeschäft. Draußen gibt es eine Terrasse, bei Regen kann man im Glashaus speisen. Die sehr gute Qualität und das breite Angebot an Meeresfrüchten bieten für jeden Geschmack das richtige.

Lüttje Toornkieker | 87
Hier wird alles biologisch gekocht. Das Café mit ECARF-Siegel richtet sich auch nach speziellen Gästewünschen bei Allergien. Mit Blick auf den Alten Leuchtturm kann man bei schönem Wetter draußen und sonst in angenehmer Atmosphäre drinnen die leckeren Kleinigkeiten wie Frühstück, Suppen und Kuchen genießen.

Restaurant Palée | 83
Im Strandhotel direkt an der Promenade. Hier wird gehobene Küche mit Meerblick direkt an der Strandpromenade geboten. Die Räumlichkeiten sind sehr stilvoll eingerichtet, im Sommer stehen vor dem Restaurant Lounge-Möbel, und nachmittags lockt die reichhaltige Karte mit Kaffeespezialitäten und leckeren Kuchen.

Café Seeblick | 87
Hier gibt es selbstgebackenen Kuchen vom Feinsten. Der Blick auf's Meer ist inklusive, und die große Terrasse lädt zum Verweilen ein. Wer größeren Hunger mitbringt, findet auch etwas im Angebot, und das Bier läuft frisch gekühlt ins Glas. Ist das Wetter zu schlecht, um draußen zu sitzen, gibt es einen großen Gastraum.

Pferdestall | 87
Mit viel Liebe wird hier alles frisch zubereitet. Es gibt Kleinigkeiten zum Schnökern, Eintöpfe und Hausmannskost, besonders lecker sind die Frikadellen. Das traditionsreiche Lokal ist mitten auf der Flaniermeile gelegen. Wer ein wenig Trubel nicht scheut, ist hier gut aufgehoben.

Fünf Angebote für Aktive

Kletterpark | 102
Klettern mit Blick auf die Nordsee, auch mit Kindern, wo gibt es das schon? Zwei Parcours sind zu erkunden, die leicht beginnen und nach und nach schwerer werden. Passieren kann nichts, wenn man die Sicherheitsvorschriften beachtet und sich sorgfältig sichert. Der Kletterspaß ist garantiert und endet mit einer rasanten Abfahrt am Hängeseil.

Surf- und Segelschule | 105
Wer schon immer mal Wassersportarten ausprobieren wollte oder sich das passende Gerät mieten möchte, findet hier das richtige. Zwei Surf- und Segelschulen haben im Sommerhalbjahr jede Menge Kursangebote. Auch Segelboote können gemietet werden.

Reiten | 103
Borkum ist für Reiter ein vorzügliches Revier. Es gibt ein ausgedehntes Reitwegenetz und einige Höfe, bei denen man Touren buchen und sein eigenes Pferd unterstellen kann. Wichtig ist, dass das Pferd eine Zulassungsnummer von der Gemeinde hat. Diese ist im Rathaus erhältlich.

Wattwandern | 78
Ins Watt sollte man sich nur mit Führer hinauswagen. Es gibt, auch wenn man das nicht glauben mag, jede Menge Gefahren durch Wetterwechsel und die Gezeiten. Wichtig ist die richtige Ausrüstung und eine große Portion Entdeckerfreude. Das Watt ist ein äußerst artenreicher Lebensraum.

Gezeitenland | 94
Hier findet jeder das passende Angebot. Riesenrutsche, Wellenreiten im Flow-Rider oder Schwimmen im Meerwasserbad und Plantschen für die Kleinsten. Im Obergeschoss locken eine Saunalandschaft mit einem „Fußreflexonenpfad" und im Untergeschoss der Wellnessbereich.

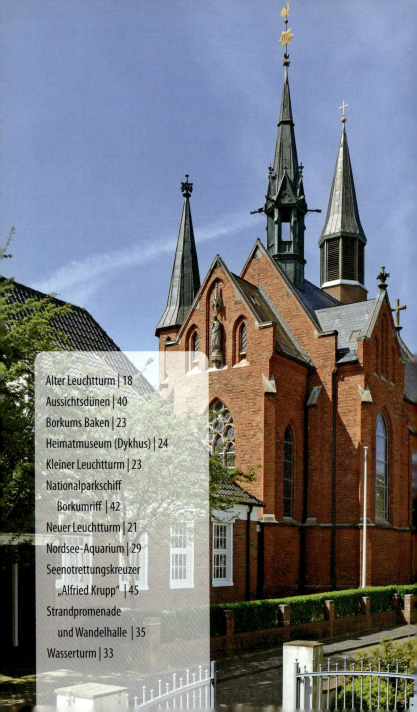

Alter Leuchtturm | 18
Aussichtsdünen | 40
Borkums Baken | 23
Heimatmuseum (Dykhus) | 24
Kleiner Leuchtturm | 23
Nationalparkschiff
  Borkumriff | 42
Neuer Leuchtturm | 21
Nordsee-Aquarium | 29
Seenotrettungskreuzer
  „Alfried Krupp" | 45
Strandpromenade
  und Wandelhalle | 35
Wasserturm | 33

1 Sehens-wertes

◁ Die Türme der katholischen Kirche

Alter Leuchtturm

■ **Standort:** Ecke Richthofen- und Wilhelm-Bakker-Straße, 26757 Borkum; Tel. 04922/48 60 (Heimatverein), www.heimatverein-borkum.de
■ **Öffnungszeiten:** Aus Brandschutzgründen ist der Turmaufstieg derzeit nicht möglich, der alte Inselfriedhof ist jederzeit öffentlich zugänglich.

41 Meter hoch

Zu den markanten Wahrzeichen Borkums gehört der Alte Leuchtturm, von den Borkumern auch liebevoll „De Olde Baas" genannt. Er steht am Rand des Ortszentrums nicht weit vom Bahnhof entfernt und ist schon von Weitem zu sehen.

Orientierungshilfen im Mittelalter

Die Nordsee vor der Emsmündung war schon im Mittelalter schwer zu befahren. Zur Orientierung in der mit Untiefen versehenen Westerems suchten sich die Seefahrer **Landmarken,** sie peilten zwei Baken auf der niederländischen Insel Rottum an. Doch während schwerer Sturmfluten in den Jahren 1509 und 1570 versank der Inselteil mit diesen Wegweisern in der Nordsee. Die Folge waren häufige **Schiffsunglücke.**

Aufgrund des 80 Jahre währenden Konflikts zwischen den benachbarten Niederlanden und Spanien ab 1566 nahm das neutrale **Emden** einen enormen wirtschaftlichen Aufschwung und wurde zur **ersten Reedereistadt Europas.** Emdens Seehafen gewann zunehmend an Bedeutung. Es ist kaum vorstellbar, dass Emden bereits vier Jahre später über mehr Schiffe verfügte als England. Ohne Navigationshilfen ließ sich der Emder Hafen jedoch nicht sicher ansteuern. Der Emder Rat, dem aus diesem Grund viel an der Sicherung der Emsschifffahrt gelegen war, wählte wegen der fehlenden Peilmarken 1576 Borkum als neuen Standort für die fehlenden Seezeichen aus. Auf seine Initiative hin wurde deshalb noch im selben Jahr begonnen, als neue Landmarke einen **Leuchtturm** zu errichten. Zur Unterstützung des Bauvorhabens verschifften die Emder **20.000 Ziegelsteine** auf die Insel, die beim Bau des Rathauses der Stadt übrig geblieben waren.

Als idealen Standort befand man die **alte Kirchwarf.** Dort stand eine kleine Inselkirche aus dem 14. Jahrhundert, die den Bewohnern Borkums bei schweren Sturmfluten Zuflucht gebo-

> Die Seiten des Alten Leuchtturms markieren die vier Himmelsrichtungen

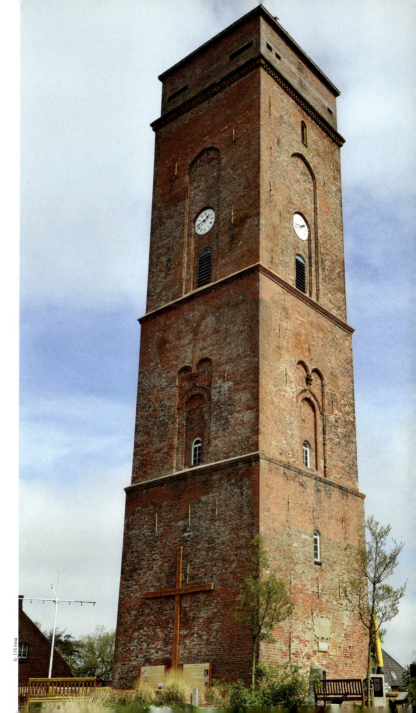

ten hatte. Als diese bei einer dieser Hochwässer vernichtet wurde, baute man eine neue Kirche, doch ihr Turm war als Landmarke viel zu niedrig. Kurzerhand rissen ihn die Insulaner ab und errichteten aus seinen alten Steinen zusammen mit der Ziegelspende aus Emden auf dem alten, quadratischen Fundament den Neubau. Er reckte sich nach seiner Fertigstellung mit 41 Metern weit sichtbar in die Höhe und bestimmt auch heute noch die Inselsilhouette.

Der heutige **Alte Leuchtturm** – er heißt so seit dem Bau des **Neuen Leuchtturms** – ist das älteste Gebäude der Insel. Seine vier Seiten markieren die vier Himmelsrichtungen. Auch die Glocken der alten Inselkirche fanden hier einen neuen Platz, und der Bau diente nun zusätzlich der Gemeinde als Kirchturm. Ursprünglich hatte er ein Spitzdach, davon ist heute nichts mehr zu sehen.

Installation des Leuchtfeuers

Sein nächtliches **Leuchtfeuer** erhielt der Alte Leuchtturm am 12. März 1817. In Zusammenarbeit mit dem Hamburger Konstrukteur *Johann Georg Repsold* bekam er eine **gläserne Kuppel,** in der eine Laterne mit 27 nach ihrem Erfinder *Argand* benannten Öllampen untergebracht waren, die während der dunklen Nachtstunden bei klarer Sicht gut zu sehen waren. Die Lichtanlage wurde 1857 verbessert und mit sogenannten **Fresnel-Linsen** ausgestattet, die wesentlich mehr Strahlkraft besaßen. Lichtquelle war eine dreidochtige Öllampe mit einem Verbrauch von 350 Gramm **Rüböl** stündlich; die Leuchtfeuerwärter mussten sie regelmäßig befüllen. Leider brannte der Leuchtturm am 14. Februar 1879 völlig aus, weil der Torfofen, der den Aufenthaltsraum der Wärter heizte, die Holzdecke in Brand gesetzt hatte. Der Turm war nicht mehr zu nutzen. Nur eine Woche später beschloss man den Bau des Neuen Leuchtturms.

Der Alte Leuchtturm bleibt erhalten

Nach dessen Fertigstellung setzte man den Alten Leuchtturm auch wieder instand. Er erhielt ein flaches Pyramidendach, wurde mit einer Turmuhr ausgestattet und auf verschiedenste Weise genutzt, zum Beispiel als **Wetterwarte,** als **Beobachtungsposten,** als **Seenotfunkstelle** und für **Brieftauben.** 1976 wurde das historische Gebäude unter Denkmalschutz gestellt. Heutiger Eigentümer ist der Heimatverein Borkum e.V., dem die Stadt Borkum den Turm 1981 geschenkt hatte. Ab 1984 war das Inselwahrzeichen dann für die Öffentlichkeit geöffnet, um aus den Eintrittsgeldern die Kosten für den Erhalt und die Renovierung des Turms zu generieren. Weitere Einnahmen kamen über eine Teestube und ein Trauzimmer für Eheschließungen in die Vereinskasse.

Karte S. 14, Umschlag hinten (Ort) **Neuer Leuchtturm** **21**

Sehenswertes

Aus Brandschutzgründen ist der Turm **derzeit nicht zu besichtigen.** Der Heimatverein gibt sich große Mühe, eine baldige Lösung zu finden, da der Turm nicht aufgegeben werden, sondern für Inselgäste und -bewohner erhalten bleiben soll. Von Zeit zu Zeit ist der Eingangsbereich des Altes Leuchtturms geöffnet, in dem sich eine kleine Ausstellung zur Turmgeschichte befindet, der Aufstieg ist jedoch nicht gestattet.

Insel-
friedhof

Am Fuß des Leuchtturms sind **Reste des alten Inselfriedhofs** mit sehenswerten **historischen Grabsteinen** aus der Walfängerzeit zu finden. 1873 wurde hier die letzte Bestattung durchgeführt. Ein Rundgang auf dem Areal lohnt sich. Zusätzliche Informationen sind zahlreichen Tafeln zu entnehmen. Neben dem Gelände steht einer von mehreren alten **Walknochenzäunen.**

Neuer Leuchtturm

■ **Standort:** Unübersehbar in Borkums Zentrum zwischen Bahnhof und Strand steht er von Straßen umrundet auf einer Düne. 26757 Borkum; Tel. 04922/77 99, www.borkum.de.

■ **Öffnungszeiten:** 1.6.–30.9. täglich 10–17 Uhr, im Oktober 11–16 Uhr, Mi und So Ruhetag, 1.11.–31.3. Mi, Sa, So 14–16 Uhr, 1.4.–31.5. 11–16 Uhr, Mi und So Ruhetag, letzter Einlass eine halbe Stunde vor Schließzeit; kein Aufzug vorhanden, Zutritt nur mit Kurkarte möglich. Preis: 2,50 €, Kinder 1,50 €.

60 Meter
hoch

Der Alte Leuchtturm war nach seinem Großfeuer im Februar 1879 noch gar nicht ganz abgekühlt, da stand schon der neue. Am **15. November 1879** wurde dieser zum ersten Mal in Betrieb genommen. Heute strahlt er bei klarem Wetter 24,3 Seemeilen weit, das ist eine Reichweite von rund 45 Kilometern. Mit etwa 60 Metern Höhe ist der Neue Leuchtturm die imposanteste Erscheinung im Ortskern. Man kann ihn auf **315 Stufen** über eine Wendeltreppe und eine Eisenleiter, die am Ende des Aufstiegs die letzten drei Meter nach oben überbrückt, erklimmen. Es wartet ein herrlicher Rundumblick über Borkum. Obwohl die Aussichtsplattform von einem hohen Gitter umgeben ist, lohnt sich die Mühe. Einige wenige enge Ausschnitte gestatten das Fotografieren mit größeren Objektiven. Wenn viel Andrang herrscht, wird es eng. An manchen Tagen ist es oben extrem windig, dann lässt sich die Tür kaum öffnen.

1

☐ Karte S. 14, Umschlag hinten (Ort) · **Kleiner Leuchtturm, Borkums Baken**

Kleiner Leuchtturm

- **Standort:** Im Süden vom Zentrum an der „Heimlichen Liebe", Süderstraße, 26757 Borkum.
- **Öffnungszeiten:** keine Besichtigung möglich.

28 Meter hoch

Der 28 Meter hohe Kleine Leuchtturm wird auch **Elektrischer Leuchtturm** genannt und war zum Zeitpunkt seiner Einweihung als erster elektrisch betriebener Leuchtturm Deutschlands eine technische Sensation. Ab 1891 machte er die Ansteuerung der Ems durch das Hubertgat und die Westerems sicherer. 1890 initiierte die damals international viertgrößte Reederei „Norddeutscher Lloyd" in Bremen, dass die drahtlose Telegrafie als **Schiffsmeldedienst für die Handelsschifffahrt** genutzt werden sollte. 1899 wurden das Feuerschiff „Borkumriff" und der „Kleine Leuchtturm" mit Sendemasten ausgerüstet. Am 19. Mai 1900 eröffnete die „Reichspost und Telegrafenverwaltung" den **ersten Funkdienst der Welt.** 1966 wurde eine Radarantenne nachgerüstet und der Turm somit automatisiert. Seit 2003 wird er nicht mehr unterhalten, spielt aber in der deutsch-niederländischen Radarüberwachung der Emsmündung auch heute noch eine wichtige Rolle.

Borkums Baken

Navigationshilfen

Der Anblick des Großen und des Kleinen Kaaps in Borkums Dünen gibt Nichtinformierten Rätsel auf. Die Erklärung findet sich wie so häufig in der Vergangenheit. Die Baken dienten früher als **Navigationshilfen** für die Schifffahrt. Zusammen mit der Landmarke Alter Leuchtturm wiesen die ehemals hölzernen Bauwerke den Steuermännern den Weg durch die gefährlichen Untiefen der Westerems vor Borkum. Erst 1872 baute man die heutigen Seezeichen aus Backstein mit hölzernen Toppzeichen sowie im Osten der Insel eines mit einem eisernen Toppzeichen. Das **Große Kaap** (Osterems-Bake) wurde auf eine neun Meter

☐ Der Neue Leuchtturm ist rund 60 m hoch

1

hohe Düne gebaut und ist mit 23,40 m das größte dieser Bauwerke. 500 m entfernt steht das **Kleine Kaap** (Westerems-Bake), mit 11,70 m ist es genau halb so hoch wie das Große Kaap. Beide stehen nördlich der Wandelhalle in den Dünen. Ihrer einstigen Funktion beraubt, sind sie für die Insel heute dekorative Wahrzeichen. Das dritte Seezeichen im Osten Borkums befindet sich rund 7 km vom Zentrum entfernt. Auf einer 7,50 m hohen Düne reckt sich der turmartige Klinkerbau, an dessen Spitze sich ein eisernes Dreieck befindet, in die Höhe. Die **Ostbake** (Oostbake) dient der Kleinschifffahrt noch heute als Orientierungspunkt.

Heimatmuseum (Dykhus)

■ **Standort:** Roelof-Gerritz-Meyer-Straße 8, 26757 Borkum (Ecke Richthofen-/Upholmstraße); Tel. 04922/4860, www.heimatverein-borkum.de/heimatmuseum.

■ **Öffnungszeiten:** täglich (außer Mo) 10–17 Uhr. Im Winter an Wochenenden nur nachmittags 14–17 Uhr. Preise für Erwachsene 4 €, Kinder 1,50 €, Familienkarte 9 €, empfehlenswerte rund 2-stündige Führung Mo um 15 Uhr für 8 € Erw. bzw. 3 € für Kinder.

Zehn Räume

Das Haus, in dem heute das Inselmuseum untergebracht ist, wurde vor rund 300 Jahren von Walfang-Kommandeur *Weyert Bot* gebaut. Das Museum wird in liebevoller Arbeit ehrenamtlich von den Mitgliedern des 1921 gegründeten **Borkumer Heimatvereins e.V.** finanziert und betrieben. Es liegt etwas versteckt in der Nähe des Alten Leuchtturms. In einem weiteren ehemaligen Wohnhaus pflegen seine Mitglieder zusätzlich ein umfangreiches **Archiv.**

Das Inselmuseum bietet eine bunte Sammlung, in der jeder etwas Interessantes entdecken kann. In zehn Räumen zeigt sich ein Schatz der **kulturgeschichtlichen Vielfalt der Insel.** In Vitrinen, mit Gegenständen und auf Infotafeln wird über das Inselleben, die Seefahrt, Borkums touristische Geschichte und die Walfängerzeit informiert. Naturgeschichtliche Sammlungen runden die Ausstellung ab. Zwei umfangreiche **Sandsammlungen** zeigen, dass Sand nicht gleich Sand ist, sondern sich in Farbe, Material und Körnung sehr wohl unterscheidet. Welcher Sand der schönste ist, mag jeder Besucher für sich entscheiden. Fragt man die Einheimischen, ist es natürlich der von Borkum.

Eingang zum Heimatmuseum (Dykhus)

Walhalle

Der Besucher betritt das Inselmuseum durch die sogenannte **Walhalle,** deren Mittelpunkt das 15 Meter lange Skelett eines 1998 vor der nordfriesischen Halbinsel Eiderstedt gestrandeten **Pottwals** ist. Ferner sind dort zahlreiche Ausstellungsstücke über Wale und den historischen Walfang, Mitbringel der Seefahrer sowie eine mit holländischen Fliesen prächtig ausgestattete Zisterne zu finden. Die **Wiege der Raumfahrt** befindet sich überraschenderweise ebenfalls auf Borkum: ein Nachbau einer der beiden Raketen, die *Wernher von Braun* im Dezember 1934 auf der Insel in eine Höhe von knapp 2000 Metern geschossen hatte.

Rundgang

Folgt man dem empfohlenen Rundgang, so gelangt man über eine Schräge zu einem Bullauge, durch das man einen Blick in eine **Kapitänskajüte,** die aus dem Borkum-Schiff „Rheinland" stammt, werfen kann. Weiter geht es in die **„Karnstee",** eine Nebenkammer der Küche mit alten Gerätschaften zur Ausübung der Landwirtschaft, Butter- und Käseherstellung sowie zur Haltbarmachung von Lebensmitteln. Im nächsten Raum befindet sich die **„Köken"**, eine alte Inselküche des Hauses mit schönen Fliesen aus der Zeit zwischen 1680 und 1840. Besonders kurios ist der **„Kackstuhl"**, ein hochgestelltes Töpfchen für Kleinkinder. Im nächsten Raum präsentiert sich die prächtige **„Vörkamer"**, das Wohnzimmer des Hauses mit einem schönen gusseisernen Ofen. In jedem Sommer wurde er abgebaut, wenn das Zimmer an Badegäste vermietet wurde.

Das **„Kapitänszimmer"** diente dem Hausherrn zur Ablage von wichtigen Dokumenten und Arbeitsgeräten, die Wände schmücken Bilder von Segelbooten und Kapitänen. Im nächsten Raum befinden sich zahlreiche Ausstellungsstücke zur Ortsge-

schichte sowie viele Klapptafeln über 150 Jahre Seebädergeschichte und den Antisemitismus auf Borkum. Die **„Upkamer"** ist der wegen des Kellers höhergelegene Schlafraum des Hauses. Die winzige Schlafstelle, **„Butze"** genannt, ist mit kunstvoll verzierten Holztüren verschlossen. Über eine kleine Treppe, neben der **alte Badekleidung** aus der Zeit um 1900 aufgehängt ist, kommt man wieder in die Walhalle zurück.

Das große Pottwalskelett im Dykhus

Heimatmuseum (Dykhus)

Rudolf-Akkermann-Halle

Auf der schräg gegenüberliegenden Seite befindet sich der Durchgang in die „**Rudolf-Akkermann-Halle**". Hauptattraktion ist das Ruderrettungsboot „**Otto Hass**", das 1894 bis 1922 der Bergung Schiffbrüchiger diente und mit dem Borkumer Männer 66 Menschen aus Seenot retteten. Das Boot ist so groß, dass es heute nicht mehr aus dem Raum gebracht werden kann.

Vögel, Sand und prominente Gäste

Der letzte Raum zeigt eine Sammlung von rund **220 Vögeln** aus der ältesten naturkundlichen Sammlung Borkums von 1910, die auf beeindruckende Weise die Bedeutung des Wattenmeers für Zug- und einheimische Vögel dokumentiert. Hier sind auch die beiden **Sandsammlungen** zu sehen, die weiterhin ergänzt werden. Ferner sind archäologische Funde ausgestellt und einige Dokumente und Fotos von **berühmten Inselgästen** wie dem Maler und Dichter *Wilhelm Busch* sowie den beiden Schriftstellern *Gottfried Benn* und *Wilhelm Rabe*.

UNSER TIPP: Für ein besseres Verständnis dieser ungewöhnlichen Sammlungen und der Inselgeschichte wird die ganzjährig jeden Montag um 15 Uhr angebotene **Museumsführung** empfohlen. Sie dauert etwa zwei Stunden und erklärt so manches, was auf den ersten Blick unverständliches Kopfschütteln oder Schmunzeln auslöst.

Karte S. 14, Umschlag hinten (Ort)   **Nordsee-Aquarium**   29

Nordsee-Aquarium

Sehenswertes

■ **Standort:** Von-Frese-Straße 46/Ecke Strandpromenade); 26757 Borkum, Tel. 04922/ 933 744, www.nordsee-aquarium.de.
■ **Öffnungszeiten:** Juli/Aug. täglich 10–17 Uhr, Apr.–Juni, Sept./Okt. Mo geschlossen, Nov.–März Mo, Mi, Sa, So 11–16 Uhr, Zutritt nur mit Kurkarte, aktuelle Infos über die Website.

Borkums faszinierende Unterwasserwelt

🦋 Die Ausstellungsfläche des Aquariums, das schon seit 1977 existiert und seit 2015 in einem Neubau eingerichtet ist, besteht aus einem Haupt- und einem Nebenraum für Gruppen. Es gibt dort viel über die faszinierende **Unterwasserwelt vor Borkum** zu entdecken – entsprechend Zeit sollte man mitbringen. Interessant ist es auch, sich anzumelden, um dann während der wöchentlichen Führungen bei der **Fütterung** vor den Aquarien zu stehen und dabei viel Wissenswertes über den Lebensraum im Meer zu erfahren. Das **Wattenmeer** gehört heute zum **Weltnaturerbe der UNESCO** und wird streng geschützt.

Die Nordsee ist eines der **produktivsten Meere**, in jedem Liter Wasser leben Millionen kleiner Lebewesen. Von Bakterien, Algen, Anemonen, Fischen über Meeressäuger und andere Unterwasserbewohner ist hier alles anzutreffen. Die verschiedenen Becken im Aquarium sind nach den **Lebensräumen** rund um Borkum gegliedert. Sie zeigen einen guten Überblick über die charakteristischen Algen und Tiere, die zum Beispiel im Wattenmeer, der offenen See, im Yachthafen, auf Treibholz und Muschelbänken oder in Prielen leben. Zusätzlich informieren Tafeln über die **Entstehung der Nordsee**, die **Nahrungskette** oder das **Wattenmeer als „Kinderstube"**, aber auch das Thema **Überfischung** wird angesprochen.

◁ Ein kleiner Teil der umfangreichen Sandsammlung im Heimatmuseum

1

Nordsee-Aquarium

Zwei Hummerarten

Kurioserweise gibt es **zwei verschiedene Hummerarten** im Aquarium. Der **blaue Europäische Hummer** *(Homarus gammarus)* gehört zu den Großkrebsen. Er wächst sein ganzes Leben, kann 100 Jahre alt werden, lebt in einer Tiefe bis zu 150 Metern und hat sich perfekt an das Leben auf felsigem Untergrund angepasst. Zu finden ist er vor allem auf dem Felssockel von Helgoland und auf den Fundamenten der Offshore-Windparks. In einem anderen Becken kann man den **orangefarbenen Kaiserhummer** *(Nephrops norvegicus)* sehen, mancherorts steht er auf der Speisekarte. Der Zehnfußkrebs lebt auf weichen Böden bis in einer Tiefe von 250 Metern. Er vergräbt sich im Sand oder versteckt sich in Höhlen, deshalb ist er häufig nicht oder nur bei ganz genauem Hinschauen zu sehen.

> Ein Hummer aus Kanada zu Gast im Nordsee-Aquarium

☐ Karte S. 14, Umschlag hinten (Ort) **Nordsee-Aquarium** 31

Arterhaltung von Meeresbewohnern

Wenn alles klappt, wird das Aquarium bald um eine neue Attraktion reicher: Es sollen zwei bis drei etwa 80 cm lange **Störe** in ein Becken kommen. Sie dürfen dort wachsen, bis sie groß genug sind, um ins Meer entlassen zu werden. Das Nordsee-Aquarium hat sich die **Arterhaltung schützenswerter Meeresbewohner** zur Aufgabe gemacht. Die Tiere in den Aquarien sind zum Teil selbst gefangen, werden gezüchtet oder mit anderen Aquarien getauscht. Gute Zuchterfolge gibt es bei kleingefleckten Katzenhaien und lebendgebärenden Fischen, z.B. Aalmuttern. Haben die Tiere eine bestimmte Größe erreicht und eine reelle Chance, in der Natur zu überleben, werden sie in ihren natürlichen Lebensraum entlassen. Vor dem Aquarium im Meer lebende Krabben werden gefangen und verfüttert. Dadurch, dass sai-

sonbedingt die verschiedensten Lebewesen aus der Natur entnommen werden, verändern sich die Becken gemäß ihrer Themen ständig. So sind bestimmte Quallenarten, Bäumchenpolypen, Heringe oder Schwämme nur zu bestimmten Jahreszeiten im Meer um Borkum herum zu finden. Auf Klapptafeln werden die Beschilderungen laufend ergänzt.

Wer sich alles gründlich anschaut, weiß hinterher auch die Antwort auf die Frage, warum die **Plattfische** quer auf dem Boden liegen, welche Tiere **zweigeschlechtlich** sind und welche Bedeutung der **Wattwurm** und seine Sandhäufchen haben. Jeder von ihnen filtert jährlich 25 kg Wattboden, wodurch sauerstoffreiches Wasser in den Boden gelangt und dort die Lebensbedingungen verbessert werden.

Seesterne zum Anfassen

UNSER TIPP: Es gibt einen sogenannten **Touch-Pool,** in dem kleine und größere **Seesterne** angefasst werden können. Außerdem leben in diesem Becken z.B. Fische, Garnelen oder Krebse. Und keine Angst: Die Tiere werden regelmäßig ausgetauscht und wieder in die Freiheit entlassen.

◸ Seesterne zum Anfassen im Nordsee-Aquarium

▷ Wasserturm in Borkums Dünenlandschaft

Wasserturm

- **Standort:** Geert-Bakker-Str. 49a, 26757 Borkum; Tel. 04922/7836, www.wasserturm-borkum.de.
- **Öffnungszeiten:** Besichtigungen sind derzeit nicht möglich.

Wasserreservoir für alle Borkumer Haushalte

Der Borkumer Wasserturm wurde 1900 zur Wasserversorgung nach den Plänen der Berliner Konstrukteure *Börner* und *Herzberg*, die sich auf den Bau von Wasserwerken spezialisiert hatten, gebaut. Das Prinzip funktionierte über einen konstanten Wasserdruck, der alle Häuser mit fließendem Wasser versorgte. Oben, im 29 Meter hohen Turm, befand sich ein Wasserspeicher mit 200 Kubikmetern Inhalt, in den mit konstantem Wasserdruck Trinkwasser gepumpt wurde. Da der Turm auf einer Düne steht, überragt er sämtliche Häuser der Insel, und so entstand gleichmäßiger Wasserdruck, mit dem das Leitungsnetz versorgt wurde.

Wasserturm

Stilllegung

Ab 1976 wurde das Bauwerk nicht mehr als Wasserturm verwendet, weil die Gästezahlen auf der Insel deutlich stiegen und der Wasserbedarf stark zunahm. Der Druck im Turm reichte dafür nicht mehr aus, und deshalb wurde dieser außer Dienst gestellt. Der hölzerne Turmaufbau verfiel und wurde schließlich 1981 abgetragen. 1982 wurde das Bauwerk unter Denkmalschutz gestellt. 2010 übergaben die Wirtschaftsbetriebe der Stadt Borkum das markante Gebäude und das davorliegende Grundstück dem gemeinnützigen Verein **Watertoorn Börkum e.V.** Der Erbpachtvertrag läuft bis Ende 2059.

Zukunftsperspektiven

Der Verein aus engagierten Bürgern will das ortsprägende Baudenkmal für die Zukunft erhalten. Es wurde viel in die Bausubstanz investiert, und von außen ist der Turm wieder sehr schön anzusehen. Es ist geplant, im ebenfalls restaurierten Inneren ein **Informationszentrum** zum Thema Süßwasser einzurichten. Auf mehreren Etagen soll nach und nach ein **Museum** über die Wasserversorgung auf der Insel entstehen und Grundwissen über das Wasser als weltweite Ressource und Lebensraum vermittelt werden. Auch der **Naturschutz** kommt nicht zu kurz: Im Turmkopf sind **Nistkästen für Mauersegler** eingebaut, und die Kooperation des Vereins mit Naturschutzgruppen ist ausdrücklich erwünscht. Es ist auch geplant, dass **Künstler** ihre Arbeiten rund um das Thema Wasser ausstellen können.

Der Wasserturm ist derzeit **nicht öffentlich zugänglich,** da der Innenausbau einschließlich des Treppenhauses erst noch realisiert werden muss. Doch bis es so weit ist, kann es noch dauern. Für den zweiten Bauabschnitt ist eine Summe von mehreren Hunderttausend Euro notwendig, die der Verein über Spenden, Fördergelder und Veranstaltungen finanzieren muss. Als Vereinsmitglieder sind auch Gäste willkommen, die sich für die Ziele des Watertoorn Börkum e.V. engagieren möchten. Weitere Informationen sind auf der Website zu finden: www.watertoornborkum.de sowie auf facebook.

▷ Die Strandpromenade im Gegenlicht

Strandpromenade und Wandelhalle

■ **Standort:** Abschnitt zwischen Gezeitenland und Kleinem Kaap im Westen des Borkumer Zentrums.

Strandpromenade

Die sogenannte **Wandelbahn,** auch Strandpromenade genannt, ist der vier Kilometer lange begehbare Teil der Strandschutzmauer am Westkopf der Insel Borkum zwischen „Café Seeblick" an der Buhne 1 und der „Heimlichen Liebe" an der Buhne 24. Der unmittelbar an Borkums Zentrum gelegene Abschnitt ist Treffpunkt für fast alle Besucher.

Wandelhalle

Die 1912 eröffnete Wandelhalle und der Musikpavillon entstanden nach einer Bauzeit von rund zwei Jahren als Maßnahme zur **Sicherung der Westküste.** Damals befand sich darin das Kurhaus. An dieser Stelle teilt sich die Strandpromenade in zwei Abschnitte, der obere verläuft auf dem Dach der Wandelhalle. Außentreppen verbinden beide Teile von Borkums Flaniermeile. Heute sind in der Wandelhalle Restaurants, Geschäfte und eine Galerie untergebracht. Abends wird sie stimmungsvoll beleuchtet und lädt zum Promenieren ein.

Strandpromenade und Wandelhalle

Schon zu Beginn des 20. Jahrhunderts war bekannt, dass nach langen Strandaufenthalten ein Flüssigkeitsmangel drohen kann. Um diesem entgegenzuwirken, wurden am Strand kleine Holzbuden aufgestellt, in denen die Gäste mit Dickmilch und anderen Milchprodukten versorgt wurden. Auch heute noch befinden sich im unteren Niveau entlang der Wandelbahn viele **„Milchbuden"**, die wegen der oft widrigen Wetterbedingungen

> Wandelbahn um den Musikpavillon

Strandpromenade und Wandelhalle

im Winter am Ende jeder Saison abgebaut werden müssen. Sie haben auf Borkum eine lange Tradition. Immer noch werden Milchprodukte und Milchreis in allen Variationen angeboten. Allerdings bieten die heutigen Milchbuden deutlich mehr Abwechslung. Sie haben sich zu **Strandimbissen** oder **-lounges** entwickelt und laden zu längeren Aufenthalten mit Blick auf das Strandleben ein.

Der Untergang der „Teeswood"

Dramatische Rettungsaktion vor Borkum: Es ist der 28. November 1951, das Ende des Zweiten Weltkriegs ist erst sechs Jahre her. Ein Krieg, in dem sich Engländer und Deutsche in erbitterten Kämpfen als Feinde gegenüberstanden und sich gegenseitig die Städte zerbombten. Zu Beginn der 1950er Jahre gibt es in der Bevölkerung beider Länder noch immer große Ressentiments, Hass und Verbitterung gegeneinander.

Die „Teeswood", ein **kleiner britischer,** zur Veteranenflotte gehörender **Steamer,** war 1915 gebaut worden und transportierte Waren über die Nordsee. Bei stürmischen Wellen macht sich der Frachtkahn auf die 300 Seemeilen lange Reise. Während der Fahrt entwickelt sich ein **Orkan.** Gegen 16 Uhr erreicht das Schiff die Emsmündung und prallt zwei Stunden später auf die nordöstlichen Sände der **Rottumeroog.** Der

englische Frachter mit 15 Seeleuten an Bord gerät in **Seenot.** Versuche, mit eigener Maschinenkraft abzukommen, bleiben erfolglos. Kapitän *Crawford* lässt SOS funken.

Und wie auf allen Weltmeeren üblich, sind Seeleute immer für die anderen da, wenn die Not es verlangt. Also zögern die drei Rettungsmänner der **Deutschen Gesellschaft zur Rettung Schiffbrüchiger** *Wilhelm Eilers, Christoffer Müller* und *Folkert Meeuw* nicht und fahren mit dem Motorrettungsboot BORKUM trotz heftigstem Nordweststurm hinaus. Mit fast übermenschlichem Mut und großem seemännischen Können versuchen sie, die britischen See-

b_126-jz

leute vor dem sicher scheinenden Seemannstod zu retten. Innerhalb gewaltiger Sturzbrecher fährt Vormann *Wilhelm Eilers* **zwanzig Anläufe** an den bereits im Mahlsand versinkenden Frachter. Unter Hinnahme schwerer Beschädigungen des Rettungsbootes und Verletzungen der Rettungsmänner **gelingt es** in dreistündiger Arbeit, **13 Mann** der 15-köpfigen Besatzung der „Teeswood" **abzubergen.** Zwei Seeleute werden über Bord geschlagen und verschwinden in den tobenden Fluten. Um 21.35 Uhr macht das Boot im Hafen von Borkum fest. Die drei Retter erhalten im Folgejahr **hohe Auszeichnungen** für ihren tapferen Einsatz. Noch heute gedenken die Borkumer jährlich am 28. November der Rettung der Teeswood.

UNSER TIPP: Diese Seenotrettung beschreibt das interessante Buch **„Strandung vor Borkum"** detailliert. Es ist im Burkana-Verlag erschienen, wurde von *Wolf Schneider* verfasst und ist mit lebendigen Illustrationen von *Jörg Zogel* ausgestattet (siehe Literaturtipps, Seite 236).

⊲ Gemälde „Untergang der Teeswood"
von Jörg Zogel

Aussichtsdünen

Entstehung

Auf Borkum gibt es vier Aussichtsdünen, der Aufstieg lohnt sich. Aber wie sind diese großen „Sandhaufen" überhaupt entstanden? Die Ostfriesischen Inseln entwickelten sich durch große **Sandansammlungen.** Die Dünenbildung auf diesen Sandbänken war also die grundlegende Voraussetzung zur Entstehung der Ostfriesischen Inseln, denn sie schützten diese vor dem Meer; Pflanzen konnten wachsen und das Land festigen.

Ausblicke

Wenn man auf der Spitze der Aussichtsdünen steht, kann man einen schönen Blick über die Dünenlandschaft und Borkum genießen. Am besten geht das von der mit 18,70 Meter höchsten, nicht weit vom Stadtzentrum entfernten **Norddüne** aus, die zwischen Wasserturm und Jugendbad liegt. Hier lockt der Blick über die „Insel mit den meisten Türmen".

⌄ Weg auf dem Aussichtspunkt „Olde Düne"

Die **Steernklippdüne** weit im Osten ist mit knapp 7 Metern die niedrigste und vom Zentrum am weitesten entfernt. Man kann sie mit dem Fahrrad oder zu Fuß erreichen. Sie ist nach der Flussseeschwalbe benannt, die im Borkumer Platt *Steerenk* genannt wird. Man hat die Düne künstlich auf einem mit Sand zugeschütteten ehemaligen Bunker angelegt. Deshalb ist sie im Gegensatz zu allen anderen stark mit Kartoffelrosen und Büschen bewachsen. Über die Blattspitzen sieht man auf **Hoge Hörn,** die östliche Spitze Borkums, bei gutem Wetter lassen sich auch die Nachbarinseln **Memmert, Juist** und **Norderney** erkennen.

Nahe bei der Siedlung Ostland und damit näher an der Stadt befindet sich der **Naturpunkt Olde Düne** (Alte Düne), deren Aussicht hauptsächlich Borkums Natur zeigt. Die vierte Aussichtsdüne mit rund 13 Metern Höhe liegt südlich des Zentrums. Von hier aus kann man über die nahegelegenen Häuser Borkums und die zauberhafte Landschaft des **Feuchtgebiets Greune Stee** (Grüne Stelle) blicken.

Aussichtspunkt Norddüne

1

Nationalparkschiff Borkumriff

Standort

■ Am Neuen Hafen 9, 26757 Borkum (Nordwest-Ecke Schutzhafen); Tel. 04922/20 30, www.nationalparkschiff-borkum.de.

Öffnungszeiten

■ In der Saison täglich Di–So 9.45–17.15 Uhr. Eintritt 3,50 €, Kinder ab 6 Jahren 2,50 €. Öffentliche Führungen Di–Sa 10.45, 11.45 und 14.45 für 5 €. Im Winter Di, Do, Sa von 10.45 bis 16.15 Uhr. Öffentliche Führung um 13.45 Uhr. Letzter Einlass jeweils 45 Min. vor den Schließzeiten. Terminabsprachen für spezielle Führungen, Seminare und Umwelttrainings sind möglich. Gruppenbesuche sind nur nach Voranmeldung möglich. Ein Besuch des Feuerschiffs kann auch als Tour bei der Borkumer Kleinbahn (Tel. 04922/30 90, Eintritt: ab 7,60 €) gebucht werden.

> Das Feuerschiff Borkumriff kehrt von einem Einsatz zurück in den Hafen von Borkum

1

☐ Karte S. 14, Umschlag vorn (Insel) **Nationalparkschiff Borkumriff** 43

Aktuelle Verwendung

Das Feuerschiff Borkumriff ist heute ein schwimmendes Denkmal und dient gleichzeitig als **Informationszentrum des Nationalparks Niedersächsisches Wattenmeer.** Das Feuerschiff informiert über das Leben an Bord, die verschiedenen Epochen der Seefahrtsgeschichte, die Sicherung der Schifffahrt, die Funktechnik und über das Weltnaturerbe Wattenmeer. Es werden auch Touren und Ausflüge speziell für Familien angeboten, zum Beispiel Vogelbeobachtung und Wanderungen in die Salzwiesen und in die Dünen.

Ursprüngliche Verwendung

Die Borkumriff war ein **Feuerschiff** und diente der Schifffahrt als **schwimmender Leuchtturm** dabei, die gefährlichen Gewässer vor Borkum zu durchfahren. Die Sandbänke **Hohes Riff** und das **Borkum Riff** waren sehr tückisch und galten wegen der vielen Unglücke als wahre Schiffsfriedhöfe. Wichtig war deshalb die **Positionsgenauigkeit des Schiffs.** Es lag seit 1875 auf einer festen Position etwa 30 Kilometer nordwestlich vor Borkum und

Sehenswertes

b_172 mna

war in allen Seekarten zur Orientierung für die Schiffer verzeichnet, zuletzt auf 53° 47' N 6° 22' O. Diese musste wegen der ständig wechselnden Fahrrinne im Laufe der Jahre mehrfach verändert werden. In Position gehalten wurde die Borkumriff IV von einem vorn befestigten **Pilzanker,** der sich mit seiner besonderen Form und zwei Tonnen Eigengewicht sieben bis acht Meter tief in den Sandboden bohrte. Zusammen mit der 300 Meter langen, 18 Tonnen wiegenden Ankerkette hielten so rund 20 Tonnen Gewicht das Schiff in Position. Zusätzlich gab es Steuerbord noch einen **Patentanker.** Am 15. Juli 1988 wurde es als letztes bemanntes deutsches Feuerschiff außer Dienst gestellt. Insgesamt gab es vier aufeinanderfolgende Feuerschiffe Borkumriff I bis IV.

Das vierte Feuerschiff

Die Borkumriff IV wurde von 1954 bis 1956 in der Hamburger Norderwerft *Köser & Meyer* gebaut. Das Schiff verfügte über eine damals sehr innovative Technik, die den hohen Anforderungen an Zuverlässigkeit im rauen Klima auf offener See rund um die Uhr trotzen musste. Das Schiff lag sehr weit draußen und war Wind und starken Wellenbewegungen ausgesetzt – harten Bedingungen, denen auch die Mannschaft, die aus 12 Mann plus Kapitän bestand, trotzen musste. Die eingeschworene Gruppe mit ausgeprägtem Gemeinschaftsgefühl nannte sich selbst **„Feuerschiffer",** 20 Jahre Dienstzeit auf der Borkumriff waren keine

Technische Daten
Nationalparkschiff Borkumriff

- **Gebaut:** 1954–56 in der Norderwerft Köser & Meyer, Hamburg
- **Länge:** 53,70 m
- **Breite:** 9 m
- **Tiefgang:** 4,40 m
- **Feuerhöhe:** 20,50 m
- **Tragweite:** 21,35 sm (39,5 km)
- **Leistung:** 1500 W, 100 V
- **Geschwindigkeit:** 9,5 Kn
- **Motorisierung:** vier 100-PS-Deutz-Diesel-Motoren und ein Jet-Düsenruder

Karte S. 14, Umschlag vorn (Insel)   **Seenotrettungskreuzer „Alfried Krupp"**   45

Seltenheit. Zwei Mannschaften gab es, die im Zweiwochenturnus ausgetauscht wurden. Ein Job auf dem Schiff war trotz der harten Bedingungen begehrt, schließlich war man **Beamter im öffentlichen Dienst** beim Wasser- und Schifffahrtsamt in Emden und hatte nach zwei Wochen Arbeit auch zwei Wochen frei.

Technisches Kulturdenkmal

Nach seiner Außerdienststellung erwarb der **Förderverein Borkumriff** das Schiff, hält es als Technisches Kulturdenkmal fahrbereit und stellt die Besatzung. Regelmäßig sticht eine Crew aus Vereinsmitgliedern in See, zum Beispiel, um die „Rote Lady" zum Hamburger Hafengeburtstag an ihren Geburtsort zu bringen. Die Trägergemeinschaft besteht aus der Stadt Borkum, dem Förderverein Borkumriff, dem WWF und dem NABU Niedersachsen; gefördert wird das Nationalparkschiff auch vom Land Niedersachsen. Das schwimmende Denkmal bedeutet für alle sehr viel Arbeit. Das Meersalzwasser nagt an der Substanz, die Technik muss ständig überprüft und am Laufen gehalten werden, und das Informationszentrum erweitert häufig seine Ausstellung zu aktuellen Themen rund um den Naturschutz. Die Belohnung war ein neuer **Besucherrekord** der naturkundlichen Ausstellung mit 18.492 Menschen im Jahr 2016 – für eine Insel eine beachtliche Zahl.

Seenotrettungskreuzer „Alfried Krupp"

Unglück

Seit dem 1. Juni 1988 ist der Kreuzer „Alfried Krupp" auf Borkum stationiert und hat seinen Liegeplatz im dortigen Hafen. Er kann zwar selbst in Augenschein genommen werden, aber Betreten oder Besichtigen kann man das Schiff nicht. 1995 ereignete sich ein tragischer Unfall: Auf der Rückfahrt von einem Einsatz geriet das Schiff in schwere See. Beim Durchkentern verloren der Vormann *Bernhard Gruben* und der Maschinist *Theo Fischer* ihr Leben. Beide gehörten einer Mannschaft der **Deutschen Gesellschaft zur Rettung Schiffbrüchiger** (DGzRS) an. Ein steinernes Denkmal an der Deichstraße/Ecke Süderstraße erinnert an das Unglück. Heute ist das Schiff immer noch für Einsätze der DGzRS in Gebrauch.

1

Der Borkumer Walpfad

Die **Bürgerstiftung Borkum** hat sich zum Ziel gesetzt, unter anderem Projekte aus den Bereichen Soziales, Kultur und Umwelt zu fördern. So entstanden die Idee für das **Borkumer Notfall-Orientierungs-System** und auch die für den **Walpfad.** Ansatz ist das Konzept der Lehrpfade, wie man sie beispielsweise aus dem Nationalpark Wattenmeer kennt. Der Walpfad ist ein Beitrag zur Initiative **„Zukunftsprojekt Borkum 2030"** der Stadt Borkum. Ziel ist es, das Wissen von Insulanern und Gästen über die Natur und das Bewusstsein für die Inselgeschichte zu stärken.

An verschiedenen Stellen in der Stadt aufgestellte **Tafeln informieren** über die Geschichte Borkums als **Walfänger-Insel** und über **Wale.**

Sie sind an Stellen platziert, die eine Verbindung zum Thema Wal schaffen, beispielsweise auf dem **Walfänger-Friedhof,** am **Alten Leuchtturm,** beim **Inselmuseum,** am **Nordsee-Aquarium** und an weiteren Standorten. Zehn Tafeln sind insgesamt geplant, sie werden nach und nach installiert.

Borkums Geschichte war stark vom **Walfang** geprägt, vor allem im 17. und 18. Jahrhundert heuerten Borkumer Seemänner auf den Walfangflotten Deutschlands, der Niederlande und Englands an und besegelten auf der Jagd nach den Meeresriesen das **arktische Eismeer.** Die Risiken waren groß, doch trotz aller Entbehrungen und Unfallgefahren nutzten die Borkumer Männer diese Chance. Schließlich bot sie der meist armen Inselbevölkerung die Möglichkeit, Geld zu verdienen und ihre Familien zu ernähren.

Wale wurden jahrhundertelang bejagt. Heute hat ihre Bedrohung andere Ursachen. In ihrem Lebensraum Meer herrschen **zu viel Schiffsverkehr** und **Lärmbelastung** durch Unterwassergeräusche, zudem gibt es zahlreiche **Umweltverschmutzungen.** Zusätzlich ist das Wasser noch durch **Mikropartikel aus Plastik** belastet.

Einige Informationstafeln stehen in der Nähe der **Walknochenzäune.** In der Walfängerzeit wurden sie als **Windschutz** um die Häuser errichtet, um den Sand abzuhalten. Bäume wuchsen damals noch nicht auf Borkum, und von den Knochen gab es genug, weil man sie für nichts anderes verwenden konnte. Die Walknochenzäune sind heute noch vor einigen wenigen Häusern sehen. Wind und Wetter, aber auch menschliche Berührung haben die Knochensubstanz stark geschädigt. Um den Zerfallsprozess dieser historischen Bauwerke zu verzögern, wurde der Zaun an der Wilhelm-Bakker-Straße vor Kurzem durch eine **Abdeckung** geschützt. Initiiert hat dieses Projekt der Heimatverein Borkum und zusammen mit der Fachhochschule Hildesheim realisiert.

■ **Zusätzliche Informationen:** www.borkum-stiftung.de und www.heimatverein-borkum.de.

b_135 mna

◁ Walknochenzaun mit Witterungsschutz in der Wilhelm-Bakker-Straße

Adressen und Telefonnummern | 50
Anreise | 51
Barrierefreies Reisen | 63
Camping | 64
Einkaufen | 67
Elektromobilität und
  Energieversorgung | 69
Fortbewegung | 70
Führungen
  und Rundfahrten | 76
Gastronomie | 80
Hunde | 89
Internet | 92
Kinder | 92
Kirchen | 94
Kurgast auf Borkum | 95
Lokalpresse und -radio | 99
Sport | 100
Strände | 107
Unterhaltung | 109
Unterkunft | 113
Veranstaltungen | 122
Wandern auf der Insel
  und im Watt | 124
Wellness und Thalasso-Therapie | 133

2 Insel-Info A–Z

◁ Großes Kaap in den Borkumer Dünen

Adressen und Telefonnummern

Hilfreiche Adressen

- **PLZ:** 26757 (plus mehrere Postfach-PLZ)
- **Vorwahl:** 04922
- **Internet:** www.borkum.de, www.borkuminfo.de
- **Kur- und Touristikservice Borkum:** Am Georg-Schütte-Platz 5 (gegenüber vom Bahnhof), Zimmervermittlung/Info Tel. 04922/93 3-0, Buchung Pauschalangebote Tel. 04922/933-403, info@borkum.de. Öffnungszeiten in der Hauptsaison: Mo–Fr 9–17 Uhr und Sa–So 10–13 Uhr, Öffnungszeiten in der Nebensaison: Mo–Fr 10–17 Uhr und Sa 10–12 Uhr, Geschäftszeiten: Mo–Fr 8.30–12.30 Uhr und 14–17.30 Uhr.
- **Inselverein:** Zur Zimmervermittlung kann man sich auch an den Inselverein wenden, dort erhält man die Unterkünfte zu gleichen Konditionen: Franz-Habich-Straße 23, 26755 Borkum, Tel. 04922/884, kontakt@borkuminfo.de, www.borkuminfo.de.
- **Kulturinsel:** Goethestr. 25, Tel. 04922/93 37 11, Veranstaltungszentrum mit Konzerten, Lesungen, Ausstellungen usw. inkl. Snackbar.
- **Polizei:** Notruf (münzfrei) Tel. 110, Wache: Strandstraße 11 (halblinks vom Bahnhof, nur ein paar Schritte) Tel. 04922/9 18 60.
- **Post:** im City-Center, Strandstr. 5.
- **Krankenhaus:** MVZ Klinikum Leer, Zweigpraxis Borkum, Gartenstr. 20, Tel. 04922/9 30 00.
- **Insel-Apotheke:** Georg-Schütte-Platz 4, Tel. 04922/35 00.
- **Nordsee-Apotheke:** Neue Str. 2, Tel. 04922/818.
- **Tierheim:** Upholmdeich 1, Tel. 04922/99 00 84.
- **Bahnauskunft:** Tel. 04922/30 90 (vor Ort); Anreise mit der Deutschen Bahn, Service-Tel 01806/996633 (gebührenpflichtig).
- **Flugauskunft:** Tel. 04921/8 99 20 (OLT Emden).
- **Schiffsauskunft:** Tel. 01805/18 01 82 (Service-Center, Anruf ist gebührenpflichtig), www.ag-ems.de, dort sind auch die aktuellen Fahrpläne zu finden.

Praktische Ärzte

- **Dr. med. Klaus Brockötter:** Hindenburgstr. 4, Tel. 04922/9 39 20. Facharzt für Allgemein- und Rettungsmedizin, Kurarzt.
- **Dr. med. Dipl.-Ing. Monika Harms:** Bismarckstr. 13, Tel. 04922/9 30 30. Fachärztin für Allgemeinmedizin, Kurärztin, Physikalische Therapie und Balneologie, Chirotherapie, Naturheilverfahren, Akkupunktur sowie Notfallmedizin.

☐ Umschlagkarten, S. 52 (Anreise Emden), S. 58 (Anreise Eemshaven/Emden) **Anreise**

Insel-Info A–Z

■ **Gemeinschaftspraxis Dr. med. Helmer Zühlke:** Hindenburgstr. 7, Tel. 04922/555, Facharzt für Allgemeinmedizin, Rettungsmedizin, Kurarzt, und **Jadranka Ervojic,** Fachärztin für Allgemeinmedizin, Rettungsmedizin.

Zahnärzte

■ **Dr. Hans-Jürgen Dein:** Kiebitzdelle-Dörloop 12–14, Tel. 04922/99 09 65.
■ **Dr. Dr. Klaus-Peter Droste:** Kirchstr. 42, Tel. 04922/92 49 837.
■ **Dr. Dr. Jens Hein,** Kirchstraße 42, keine telefonische Terminvereinbarung.

Gynäkologie

■ **Dr. Ralf-Harald Gonschewski,** Facharzt für Frauenheilkunde und Geburtshilfe, Knappschaftsklinik Borkum: Boeddinghausstr. 25, Tel. 04922/301 401. Achtung: Behandlung nur mit Überweisung von Borkumer Ärzten.

Anreise

Man kann auf mehrere Arten nach Borkum gelangen – aber nicht zu Fuß durch das Watt, wie es bei manchen anderen Ostfriesischen Inseln möglich ist. Entweder man fährt mit dem Auto, der Bahn oder dem Bus zum **Fährhafen nach Emden** oder ins niederländische **Eemshaven.** Anschließend geht es mit der Fähre weiter nach Borkum. Von der Emder Innenstadt beträgt der Fußweg zum Borkumkai ca. 4 km, deshalb sollte man mit viel Gepäck von dort aus lieber mit dem Bus oder einem Taxi fahren. Die Fährstrecke nach Borkum wird von der **AG EMS** bedient, die gezeitenunabhängig nach einem festen Fahrplan von Emden und Eemshaven die Strecke mit Autofähren und schnellen Katamaranen (regelmäßig im Sommer, ausschließlich für Personen) bedient. Alternativ kann man den **Ostfriesischen Flugdienst OFD** in Emden in Anspruch nehmen, dessen Flughafen sich direkt an der A 31 befindet. Von dort aus werden bis zu fünf Flugverbindungen täglich angeboten. Wer ein eigenes Boot besitzt, kann natürlich auch damit nach Borkum fahren.

Info

■ **Service-Center der AG EMS in Emden,** Zum Borkumanleger 6, 26723 Emden, Tel. 01805/180 82 (gebührenpflichtig), Online-Buchung unter www.ag-ems.de.
■ **Reservierungsservice im niederländischen Eemshaven:** Borkumkade 1, 9979 XX Eemshaven, Tel. 0031/596 519 191.
■ **Ostfriesischer Flugdienst (OFD):** Tel. 04921/899 20, www.fliegofd.de.
■ **DB Reise-Service:** Tel. 01805 99 66 33 (gebührenpflichtig).

Anreise Emden

Anreise per Auto

Die **Borkumkais,** von denen die Fähren nach Borkum ablegen, sind sowohl in Emden als auch in Eemshaven gut ausgeschildert und leicht zu finden (siehe auch Karte).

Parken auf Borkum

Während großer Teile des Jahres (Anfang April bis Anfang November und zwischen Weihnachten und dem 6.1.) ist der **Ortskern von Borkum für Pkw gesperrt.** Man erhält dann am Kai einen Zettel mit der Verpflichtung, auf geradem Wege zur Unterkunft zu rollen und das Fahrzeug dort bis zur Abreise abzustellen; auf dem Rückweg gibt's wieder einen. Hat der Vermieter keine Garage, so ist über selbigen zu sichern, dass ein Parkplatz gefunden wird; der bewusste Zettel berechtigt einen dann, vor der Unterkunft zumindest das Gepäck abzuladen und den Wa-

Autofähre ab Emden/Tarife

■ **Einfache Fahrt** (gültig am Ausgabetag)
19,40 € Erwachsene, 9,70 € Kinder 4–11 Jahre
■ **Tagesrückfahrkarte** (nur am Ausgabetag)
19,40 € Erwachsene, 9,70 € Kinder 4–11 Jahre
■ **Strandticket (Katamaran),** Mitte April bis Mitte Okt. tägl. hin 9 Uhr, zurück 17.30 Uhr
30,50 € Erwachsene, 18,30 € Kinder 4–11 Jahre
■ **Wochenendrückfahrt** (gültig Fr 15 Uhr bis So)
30,30 € Erwachsene, 15,15 € Kinder 4–11 Jahre
■ **Rückfahrkarte** (2 Monate)
36,90 € Erwachsene, 18,45 € Kinder 4–11 Jahre
■ **10er Karte** (Hin- und Rückfahrt, personenbezogen)
282,50 € Erwachsene, 184,50 € Kinder 4–11 Jahre
■ **10er Kat-Zuschlag:** 100 €
■ **DIMIDO Familienkarte** (Eltern oder Großeltern + 3 Kinder, Di, Mi, Do in den Ferien Niedersachsens und Nordrhein-Westfalens): 48 €
■ **Hund** (einfach oder Rückfahrt): 12,30 €
■ **Katamaranzuschlag** (einfach)
– Erwachsene: 11 €
– Kind: 5,50 €
– Hund: 5,50 €
■ **Fahrrad, Surfbrett** oder **Bollerwagen** (nur auf den Autofähren)
– einfach oder Tagesrückfahrt: 8,50 €
– Rückfahrkarte: 13,50 €
■ **Gepäckbeförderung**
– Emden Hafen – Borkum Bhf: 7,50 €
– Emden Hafen – Unterkunft: 12,50 €
– jedes weitere Gepäckstück: 10 €
■ **Fahrzeuge bis 2,5 t** (Hin- und Rückfahrt, je nach Höhe, inkl. 2,5 % Kaigebühr)
– bis 3 m: 78,90–83,20 €
– bis 4 m: 101,90–107,50 €
– bis 4,50 m: 121,40–128,70 €
– bis 5 m: 144,50–152,60 €
– über 5 m: 171 €
■ **Andere Fahrzeuge** (Hin- und Rückfahrt)
– Kfz-Anhänger/Wohnwagen: 128,20–191,30 €
– Motorrad: 21–30,60 €

Autofähre ab Eemshaven/Tarife

■ **Tagesrückfahrkarte** (nur am Ausgabetag)
17,70 € Erwachsene, 8,85 € Kinder 4–11 Jahre
■ **Einfache Fahrt**
17,70 € Erwachsene, 8,85 € Kinder 4–11 Jahre
■ **Wochenendrückfahrt** (Fr 15 Uhr bis So)
28,50 € Erwachsene, 14,25 € Kinder 4–11 Jahre
■ **Rückfahrkarte** (2 Monate)
33,50 € Erwachsene, 16,75 € Kinder 4–11 Jahre
■ **10er Karte** (hin/zurück; nicht übertragbar)
262,50 € Erwachsene, 167 € Kinder 4–11 Jahre
■ **DIMIDO Tagesrückfahrticket:** 43,75 €
(Eltern oder Großeltern + 3 Kinder, Di, Mi, Do in den Ferien Niedersachsens und Nordrhein-Westfalens)
■ **Hund** (einfach oder Rückfahrt): 12,30 €
■ **Katamaranzuschlag** (einfach)
– Erwachsene: 5,50 €
– Kind: 4 €
– Hund: 4 €
■ **Fahrrad, Surfbrett** oder **Bollerwagen** (nur auf den Autofähren)
– einfach oder Tagesrückfahrt: 8 €
– Rückfahrt für 2 Monate: 12,50 €
■ **Gepäcktransport** (erstes Stück)
– Eemshaven – Borkum Bhf: 5,75 €
– Eemshaven – Borkum Unterkunft: 10,75 €
– jedes weitere Gepäckstück: 7,75 €
■ **Fahrzeuge bis 2,5 t** (Hin- und Rückfahrt)
– bis 3 m: 67,70–71,10 €
– bis 4 m: 87,90–92,30 €
– bis 4,50 m: 103,90–109,20 €
– bis 5 m: 123,60–129,40 €
– über 5 m: 150,70–154,70 €
■ **Andere Fahrzeuge bis 2,5 t** (Hin- und Rückfahrt)
– Kfz-Anhänger, Wohnwagen: 83,40–124,40 €
– Motorrad: 18,90–27,50 €

gen woanders zu parken. Es gibt **drei öffentliche Parkplätze** auf Borkum, wo man gegen Gebühr sein Auto abstellen kann. **P1** nahe dem Busbahnhof an der Straße Am Langen Wasser, **P2** nahe der Minigolfanlage an den Straßen Kaapdelle und Engel'se Pad sowie **P3** in der Ankerstraße bei Friedhof und Kindergarten. Die Kapazitäten sind begrenzt. Ob es einen freien Parkplatz gibt, ist nicht sicher. Namentlich im Sommer glauben nämlich viele, die anderen verzichten auf ihre Autos; nur man selber hat's nicht nötig. Dann wird es eng, denn außerhalb des ohnehin gesperrten Zentrums besteht auf fast allen Straßen Parkverbot.

Sondergenehmigungen erhalten Gehbehinderte mit rotem oder grünem Ausweis (G) **durch das Rathaus Borkum** (Tel. 04922/30 32 22). An den Strand allerdings dürfen auch sie nicht fahren.

Fährschiff Westfalen vor Borkum-Reede

Es ist deshalb dringend anzuraten, nicht mit dem Auto auf die Insel zu reisen, sondern den Wagen für die Dauer des Inselaufenthaltes in den **Emder Borkumgaragen** (Nesserlander Str. 131) abzustellen, die sich nahe der Borkumkais befinden. Die Preise dafür liegen zwischen 2,50 € (Hof) bzw. 4,40 € (Halle) am ersten Tag und ab dem zweiten Tag 3,80 € (Hof) bzw. 4,40 € (Halle). In Eemshaven bestehen vergleichbare Parkmöglichkeiten. Die Kosten betragen 4,50 € (Hof) bzw. 5,50 € (Halle). Auf beiden Parkplätzen können keine Stellplätze vorreserviert werden. Informationen dazu findet man unter www.ag-ems.de.

Umschlagkarten, S. 52 (Anreise Emden), S. 58 (Anreise Eemshaven/Emden) **Anreise** 57

Wenn man auf sein Auto trotzdem nicht verzichten möchte, ist es wichtig, rechtzeitig vor dem Urlaub einen **Platz für sein Fahrzeug auf der Fähre zu buchen,** denn gerade in der Hochsaison sind die Kapazitäten schnell erschöpft. Informationen zu den Fährkosten findet man auf www.ag-ems.de. Die Katamarane können keine Fahrzeuge und Elektro-Rollstühle mitnehmen.

Vogelschwarm um den Neuen Leuchtturm

Emsmündung

Anreise mit Fähre oder Passagier-Katamaran

Fähren verkehren gezeitenunabhängig

Die Fähren der **AG Ems** fahren mehrmals täglich vom **Emder Außenhafen** oder vom niederländischen **Eemshafen** aus nach Borkum. Sie verkehren gezeitenunabhängig und nach festen Fahrplänen. Es gibt **Autofähren** und **Schnellkatamarane** (nur für Passagiere). Die Fahrzeit abhängig von den Wetterbedingungen beträgt etwa 2,5 Stunden für die Emder Autofähre und eine knappe Stunde für die Eemshavener. Durch die kürzere Fahrzeit sind die Ticketpreise ab Eemshaven günstiger, dafür ist das Parken teurer, sofern man sein Auto nicht mit auf die Insel nehmen möchte. Die Katamarane befördern die Gäste schneller, aber man kann nicht oben auf dem Deck stehen, sondern muss im Inneren bleiben. Je nach Wetterlage lässt sich die Fahrt mit der normalen Fähre im Freien auf dem Sonnendeck genießen.

Die **Katamarane** fahren während der Hauptsaison regelmäßig, im Winter jedoch nur selten von Emden nach Borkum. Dafür dauert die Anreise nur halb so lang, und es ist ein Aufschlag von 11 € zu zahlen. **Achtung:** Autos, Fahrräder, Bollerwagen, Surf/Kiteboards, Strandsegler und -buggies werden auf den Katamaranen nicht befördert, sondern nur auf den Autofähren.

Es gibt auch die Möglichkeit, über die AG Ems ein **Kombiticket** für Fähre/Katamaran und Flug mit dem OFD zu buchen. Ferner besteht ab Eemshaven freitags, sonntags und montags eine **Wassertaxiverbindung** vom Borkumlijn-Terminal nach Borkum und zurück. Diese Verbindung dauert etwa eine Stunde und ist ideal für diejenigen, die eine **alternative Anreisezeit** nutzen möchten. Auf Borkum besteht bei den Abendfahrten Anschluss an den Linienbus, die Tickets gibt's direkt im Bus. Bei den Morgenfahrten muss man leider das Taxi nutzen. Mehr Informationen dazu findet man auf www.ag-ems.de.

Anreise mit der Bahn

Täglich Verbindungen

Die Bahn bietet täglich mehrere direkte Verbindungen mit Intercity oder Regionalexpress bis nach Emden Außenhafen. Man kann dort unmittelbar vom Zug auf die Fähre umsteigen. Fahrkarten inkl. Fährpreis sowie die obligatorischen Reservierungen für die schnelleren Katamaran-Schiffe gibt es bei der Bahn AG und in Reisebüros mit DB-Lizenz, z.B. www.gleisnost.de.

UNSER TIPP: Das Reisegepäck lässt sich gegen Gebühr bequem als DB Kuriergepäck schon zu Hause aufgeben und wird dann direkt bis ins Urlaubsquartier geliefert, sodass die lästige Gepäckschlepperei entfällt.

Anreise mit dem Flugzeug

Von Emden

Vom Flugplatz in Emden, der sich direkt an der A 31 befindet, fliegt der **Ostfriesische Flugdienst (OFD)** bis zu fünfmal täglich in 15 Minuten nach Borkum. Weitere Informationen und die aktuellen Flugpläne erfährt man telefonisch oder über die Website (Tel. 04921/89 920, www.fliegofd.de).

Preise	Einfacher Flug (pro Person): 82 €, hin und zurück: 163 €, Verbund Fähre/Flieger: 99 €, Tagesflug: 160 €. Der Emder Flugplatz liegt etwa 3 km vom Stadtzentrum entfernt (siehe Emden-Karte, Flugplatz Emden, Gorch-Fock-Straße 103, 26721 Emden, www.flugplatz-emden.de).

Flugplatz Borkum	Der Borkumer Flugplatz ist ca. 2 km vom Ort entfernt und hat eine **Busverbindung.** Man kann sich aber auch ein **Taxi** rufen oder im Büro des OFD am Flughafen ein **Fahrrad** mieten (Flugplatz Borkum, Ostfriesenstraße 106, 26757 Borkum, Tel. 04922/1038). Buchen lassen sich alle Flüge telefonisch bei der Fluggesellschaft und in Reisebüros sowie über die Website des OFD. Mit dem eigenen Flugzeug darf man ebenfalls den Flugplatz auf Borkum anfliegen (www.stadtwerke-borkum.de, Stichwort „Verkehrslandeplatz").

⌃ Blick auf den Emder Verladehafen des Volkswagenwerks

Anreise mit dem Fernbus

Verschiedene Reiseanbieter steuern von unterschiedlichen Destinationen – im Sommer mehrmals wöchentlich – aus die Fähranleger in Emden und im niederländischen Eemshaven an.

Anreise mit dem eigenen Boot

Yachthafen

Der private **Borkumer Yachthafen Port Henry** besitzt eine tiden- und weitgehend wetterunabhängige Einfahrt für Privatboote, die selbst unter ungünstigen Wind- und Wetterbedingun-

gen sehr gut zu befahren ist. Die breite Emsmündung sorgt für ausreichend Wassertiefe, und selbst bei Niedrigwasser lassen sich die beiden nebeneinanderliegenden Hafenbecken problemlos erreichen, wenn man die Begrenzung des Fahrwassers genau beachtet. Außerhalb des Tonnenstrichs wird es sehr schnell flach. Die Fischerbalje, eine dreibeinige Leuchtbake, weist den Weg durch das gut ausgetonnte Fahrwasser. Bei der Ansteuerung im Dunkeln muss man allerdings auf einige **unbeleuchtete Tonnen** achten. Im danebenliegenden Schutzhafen befinden sich der **Nordsee-Windport** und der **Wassersportverein Burkana,** die beide über Liegeplätze verfügen. Der Hafen ist 4000 m² groß und 1,80 (im Yachthafen Port Henry) bis 2,30 m (im Schutzhafen) tief. Es gibt in beiden Häfen über 400 Liegeplätze.

Am Kai des Yachthafens gibt es ein großes Restaurant, einen Kiosk, sanitäre Anlagen, Waschmaschinen und Trockner. Auch im Schutzhafen sind Restaurants, WLAN ist in Planung.

Boote in Borkums großem Hafenbecken

- **Nordsee-Windport** (Schutzhafen): Tel. 04922/9 23 43 47, www.nordsee-windport.de.
- **Yachthafen WSVB Burkana** (Schutzhafen): Tel. 0151/54 27 40 88, www.borkum-yachthafen.de.
- **Privater Yachthafen R. Baalmann** (Port Henry): Tel. 04922/77 73, www.borkum-hafen.de.
- **Tidenkalender vom Bundesamt für Seeschifffahrt und Hydrografie:** www.bsh.de.

Barrierefreies Reisen

Infos zu Bahn, Bus und Fähren

Während der Anreise mit der **Deutschen Bahn** wird ein **Umsteigeservice** angeboten, der bei der Deutschen Bahn telefonisch, elektronisch oder persönlich in den Reisezentren und DB-Agenturen oder bei der Emder Bahnhofsmission angefragt werden kann. Falls eine Anreise mit dem **Bus** geplant ist, hilft die **Tourist-Information auf Borkum** weiter. Die Fährschiffe haben eine **Rollstuhlrampe,** allerdings ist die Nutzung des Katamarans mit dem Elektrorollstuhl nicht möglich. Der **gelbe Gepäckwagen** der Borkumer Kleinbahn ist mit einer Spezialrampe und einer Rampe ausgestattet und auch dessen **Linienbusse** sind teilweise mit einer hydraulischen Absenkung versehen.

Barrierefreiheit in öffentlichen Gebäuden und Unterkünften

Bei der Tourist-Information ist eine **Broschüre** erhältlich, in der barrierefrei zugängliche Geschäfte, Ärzte und Krankenhäuser, medizinische Einrichtungen, Banken, Fahrradverleiher mit behindertengerechten Rädern und Buggies, gastronomische Betriebe, Post, öffentliche Toiletten, Strandzugänge ohne Treppen etc. aufgelistet sind. Ein **Straßenplan der Innenstadt** gibt eine Übersicht, welche Wege man allein, mit Begleitung oder besser nicht nutzen sollte. **Rollstühle** und **Sandrollstühle** können bei **Fahrrad Tente** (Wilhelm-Bakker-Str. 9, Tel. 04922/932757) ausgeliehen werden. Im Gastgeberverzeichnis (herausgegeben von den Wirtschaftsbetrieben der Stadt NSHB Borkum GmbH) sind barrierefreie Unterkünfte durch ein entsprechendes Symbol gekennzeichnet. Selbstverständlich sind auch die **Einrichtungen der Wirtschaftsbetriebe Borkum** wie Gezeitenland, Kultur- und Spielinsel, die Tourist-Information und das Nordsee-Aquarium barrierefrei zugänglich.

- **Bahnhofsmission Emden:** Am Bahnhofsplatz, 26725 Emden, Tel. 04921/22834, emden@bahnhofsmission.de.
- **Deutsche Bahn:** Reiseservice, Tel. 01806/99 66 33 (0,20 € pro Anruf aus dem deutschen Festnetz oder max. 0,60 € aus dem Mobilfunknetz), www.bahn.de.
- **Tourist-Information Borkum:** Tel. 04922/933-0, info@borkum.de.

Camping

Es gibt auf Borkum zwei Campingplätze und am Hafen Stellplätze für Wohnmobile. Außerhalb der Campingplätze darf weder gezeltet noch in Wohnwagen oder Wohnmobilen gecampt werden.

Insel-Camping Borkum

Das Gelände des mehrfach ausgezeichneten Insel-Camping Borkum ist etwa 1 km (Wasserlinie) vom Strand entfernt und verfügt über insgesamt 220 Plätze. Der Campingplatz ist eine kleine Stadt für sich, mit Straßennamen („Seepferdchenweg", „Seeräuberpfad"), Parkplatz, Anmeldung, Platzwart, Minimarkt, Restaurant, Sanitärgebäuden („I–III"), Babywickelraum, Behindertenanlagen, Abwaschplätzen, Waschmaschinenraum, Ausguss für Chemikalien-WC (auch winterfest), „Kinderwaschland", Kochküche, kombinierten Dusch- und Waschkabinen, Spielwiese mit Torwand, Volleyballplatz, Basketballkörben, Abenteuerspielplatz, Riesenrutsche, Mini-Club (Animation für Kinder), Fernseh-, Video- und Unterhaltungszelt, Billard- und Tischtenniszelt, Jugendzeltwiese, Fitnessraum, Sauna, Solarium, Frisierstübchen, Nachtwache, Pit-Pat-Billard, Trick-Pin und Spielsalon. Der Platz ist ganzjährig geöffnet. WLAN (kostenpflichtig, auf dem ganzen Platz, schlechter Empfang im hinteren Bereich neben der Spielwiese) sowie ein stationärer Internet-Platz sind vorhanden.

1 **Insel-Camping Borkum** (Karte Umschlag vorn), Hindenburgstraße 114, Tel. 04922/10 88 und 42 24, www.insel-camping-borkum.de.

Camping Aggen

Der Campingplatz von *Resi* und *Klaas Aggen* liegt im Umfeld eines Bauernhofs im Ostland der Insel inmitten einer Wiesen- und Dünenlandschaft. Kürzeste Distanz zum Strand (Wasserlinie): 15 Gehminuten. Distanz zum Ortszentrum: 5 km (Bushaltestelle nahebei).

Gebühren Insel-Camping Borkum

	HS	ZS	VS/NS*
I. Stellplätze mieten			
■ Personengebühr			
Kinder 3 bis 13 Jahre pro Nacht	6,20 €	4,40 €	3,50 €
Personen ab 14 Jahre pro Nacht	8,50 €	6,00 €	4,50 €
■ Platzgebühren			
Familienstellplatz für Bungalowzelt,			
Reisemobil, Caravan/Nacht	13,00 €	9,00 €	7,00 €
Sanitärkabine am Platz pro Nacht	6,90 €	5,80 €	4,10 €
■ Zelten			
Zeltwiese (Mindestaufenthalt 2 Nächte,			
pro Person und Nacht)	13,00 €	10,00 €	8,00 €
■ Sonstige Gebühren			
– Hund (Kampfhunde nicht erlaubt)	3,70 €	3,70 €	3,70 €
– Auto, Anhänger	3,70 €	3,70 €	3,70 €
– Motorrad	1,80 €	1,80 €	1,80 €
– Stromgrundgebühr pro Nacht	0,80 €	0,80 €	0,80 €
– Strom nach Verbrauch/kWh			
(abhängig von der Preisentwicklung			
evtl. Aufpreis)	0,75 €	0,75 €	0,75 €

II. Mietwohnwagen (mind. 1 Woche, An-/Abreise Sa oder So)

	HS	ZS	VS/NS*
■ pro Nacht	55,00 €	44,00 €	35,00 €
■ Wohnvorzelt pro Nacht	11,00 €	11,00 €	11,00 €
■ Endreinigung	50,00 €	50,00 €	50,00 € (oder Selbstreinigung)

zzgl. Personengebühr, PKW, Gas, Stromanschluss und -verbrauch

III. Schulklassen und Gruppen: Preise auf Anfrage

IV. Saisonplätze
- **■ Caravanplatz** 18.03.–29.10.: 1609,00 € (zzgl. Stromverbrauch)
- **■ Sanitärkabine** Saison: 344,00 €
- **■ Gebühr für zusätzliche Person:** 123,00 €
- **■ Pkw-Pauschale** für Saisonplatz: 140,00 €
- **■ Saisonpauschale für Hund** (Kampfhunde nicht erlaubt): 123,00 €

*Saison-Aufschlüsselung im Gastgeberverzeichnis: Hauptsaison, Zwischensaison, Vor-/Nachsaison

Das Gelände verfügt über lediglich **40 Stellplätze** (Zelte und Caravans). Es gibt moderne Waschräume mit Warm- und Kaltwasser, die ohne Plaketten benutzt werden können. Autos lassen sich auf dem Hof abstellen. Geöffnet vom Beginn der Oster- bis zum Ende der Herbstferien. Rechtzeitige schriftliche Anmeldung erforderlich.

Die Preise bei Familie Aggen sind mit denen des Insel-Camping Borkum vergleichbar. WLAN (kostenpflichtig) ist auf dem gesamten Campingplatz vorhanden. Wer es gerne ruhig mag, ist hier besser aufgehoben als beim Insel-Camping Borkum. In der Nähe befinden sich ein Café und ein Restaurant.

3 Resi und Klaas Aggen (Karte Umschlag vorn), Ostland, Tel. 04922/22 15, www.borkum-aggen.de.

☐ Karten Umschlag vorn (Insel) & hinten (Ort)   **Einkaufen**   67

Einkaufen

Öffnungs-zeiten

■ Mo bis Fr 9–12.30 und 15–18 Uhr, Sa 9–12.30 Uhr. In der Hauptsaison haben zahlreiche Geschäfte bis spätabends geöffnet, und auch an Sonntagen ist alles in vollem Gang. Im Winter machen viele Läden zu oder haben nur eingeschränkt geöffnet.

Mien Börkum

■ Das durch Anzeigen finanzierte Magazin beschreibt das gastronomische und kulturelle Angebot und gibt einen Überblick über die Geschäftswelt auf Borkum. Es liegt an vielen Stellen kostenlos aus und erscheint jährlich im Burkana Verlag, Hindenburgstr. 77, 26757 Borkum, Tel. 04922/99 00 96, www.burkana.de.

Alles ist erhältlich

Versorgungsengpässe gibt es auf Borkum nicht. Auf engem Raum findet man alles, was zum täglichen Leben benötigt wird: **Kaufmannsläden, Bäckereien, Fleischereien, Fischgeschäfte, kleine Supermärkte, einen Bioladen und vieles mehr.** Sogar ein **Discounter** hat inzwischen eine Inselfiliale eröffnet. Die Einzelhandelspreise sind wegen der Frachtkosten etwas höher als auf dem Festland. Wer mit spitzem Stift rechnet, sollte sich vor der Reise mit dem Nötigen auf dem Festland eindecken.

Die meisten Geschäfte sowie viele Gaststätten und Unterkünfte akzeptieren **Kredit- und Bankkarten,** für die Ausgabe von Bargeld stehen Banken bzw. Geldautomaten bereit (Volksbank, Sparkasse, Oldenburgische Landesbank, Postbank).

Die **Auswahl an Geschäften** ist vielfältig, aber natürlich liegt der Schwerpunkt der angebotenen Waren auf Bekleidung und Souvenirs, das Angebot ist riesig und es reicht von schön bis kitschig, sodass sicher jeder beim Stöbern etwas Passendes findet. Aber auch Bücher, Handarbeitsartikel und Bastelwaren, Tee, Süßes und alles für den Strand sind im reichhaltigen Angebot zu finden. Ebenso werden **regionale Produkte** angeboten wie Schnucken- und Schafwolle, Schäfereiprodukte, Fleisch- und Wurstwaren sowie Tee- und Sanddornspezialitäten. **Fischgeschäfte und -imbisse** sind überall vertreten. Die meisten Geschäfte befinden sich dicht an dicht in der Borkumer Innenstadt und laden zum Bummeln ein. In der Hauptsaison lassen sich die Einkäufe **auch sonntags** erledigen.

◁ Insel-Camping Borkum mit Abenteuerspielplatz

2

Einkaufen

Handarbeiten, Kurzwaren und Wäsche

Unser Tipp: *Gesche Staghouwer* bietet eine beeindruckende Auswahl an Wäsche, Kurzwaren und weiteren Dingen rund ums **Handarbeiten**. Im Angebot ist auch besonders produzierte deutsche **Schafwolle**, die nicht kratzt. Im Geschäft **C. H. Meyer,** Bahnhofspfad/Ecke Westerstraße, Tel. 04922/92 42 33, kann fast jeder Wunsch erfüllt werden.

Bücher

Eine exzellente Auswahl an aktuellen **Büchern** gibt es in der **Borkumer Bücherstube,** das Angebot ist sehr groß, und man sollte beim Stöbern etwas Zeit mitbringen. Das Geschäft ist in der Goethestr. 1 (direkt neben dem Neuen Leuchtturm), Tel. 04922/43 70, zu finden.

Stoffe

Wer die **Quilttechnik** und **Patchwork** schätzt, wird im **Stoffeckchen** die große Auswahl an Stoffmustern mögen. Das Geschäft ist ganz in der Nähe vom Neuen Leuchtturm, Alter Postweg 5, Tel. 04922/932 65 83.

> Strandleben

Elektromobilität und Energieversorgung

Nutzung erneuerbarer Energien

Schon in den 1980er-Jahren begannen die Stadtwerke mit dem **Ausbau erneuerbarer Energien.** Im Laufe der Jahre entstanden mehrere Windkraftanlagen, ein Solarpark sowie Photovoltaikanlagen. Am Hafen befinden sich große **Windräder,** auf zahlreichen Hausdächern sind **Solarpanels** installiert. Diese und ein moderner **Solarpark** auf der rekultivierten Müllanlage zeigen, dass hier viel erneuerbare Energie erzeugt wird. Wenn es in diesem Tempo weitergeht, kann sich Borkum bald autark mit Energie versorgen. Schon jetzt ist es möglich, mit der lokal erzeugten Energie rund 4600 Dreipersonenhaushalte komplett mit Strom zu versorgen.

Elektro-mobilität

🦋 Auch die **Nutzung der Elektromobilität** möchte Borkum forcieren. Im eigenen Fuhrpark gibt es entsprechende Fahrzeuge, und selbst die Polizei nutzt seit Kurzem ein **elektrisch betriebenes Motorrad.** Seit Juni 2017 setzt im öffentlichen Raum eine neue Schnellladesäule für zwei Pkw und E-Bikes ein weiteres Signal für eine klimafreundliche Gestaltung – es ist die erste auf den Ostfriesischen Inseln.

■ **Schnellladesäule „Energiehafen":** Parkplatz P1, Am Langen Wasser (Nähe Busbahnhof in der City).

Fortbewegung

Ohne Auto

Am eigenen Automobil hat man auf Borkum, wie schon weiter vorne vermerkt, wenig Freude. Es ist besser, es gleich auf dem Festland zu lassen. Im Sommer ist die Innenstadt für Fahrzeuge ohnehin gesperrt, und Parkplätze sind rar bzw. kostenpflichtig. Auf fast allen öffentlichen Straßen besteht Parkverbot. **Großparkplätze** finden sich Am Langen Wasser, in der Ankerstraße und an der Minigolfanlage. **Kleinere Parkplätze** sind am Hafen, am Bolzplatz, am Quermarkenfeuer und beim Gezeitenland, am Emmich-Denkmal, am FKK-Badestrand und am Flughafen zu finden (siehe Karte hintere Umschlagklappe).

Von März bis Oktober gilt annähernd im gesamten Ortsbereich **Tempo 30.**

Benzin ist auf Borkum teurer als auf dem Festland.

Empfehlenswert ist es, ein **Starthilfekabel** mitzunehmen. So mancher Pkw hat nach langem Stillstand wegen leerer Batterien keinen „Saft" mehr.

Taxi

Die **Borkumer Taxizentrale** bietet jede Menge an, fast alles lässt sich nach Absprache realisieren. Sogar Inselrundfahrten, Einkaufs- und Besorgungsfahrten oder der Gepäcktransport sind möglich. Es gibt auch Taxen mit **Anhängerkupplung** und **Großraumtaxen** für Kleingruppen.

■ **Taxi:** Tel. 04922/10 01

Bahn

Die **Borkumer Kleinbahn** bedient ab Inselbahnhof Am Georg-Schütte-Platz im Zentrum ganzjährig alle Fährankünfte und -ab-

Karte S. 72 (Verkehrsübersicht) **Fortbewegung**

fahrten. Die mit Biodiesel betriebene und im Winter beheizte Schmalspurbahn fährt rechtzeitig **zu den Fährterminen** vom „Hauptbahnhof" ab und hält auf dem Weg zum Hafen („Borkum-Reede") nur noch einmal (bei Bedarf) am Jakob-van-Dyken-Weg auf etwa halber Strecke. Gleichermaßen geht die Tour von den frisch angekommenen Fähren zurück in den Ort (zur Geschichte der Borkumer Kleinbahn siehe auch den Exkurs „Die Borkumer Kleinbahn", S. 74).

Der **Fahrpreis** ist im Fährtarif inbegriffen. Die einfache Fahrt ohne Fähranbindung kostet 2,60 € (Kinder die Hälfte) pro Strecke. Von März bis Dezember wird für Extratouren auch eine historische Dampflok vorgespannt; dann kostet es mehr: 5,20–6,40 € bzw. 2,60–3,20 €. Eisenbahnfans können sich bei der Inselbahn zum „Ehrendampflokführer" ausbilden lassen. In Tageskursen für 165 € erhalten sie detaillierte Einblicke in die Arbeit der Lokführer und können auch mitarbeiten.

Busse

Ein **Busverkehrsnetz**, das fast allen Bedürfnissen gerecht wird, verbindet den Ort mit dem Fährhafen und dem Ostland.

Die Busse fahren ungefähr im 1½-Stunden-Takt, häufiger bei Andrang, von etwa 7 bis 23 Uhr. **Fahrpläne** gibt es im Verkehrsbüro, in den Bussen und im Bahnhof. Der Fahrpreis beträgt 1,40–2,30€/0,70–1,15 €.

Fahrradverleih

Man kann sein Fahrrad mit auf die Insel nehmen (Preise: siehe „Anreise") oder dort eines leihen. Achtung: Die Strandpromenade ist für Fahrzeuge aller Art einschließlich Rädern gesperrt! Es gibt nur geringe Unterschiede bei den **Tarifen** der Verleiher, die man überall findet. Je nach Typ des Rades zahlt man zwischen 8 € (Fahrrad) und 25 € (E-Bike) pro Tag und 25 € (Fahrrad) bzw. 90 € (E-Bike) pro Woche. Es gibt ein weit verzweigtes Radwegenetz von fast 160 km Länge, auf dem sich Touren über die ganze Insel, abgesehen von den Schutzgebieten, machen lassen.

Zu Fuß

Borkum ist auch **ideal für Wanderungen.** Sei es entlang des Spülsaums am Strand oder auf den markierten Wanderwegen (siehe Seite 124, Kapitel „Wandern auf der Insel und im Watt").

Verkehrsübersicht

**Bushaltestellen
Richtung Hafen:**
- Ⓑ 1 Busbahnhof
- Ⓗ 2 Gezeitenland
- Ⓗ 3 Berufsschule
- Ⓗ 4 Jakob-van-Dyken-Weg
- Ⓗ 5 Altenwohnungen
- Ⓗ 6 Krummer Blockweg
- Ⓗ 7 Café zur Heide
- Ⓗ 8 Neuer Deich
- Ⓗ 9 Wattenmeer
- Ⓗ 10 Yachthafen
- Ⓗ 11 Nationalparkschiff/Feuerschiff
- Ⓗ 12 Burkana-Yachthafen
- Ⓗ 13 Oostkaje
- Ⓗ 14 Fährhafen
- Ⓗ 15 DJH

**Bushaltestellen
Richtung Ostland:**
- Ⓑ 1 Busbahnhof
- Ⓗ 16 Bahnhof/Kriegerdenkmal
- Ⓗ 17 Katholisches Kinderheim
- Ⓗ 18 Campingplatz
- Ⓗ 19 BfA-Klinik
- Ⓗ 20 Upholmhof
- Ⓗ 21 Geflügelhof
- Ⓗ 22 Flugplatz
- Ⓗ 23 FKK-Strand
- Ⓗ 24 Ostland

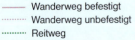

- ——— Wanderweg befestigt
- .... Wanderweg unbefestigt
- - - - - - Reitweg
- ——— Straße

☐ Karten Umschlag vorn (Insel) & hinten (Ort) **Verkehrsübersicht** 73

Die Borkumer Kleinbahn

Zu Beginn des Seebädertourismus wurden die Badegäste mit **Pferdekarren** vom Schiff ans Ufer gebracht. Den Hafen Reede gab es damals noch nicht. Erst 1888 entstand er an der heutigen Stelle. Da die Anreise für alle früher mit einigen Mühen verbunden war, wurde entschieden, die 7,5 Kilometer lange Strecke vom Hafen bis in die Stadt über eine Bahnstrecke zu befahren. Anfangs transportierte die Borkumer Kleinbahn Menschen und Waren, seit 1968 konzentriert sie sich auf den Transport der Gäste samt Gepäck im Planverkehr, der auf die Ankunfts- und Abfahrtszeiten der Borkumfähren abgestimmt ist. Die auf den Fahrplänen angegebenen Abfahrtszeiten entsprechen denen der Bahn ab Bahnhof, das Schiff legt erst gut eine halbe Stunde später ab, wenn die kleine Bahn die Gäste zum Anleger transportiert hat.

So kommt es, dass für nahezu alle Gäste der Urlaub auf Borkum mit einem **Zeitsprung** zurück beginnt: dem Warten im Hafen auf das Heranrumpeln der Bahn mit den bunten Waggons. Außergewöhnlich sind neben ihrer Spurweite von 900 Millimetern das seit Anfang des 20. Jahrhunderts schon zweigleisige Streckennetz und seine Länge. Die Borkumer Kleinbahn ist zudem die **älteste Inselbahn der Ostfriesischen Inseln.** Neben ihrer Aufgabe als Trans-

Mitarbeiter und Lokomotiven der Borkumer Kleinbahn aus der Frühzeit des Kleinbahnbetriebs auf Borkum

portmittel zwischen Hafen und Stadtzentrum gibt es – zumindest während der Hauptsaison in den Sommermonaten – auch einen touristisch orientierten Betrieb mit **Ausflugsfahrten** in den historischen Fahrzeugen. Das sorgt dafür, dass die Borkumer Kleinbahn trotz automobiler Konkurrenz recht gut im Geschäft ist.

Alles begann mit dem **Bau des Neuen Leuchtturms 1879**, denn für den Transport des Baumaterials hatte man **Schienen für eine Pferdebahn** verlegt. Die Anlage wurde knapp zehn Jahre später für den Lokomotivbetrieb umgebaut, als der neue Hafen an der Borkumer Reede entstand. Erst durch diesen technischen Fortschritt konnten in größerem Umfang Badegäste bequem vom Schiff zu ihren Unterkünften gelangen. Anfangs wurden Teile der Strecke mehrmals durch **Sturmfluten** zerstört. Deshalb führt sie heute über einen gut befestigten Deich ins Inland. Nach einer wechselvollen Geschichte, unter anderem wurden die Züge als **Militärbahn** eingesetzt, war das Gleisnetz 1938 auf **45 Kilometer Länge** angewachsen. Nach dem Krieg wurde der Bahnbestand zum Teil den Briten überlassen. Es gab immer wieder Überlegungen, die Bahn durch Busse zu ersetzen, aber durch die steigenden Gästezahlen hätten die Menschenmengen während der Stoßzeiten nicht bewältigt werden können. So ist die Bahn bis heute **wichtigstes Transportmittel** geblieben und darf weiterhin mit anmutigem Charme über Borkum rattern.

Quantensprung in der Entwicklung des Tourismus auf Borkum: Durch den Bau des neuen Hafens an der Borkumer Reede konnten Badegäste bequem mit der Kleinbahn ans Ziel gebracht werden

Führungen und Rundfahrten

Keine Chance für Langeweile

Informationen über die tagesaktuellen Führungen und Rundfahrten erteilt die **Touristeninformation.** Wer sich selbst erkundigen möchte, findet auf der Website der **Borkumer Kleinbahn** ein abwechslungsreiches Angebot. Man kann sich auch fahrend mit Borkum vertraut machen. Von März bis August gibt es **Sonderfahrten mit historischen Dampf- und Triebwagen** (Preise 5,20–6,40 €/2,50–3,20 €), **Dampfzugfahrten** mit Kaffee und Kuchen (nur in den Sommerferien, 15 €/8,50 €), **Inselrundfahrten** mit dem Bus (7,60 €/5,40 €), teilweise mit einem Nostalgiebus (11,30 €/5,70 €), und die *Toornkiekertour,* also die **Turmguckerfahrt** mit der Ausflugsbahn „Moritz" (8–9 €/4–4,50 €). Eine **Busfahrt zum Nationalparkschiff Borkumriff** im Schutzhafen inklusive Eintritt informiert über das UNESCO-Weltnaturerbe Wattenmeer, über die Technik und den Alltag der Besatzung eines Feuerschiffs und die Geschichte des schwimmenden Leuchtturms (7,60–9,10 €/2,30–6,60 €). Entweder lässt man sich führen oder macht den etwa einstündigen Rundgang selbst. Die Fahrten dauern zwischen ein und drei Stunden. Eine Voranmeldung ist sinnvoll. Außerdem bietet die Borkumer Kleinbahn **Schiffsaus-**

> Kutschfahrt zu den Seehundbänken

Führungen und Rundfahrten

flüge mit der MS Wappen von Borkum und der MS Wappen von Juist an. Tagesziele sind **Juist** (26 €/15 €), **Norderney** (29,50 €/16,50–21,50 €), die **Stadt Groningen** in den Niederlanden (27,80 €/18,80–24,80 €), die **Seehundbänke** (Dauer 2 Std., 16 €/8,50–13 €), oder man macht eine **Erlebnisfahrt ins Weltnaturerbe Wattenmeer mit Krabbenfang** (Dauer 2 Std., 16 €/8,50–13 €) oder in rund 2,5 Std. rund um die Insel Borkum (19 €/10–14,50 €). Wer möchte, kann sich ein Ticket für eine **Fahrt zum Ostfriesischen Landesmuseum** und in die **Kunsthalle Emden** buchen (28,70–35,80 €/14,35–18,40 €). Nicht alle genannten Touren werden ganzjährig angeboten. Auskunft über die aktuellen Termine und Kosten finden sich auf der Website der Borkumer Kleinbahn. Der Kartenvorverkauf befindet sich am Schalter am Bahnhof.

Kutschfahrten

Wer lieber mit der **Kutsche** unterwegs ist, schaut auf das Angebot von *Ommo Akkermann*. Er macht von März bis Ende Oktober 2,5-stündige Rundfahrten bis ins Ostland (12 €/6 €) und eine einstündige Fahrt zu den Seehundbänken (14 €/7 €), oder individuelle Schiffsrundfahrten sind ebenfalls im Programm. Abfahrtpunkt ist das Kaufhaus Akkermann oder für Gruppen ein vorher vereinbarter Ort. Weitere Kutschausfahrten werden von der **Touristeninformation** angeboten.

Führungen und Rundfahrten

Stadtrund-gänge

Jeweils dienstags und freitags um 10 Uhr werden **Stadtrundgänge** mit dem Borkumer Original *Hellmut „Bucki" Begemann* angeboten. Diese etwa zweistündigen Touren „Mien Börkum" starten am Neuen Leuchtturm (5 €/3 €) und sind sehr unterhaltsam, mit vielen Anekdoten aus der Inselgeschichte. Laut eigener Aussage ist Bucki „Vorkriegsware" und weiß praktisch alles über die Insel. Gibt es viele Fragen, dauert die Tour gern auch mal länger. Zuverlässig ist er von Mai bis September zwei Mal die Woche am Treffpunkt an der Telefonzelle in der Goethestraße 1 beim Neuen Leuchtturm – gute alte Schule eben. Eine Anmeldung ist nicht nötig. Wer Lust hat, kommt einfach hin. Es geht zum Strand und zu Sehenswertem rund durch den Ort.

Touren in die Natur

Wer die Insel unter verschiedenen **(Natur-)Aspekten** kennenlernen will, kann an verschiedenen **geführten Touren** teilnehmen, die von den unten aufgelisteten Wattführern angeboten werden. Es sind meist Wanderungen von rund ein bis drei Stunden Länge, darunter Wanderungen zu den Seehunden, im Ostland, durch das Naturschutzgebiet Greune Stee, Vogelbeobachtungstouren und Wanderungen durch das Weltnaturerbe Wattenmeer.

Für Menschen mit Schlafproblemen gibt es sogar bei *Watthanse* eine **„Geistertour"** durch das nächtliche Borkum. Informationen über **Wattwanderungen** sind auf Seite 124 zu finden.

■ **Borkumer Kleinbahn und Dampfschiffahrt GmbH,** Am Georg-Schütte-Platz 8, 26757 Borkum, Tel. 04922/9 28 10, info@borkumer-kleinbahn.de, www.borkumer-kleinbahn.de.
■ **Akkermanns Kutschfahrten,** Kartenverkauf im Kaufhaus *Akkermann,* Bismarckstraße 15, 26757 Borkum, Tel. 0172/946 37 49, www.ommo-borkum.de.
■ **Werner Tasto Kutschrundfahrten,** Abfahrt täglich um 11 und 14 Uhr bei der Touristeninformation, Am Georg-Schütte-Platz 5, 26757 Borkum (Oster- bis Ende Herbstferien täglich, sonst am Wochenende), Tel. 04922/3385 und 0171/21 22 772.
■ **Bresch Kutschrundfahrten,** Abfahrt täglich (Sommer) und am Wochenende (Winter) bei der Touristeninformation, Tel. 0151/19 51 38 52.
■ **Stadtführungen mit „Bucki" Begemann,** Süderstraße 46, 26757 Borkum, Tel. 04922/47 98 und 0171/768 49 75 (von Oktober bis April nur nach Vereinbarung).

> Wattführer mit Grabeforke

Führungen und Rundfahrten

■ **Nationalparkschiff Borkumriff,** Am Neuen Hafen 9, 26757 Borkum, Tel. 04922/20 30, nationalparkschiff@borkum.de, www.nationalparkschiff-borkum.de.
■ **Watthanse,** *Berend Baalmann,* Specksniederstrate 3, 26757 Borkum, Tel. 04922/697 und 0170/211 81 58, anfrage@watthanse.de, www.watthanse.de.
■ **Nationalpark-Wattführer Peter de Buhr,** Am Neuen Hafen 22, 26757 Borkum, Tel. 0172/905 91 13, peter@peter-de-buhr.de, www.wattwandern-borkum.de.

Gastronomie

Riesengroßes Angebot

Auf Borkum zu verhungern – das ist selbst bei relativ schmaler Kasse unmöglich. Das Angebot ist riesengroß. Insbesondere im Ortskern sind Cafés, Imbisse und Restaurants aller Couleur zu finden. Ebenso abwechslungsreich ist auch die Qualität der Speisen und Getränke sowie der Service – von exzellent bis schlecht ist alles dabei. Cafés, Imbisse und Restaurants sind oft unter einem Dach zu finden. In der Saison schießen an den Stränden Milchbuden wie Pilze aus dem Sand und fahren preiswerte Schnell- und andere Gerichte auf. Die hier gelisteten Adressen stellen eine **Auswahl** dar, Vollständigkeit ist nicht möglich. Man sollte sich sein eigenes Bild vor Ort machen, es gibt mehr als ge-

▷ Gastronomische Betriebe in der Bismarckstraße

Karte S. 84 (Gastronomie) **Gastronomie** 81

nug, und wie überall, hängt viel vom Betreiber und der Küchenmannschaft ab. Manch gastronomischer Betrieb hat eine lange Tradition, bei anderen gibt es häufige Wechsel. Die Auswahl ist alphabetisch sortiert und beinhaltet keine Wertung.

Rein auf **Vegetarier** spezialisierte Restaurants gibt es nicht. Aber die meisten Restaurants, Cafés und Bars haben vegetarische, manche auch **vegane** Angebote auf der Karte und gehen auf Nachfrage gern auf spezielle Wünsche ein. Und wenn gar nichts mehr geht: Auf Borkum hat **Milchreis** eine lange Tradition, den gibt es in vielen Variationen auf fast allen Karten.

Restaurants

28 **Alt Borkum,** Roelof-Gerritz-Meyer-Str. 10, Tel. 04922/20 05, www.restaurant-altborkum.de. Das Lokal ist über 100 Jahre alt, und aus seinen Fenstern blickt man auf den Alten Leuchtturm von 1576. Die Karte ist sehr gut, es gibt sogar „Dry Aged Beef" (eine besondere Art der Reifung des Fleisches). Das Restaurant ist bekannt wegen seiner guten Qualität, deshalb unbedingt vorreservieren.

9 **Aquavit,** im Strandhotel Ostfriesenhof, Jann-Berghaus-Str. 23, Tel. 04922/70 70, www.ostfriesenhof.de. Nett eingerichtetes Restaurant, man bekommt exzellente Küche bei Musikbeschallung mit Blick auf's Meer.

43 **Bauernstuben,** Ostland 3, Tel. 04922/35 04, www.hauptsachen.de. Hier wird traditionelle Küche geboten. Bei schönem Wetter kann man draußen sitzen, nebenan grunzen die Schweine.

8 **Burchana,** im Nordseehotel, Bubertstr. 9 (Eingang über die Rezeption), Tel. 04922/30 80, www.nordseehotelborkum.de. Hotelrestaurant mit Blick auf die Promenade und die Nordsee.

15 **Delfter Stuben,** Bismarckstr. 6, Tel. 04922/20 11, www.delfter-stuben.de. Fischrestaurant mit traditioneller Küche und Seniorengerichten vom gleichen Betreiber wie das Valentin's.

14 **Restaurant Fisherman's Koeken,** Bismarckstr. 12, Tel. 04922/932 85 78, www.fishermans-borkum.de. Traditionelle Küche mit Fisch- und Fleischgerichten. Zum Nachtisch gibt es frischgebackene Waffeln.

18 **Il Faro,** Strandstr. 29 (am Neuen Leuchtturm), Tel. 04922/529, eine weitere Filiale gibt es in der Tennisinsel, Bismarckstr. 31, Tel. 04922/93 29 32. Exzellente Pizza in einem italienisch-stämmigen Familienbetrieb, der im Sommer auch eine Eisdiele betreibt.

23 **Restaurant In Undis,** Strandstraße 12, Tel. 0160/91 65 94 89, www.inundis.de. Empfehlenswerte spanische Küche, die auf Nordsee trifft; mittags ist eine Auswahl an Tapas günstiger als im größeren Abendangebot.

25 **Kaffeepöttchen,** Alte Schulstr. 10, Tel. 04922/79 07. Empfehlenswerte spanische regionale Küche, Fisch- und Fleischgerichte in gutbürgerlichem Ambiente.

17 **Klabautermann,** im Hotel VierJahresZeiten, Georg-Schütte-Platz 4, Tel. 04922/92 00, www.inselhotel.de. Kleine Karte mit ausgewähltem, internationalem Speiseangebot direkt am Bahnhof.

Gastronomie

37 Klein & Fein, Am Langen Wasser 13 a, Tel. 04922/79 35, www.genussmanufaktur-borkum.de. Im Zentrum gelegen, bietet das Restaurant exquisite Küche mit Fisch, Fleisch und thailändischen Spezialitäten.

22 Hotelrestaurant Kleine Möwe, Kirchstr. 31, Tel. 04922/21 77, www.hotel-kleine-moewe.de. Traditionelle Küche auf sehr gutem Niveau.

10 Meeresblick, Bismarckstr. 57, Tel. 04922/93 28 11. „La cucina italiana", mit Pizza, Fisch & Co. und Meerblick. Familien mit Kindern sind herzlich willkommen.

UNSER TIPP: 2 Restaurant Palée, im Strandhotel Hohenzollern, Jann-Berghaus-Straße 63, Tel. 04922/923 30, www.strandhotel-hohenzollern.de. Direkt neben dem Kleinen Kaap an der Strandpromenade gelegen, hier wird frisch gekocht, und man kann in feiner Atmosphäre den Blick auf's Meer genießen.

9 Poseidon, im Strandhotel VierJahresZeiten, Bismarckstr. 40, Tel. 04922/917 495, www.bsw24.de.

30 Teehaus, Süderstr. 22, Tel. 04922/923 26 08, www.teehaus-borkum.de. Restaurant im Friesenstil mit Kuchen und Torten. Frische und traditionelle warme Küche, vor allem Fischgerichte sowie wechselnde Mittags- und Tageskarte. Weine aus biologischem Anbau.

42 Upholmhof, Upholmstr. 45, Tel. 04922/41 76. Das rustikale Scheunenrestaurant liegt etwas außerhalb östlich des Ortes, ist aber zu Fuß leicht erreichbar. Livemusik im Biergarten. Auf der riesigen Speisekarte ist alles zu finden. Kurios: Als Spezialität wird eine Hamburger (!) Fischpfanne angeboten.

26 Valentin's, Neue Straße 12, Tel. 04922/932 50 30. Exzellente mediterrane und gutbürgerliche Küche mit tollem Service im angenehmen Ambiente, weshalb das Valentin's fast immer ausgebucht ist. Also rechtzeitig reservieren.

4 Welle, im Inselhotel Rote Erde, Strandstr. 30, Tel. 04922/91 74 95, www.hotel-roteerde.de. Großes Restaurant mit Speisesaalatmosphäre, Mittagskarte, abends Buffet mit regionaler und traditioneller Küche.

40 Yachthafen, Fauermannspad 5, Tel. 04922/932 11 48, www.borkum-yachthafen.de. Außerhalb des Ortskerns direkt am Hafen gelegen. Die Bushaltestelle ist direkt vor der Tür, mit gutbürgerlicher Küche, Fisch, Steaks und Schiffsatmosphäre.

Cafés, Lounges, Bars und Imbisse

12 Café-Bar as Cruso, Bismarckstr. 24, Tel. 04922/923 80 03. Kneipe, Café, Sportsbar und Diskothek unter einem Dach auf der Hauptflaniermeile.

36 Buhne 27, im Hallenbad Gezeitenland, Goethestraße 27, 04922/93 36 00, www.buhne-27.de. Restaurant, Café, Lounge, gute Auswahl an Speisen mit Meerblick direkt an der Strandpromenade.

13 Black Pearl, Bismarckstr. 18, Tel. 04922/932 66 80. Café, Restaurant und Cocktaillounge mit allerlei Kleinigkeiten und moderner Lounge-Atmosphäre. Spezialität des Hauses sind die Piratenspieße.

UNSER TIPP: 41 Byl's Fisshus, Specksniederstrate 15, Tel. 04922/640. Frischfischküche, Feinfischräucherei und leckerer Kartoffelsalat, etwas außerhalb des Stadtzentrums mit Imbissatmosphäre, aber sehr empfehlenswert.

Gastronomie

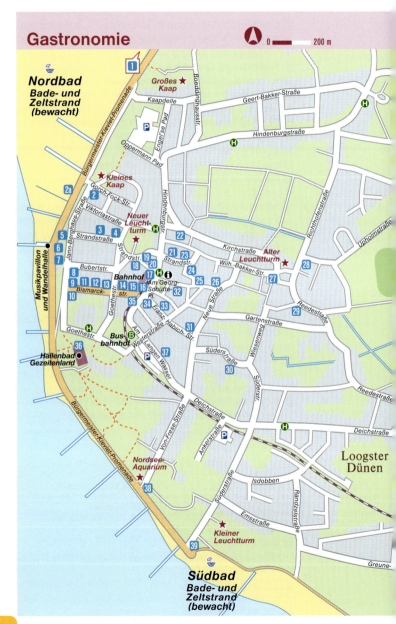

Gastronomie

■ Essen und Trinken
1. Strandcafé Sturmeck, Café Seeblick, Milchbar Dünenbudje
2. Restaurant Paleé
2a. Stonners Milchbude
3. Fässchen
4. Restaurant Welle
5. Leo's
6. Restaurant & Cocktaillounge Ria's Beach
7. Bar-Café Matrix
8. Restaurant Burchana
9. Restaurant Aquavit, Restaurant Poseidon
10. Restaurant Meeresblick
11. Eisdiele Valentino
12. Pub Lord-Nelson, Café-Bistro-Bar Pferdestall, Café/Bar as Cruso
13. Café/Restaurant Black Pearl
14. Fischrestaurant Fisherman's Koeken
15. Fischrestaurant Delfter Stuben, Pizzeria Ulivo, Eiscafé Florenz
16. Eiscafé Viavai
17. Restaurant Klabautermann
18. Eiscafé Il Faro
19. Pizzeria Il Faro
20. Café zur Lokomotive
21. Inselcafé Pfannkuchenhaus
22. Hotelrestaurant Kleine Möwe
23. Restaurant In Undis
24. Opa sein klein Häuschen
25. Café Kaffeepöttchen
26. Restaurant Valentin's
27. Café Lüttje Toornkieker
28. Restaurant Alt Borkum
29. Zum alten Leuchtturm
30. Teehaus
31. Künstlerklause
32. Omas Borkumer Teestübchen
33. Café Knurrhahn
34. Kleine Borkumer Eiskonditorei
35. Seekiste
36. Restaurant Buhne 27
37. Restaurant Klein & Fein
38. Café/Bar/Restaurant Strand 5
39. Restaurant Heimliche Liebe
40. Yachthafen
41. Byl's Fisshus
42. Scheunenrestaurant Upholmhof
43. Café Ostland, Bauernstuben

☐ Karte S. 84 (Gastronomie)

Gastronomie

1 Dünenbudje, Ostfriesenstr./Dünen/FKK-Strand, Tel. 04922/93 26 30. Milchbar als kultiges Ausflugsziel in toller Lage am Übergang zum Strand außerhalb des Stadtkerns. Der Weg lohnt sich. Im Winter geschlossen.

39 Heimliche Liebe, Süderstr. 91 (direkt an der Strandpromenade), Tel. 04922/92 95 20, www.heimliche-liebe-borkum.de. Riesige Karte mit allerhand Nudel-, Fisch- und Fleischgerichten, darunter eine große Auswahl an Schnitzeln.

33 Knurrhahn, Franz-Habich-Str. 16, Tel. 04922/20 50, www.knurrhahn-borkum.de. Fischspezialitäten mit Imbissatmosphäre direkt in der Fußgängerzone.

5 Leo's, Jann-Berghaus-Str. 2 (Bürgermeister-Kieviet-Promenade), Tel. 04922/932 99 70. Cocktail-Bar und Restaurant in der Wandelhalle mit Meerblick, in einem separaten Bereich ist eine Sportsbar untergebracht.

27 Café Lüttje Toornkieker, Wilhelm-Bakker-Str. 1, Tel. 04922/932 89 30, www.toornkieker.de. Feines, allergikerfreundliches Café-Bistro mit sehr schönem Ambiente und Blick auf den Alten Leuchtturm (ECARF-Siegel). Einen Tisch vorzubestellen ist empfehlenswert, die gute Qualität hat sich herumgesprochen, es ist häufig sehr voll dort. Es gibt eine kleine Auswahl frisch gekochter Suppen und Speisen, vieles in Bioqualität, sowie Tee- und Kaffeespezialitäten.

7 Bar-Café Matrix, Jann-Berghaus-Str. 2 (Bürgermeister-Kieviet-Promenade), Tel. 04922/923 98 30. Von März bis Oktober und über Weihnachten/Silvester jede Menge Cocktails und mediterranes Fingerfood.

21 Inselcafé-Pfannkuchenhaus, Strandstraße 20 (zwischen Rossmann und City-Center), Tel. 04922/923 43 10, www.inselcafe-pfannkuchenhaus.de. Leckere Pfannkuchen in 1000 Varianten sowie reichhaltige Kuchenauswahl.

32 Omas Borkumer Teestübchen, Bahnhofspfad 3, Tel. 04922/99 01 62. Teeverkauf, Lädchen und Café. Empfehlenswert sind die beeindruckend lange Teekarte und die verschiedenen Pfannkuchen von süß bis herzhaft und Eis – große Portionen.

43 Café Ostland, Ostland 4, Tel. 04922/22 02, www.cafe-ostland.de. Im Ostland gelegenes Café und Restaurant als schönes Ausflugsziel inmitten der weiten Insellandschaft. Große Terrasse, innen gemütliches Flair. Reiche Auswahl an Kuchen, regionalen Speisen und Getränken, empfehlenswert ist die Teekarte.

UNSER TIPP: 12 Café-Bistro-Bar Pferdestall, Bismarckstr. 20, Tel. 04922/21 69. Hier gibt es alles: Frühstück, Kuchen, Suppen und kleine Snacks, alles frisch zubereitet, gute Auswahl an veganen und vegetarischen Speisen, vegane Milchgetränke, dazu eine große Whisky-Auswahl.

6 Ria's Beach, Jann-Berghaus-Str. 2 (Bürgermeister-Kieviet-Promenade), Tel. 04922/923 70 33. Restaurant und Cocktaillounge in der Wandelhalle mit gemütlicher Atmosphäre, regionaler Küche, Fingerfood und breit gefächerter Cocktailkarte. Blickfang ist der VW-Käfer mitten im Lokal.

UNSER TIPP: 1 Café Seeblick, Waterdelle, Tel. 04922/33 71. Am Ende der Strandpromenade gelegen mit Blick aufs Meer.

◁ Kleiner Leuchtturm mit Strandzelten

Gastronomie

2A **Stonner's Milchbude,** Hauptbadestrand, Steg 7, Tel. 0171/857 01 85, www.milchbude-stonner.de. Currywurst, Milchreis, Suppen und Eintöpfe direkt am Strand. Spezialität ist die Borkumer Krabbencremesuppe, die man auch in Dosen mit nach Hause nehmen kann. Aber am Strand schmeckt sie natürlich am besten.

38 **Strand 5,** Von-Frese-Str. 41, Tel. 04922/932 80 30, www.strand5.com. Café, Bar, Restaurant an der Strandpromenade gegenüber vom Nordsee-Aquarium mit Kaffee- und Teespezialitäten, Tageskarte sowie wechselnder Abendkarte und Antipasti in feiner Lage direkt am Strand.

1 **Strandcafé Sturmeck,** Hindenburgstr. 144, Tel. 04922/12 22, www.sturmeck.de. Schöner Platz inmitten der Dünenlandschaft gelegen, besonders im Sommer, wenn man draußen sitzen kann. Sehr gute Teeauswahl und quadratmeterweise Kuchen aus eigener Produktion.

15 **Pizzeria Ulivo,** Bismarckstr. 8, Tel. 04922/529 und 0152/23 28 94 19. Neu eröffnete Pizzeria, in der man seine Pizza nach eigenem Gusto zusammenstellen kann.

20 **Café Zur Lokomotive,** Am Georg-Schütte-Platz 2 (Bahnhof), Tel. 04922/92 36 19. Der erste Anlaufpunkt nach der Bahnreise. Leckere Pfannkuchen und große Kuchenauswahl sowie herzhafte Kleinigkeiten.

Unübersehbar maritimes Ambiente in Byl's Fisshus

☐ Karte S. 84 (Gastronomie), Karten Umschlag vorn (Insel) & hinten (Ort) **Hunde** 89

Insel-Info A–Z

Kneipen

3 Fässchen, Strandstr. 34, Tel. 04922/93 20 76. Urige Bierkneipe.

31 Künstlerklause, Franz-Habich-Str. 2 a, Tel. 04922/13 98. Sportsbar mit Flair.

12 Pub Lord-Nelson, Bismarckstr. 28, Tel. 04922/12 28. Kneipe, direkt an der Fußgängerzone gelegen.

24 Opa sein klein Häuschen, Strandstr. 7, Tel. 0171/64 111 92, www.opa-sein-klein-haeuschen.de. Urige Kneipe in Bahnhofsnähe, erst abends geöffnet.

35 Seekiste, Bismarckstr. 3, Tel. 04922/45 27. Rauchige Bierkneipe mit seekistigem Ambiente.

29 Zum alten Leuchtturm, Reedestr. 2, Tel. 04922/93 28 28, www.zum-alten-leuchtturm.de. Klein, alt und gemütlich, eine der traditonsreichsten und ältesten Inselkneipen, in der montags der Shanty-Chor übt.

Eisdielen

Davon gibt es einige, die Qualität ist unterschiedlich, und die Preise für eine Kugel sind höher als am Festland. Häufig wird in den Milchbuden und Kiosken auch Softeis mit verschiedenen Toppings angeboten.

34 Kleine Borkumer Eiskonditorei, Franz-Habich-Str. 23, Tel. 04922/912 148.

11 Eiscafé Valentino, Bismarckstr. 30, Tel. 990 550.

15 Eiscafé Florenz, Bismarckstr. 8, Tel. 04922/25 25.

18 Eiscafé Il Faro, Strandstr. 29, Tel. 04922/932932.

16 Eiscafé Viavai, Am Georg-Schütte-Platz 6.

Hunde

Auf den Fähren dürfen sich Hunde überall aufhalten, ausgenommen ist der Gastronomiebereich. Auch in der Borkumer Kleinbahn sind Vierbeiner erlaubt. In welchen Unterkünften Hunde willkommen sind, lässt sich dem **Gastgeberverzeichnis** entnehmen, wo ein entsprechendes Symbol darauf hinweist.

Einschränkungen

Nicht mitkommen dürfen Hunde in das **Gezeitenland,** auf **Schulhöfe, Spiel- und Bolzplätze** sowie die **Badestrände.** Auch einige Restaurants und Zonen mit dem ECARF-Siegel, das besonders allergikerfreundliche Flächen ausweist, erlauben Hunden keinen Zutritt.

Die Nordseeinseln stellen für die Vögel eine riesige „Energietankstelle" auf ihren Zugrouten dar. Auf ihrem Durchzug rasten sie nur wenige Tage oder Wochen, in denen sie sich in kurzer Zeit Fettpolster für den Weiterflug anfuttern müssen. **Störungen**

2

durch nicht angeleinte Hunde sind für Vögel bedrohlich. Während der Brutzeit besteht zusätzlich die Gefahr, dass der flüchtende Vogel sein Nest verlässt und Nesträuber die Eier fressen oder das Gelege auskühlt.

Hundestrände und Freilaufflächen

Es gibt **drei ausgewiesene Hundestrände:** im Norden der Insel zwischen Jugendbad und FKK-Strand, vor den Nordbad-Toiletten in Trampolinnähe und am Südbad auf der Höhe des Biotops Greune Stee. **Frei laufen** dürfen die Hunde allerdings nur **auf dem Gelände östlich des FKK-Strandes.** Bis zum Dünenübergang des Wanderweges ins Ostland entfällt die **sonst grundsätzliche Leinenpflicht** auf der gesamten Insel.

Hundekot bitte entsorgen!

Es wird ausdrücklich darum gebeten, dass die **Hinterlassenschaften** umgehend vom Hundebesitzer **entfernt werden.** Überall auf der Insel, im Rathaus und in der Touristeninformation sind Spender mit Hundekotbeuteln zu finden, so ist es ganz

leicht, sich damit zu versorgen und immer einen dabei zu haben, was leider nicht für alle selbstverständlich ist. Die Beutel können zugeknotet einfach im nächsten Mülleimer entsorgt werden.

Tierärzte

Tierärztliche Anlaufstellen gibt es auf Borkum dreimal sowie ein **Tierheim.** Letzteres nimmt, sofern Platz ist, bei Bedarf auch Hunde in Pflege, beispielsweise während eines Kuraufenthalts.

- **Dr. med. vet. Petra Koblischke** und **Dr. Karl-Ludwig Solaro,** Olde Melkstee 21, 0170/34 78 376.
- **Dr. Hans Fritzsche,** Under de Diek 1 b, Tel. 02362/27 537 und 01730/6 57 415, er kommt ein- bis zweimal monatlich nach Borkum, behandelt aber nicht im Tierheim. Termin nach telefonischer Absprache.
- **Tierheim am Upholmdeich,** Tel. 04922/99 00 84.

Leinen los am Hundestrand

Internet

WLAN-Verfügbarkeit

Es gibt **fast überall im Zentrum** der Insel die Möglichkeit, über WLAN ins Internet zu kommen. Die Hotels nehmen dafür in der Regel Gebühren, bei vielen Ferienwohnungen hingegen ist der Anschluss im Mietpreis bereits inbegriffen. Auf dem Campingplatz hat man auch Zugriff, allerdings ist der Empfang auf den östlich gelegenen und von der Rezeption weit entfernten Plätzen Glücksache. Die Wirtschaftsbetriebe Borkum hingegen haben ihr **kostenloses WLAN-Netz** für die Touristen ausgebaut. Hotspots befinden sich auf der Strandpromenade im Bereich des Musikpavillons, in der Touristeninformation, bei der Kulturinsel, im Nordsee-Aquarium, im Gezeitenland und bei den Stadtwerken Borkum.

Kinder

Die Gemeinde Borkum tut viel für Kinder. Oder, genauer betrachtet, für deren Eltern, die einmal ein paar Stunden Urlaub von ihren Zwergen machen wollen …

Strandaktivitäten

Bei schönem Wetter ist es draußen **am Strand** natürlich am schönsten, dort wird viel angeboten: Vom Sandburgen bauen, im Meer plantschen auf Spielplätzen toben, Trampolin springen oder Minigolf spielen ist alles dabei. In den Sommermonaten werden Laternenumzüge, Puppenspiele, Rollerrennen und andere Veranstaltungen angeboten.

Spielinsel

Sollte das Wetter einmal schlecht sein, gibt es die **Spielinsel** als gute Alternative. Kinder bis sieben Jahre dürfen in Begleitung eines Elternteils gegen Vorlage der Kurkarte das reichhaltige Angebot nutzen, ab acht Jahren dürfen die Kinder auch alleine dort spielen, zum Beispiel, wenn die Eltern eine Veranstaltung in der nebenan gelegenen Kulturinsel besuchen wollen. In verschiedenen Räumen gibt es für Kinder jeden Alters ein buntes Angebot zum Toben, Basteln und Spielen. Für die Kleinen gibt es Rutschen, ein Bällebad, eine Bobbycar-Rampe und einen Krabbeltunnel, für die Größeren Air-Hockey, Minigolf, einen Billardtisch und Tischtennisplatten. Eine große Auswahl an Brettspie-

☐ Karten Umschlag vorn (Insel) & hinten (Ort) **Kinder** 93

len und Bastelmöglichkeiten runden das Angebot ab. Zu den Hauptferienzeiten finden **kostenpflichtige Kurse** statt, zum Beispiel das Bemalen von Keramikkacheln oder das Bauen von Schatzkästen.

Sollte es einmal notwendig sein, so vermittelt die Spielinsel auch **Kontakt zu Babysittern,** mit denen die Eltern sich direkt in Verbindung setzen können.

■ **Spielinsel:** Westerstraße 35, Tel. 04922/93 37 30, spielinsel@borkum.de, www.borkum.de. **Öffnungszeiten:** Apr. bis Okt. Mo–Fr. 10–17.30 Uhr, Sa und Feiertage 10–16 Uhr, So geschlossen (ausgenommen von Juni bis Okt. bei Dauerregen So von 14–17 Uhr), Nov.–März Mo–Sa 10–12.30 und 14–17.30 Uhr; Spielzeitende: 15 Min. vor Schließung; die Kurkarte gilt als Eintrittskarte.

⌃ Kinder mit Fernblick Richtung Meer

**Gezeiten-
land**

Eine weitere Alternative für schlechtes Wetter bietet das **Gezeitenland** mit einem Planschbecken, einem großen Außen-
und Innenbecken sowie einer riesigen Wasserrutsche. Für Kinder ab fünf Jahren werden **Schwimmkurse** angeboten. Allein ins
Wasser dürfen die Kleinen allerdings nur mit einem Seepferd-
chen-Abzeichen. Für größere gibt es die **Indoor-Surfanlage
Flowrider.**

■ **Gezeitenland:** Goethestraße 27, Tel. 04922/93 36 00, gezeitenland@bor
kum.de, www.gezeitenland.de. **Öffnungszeiten:** in der Hauptsaison Mo–Fr
10–21 Uhr, Sa, So und feiertags 10–19.30 Uhr/in der Nebensaison Mo–Fr 14–
21 Uhr, Sa, So und feiertags 12–19.30 Uhr; Zutritt nur mit Kurkarte. Preis ab
7.50 €/5 €, Familienkarte ab 14.50 €.

Spielplätze

Kinderspielplätze gibt es in der Deich-, Mormelander- und
Wilhelm-Feldhoff-Straße sowie in den Kiebitzdelle-Dünen. Am
seeseitigen Ende der Goethestraße kann man in einem Wasser-
becken Modellboote fahren lassen.

Kirchen

Insularer Kirchgang ist „in"; die Gotteshäuser sind gut ausgelas-
tet – ganz besonders im Sommer. Es gibt häufig ökumenische
Gottesdienste, vor allem im Winter und an Feiertagen sowie
Konzerte. Aktuelle Termine stehen im Internet: www.kirche-
borkum.de.

Gottesdienste

■ **Evangelisch-lutherische Christuskirche** (Goethestr. 14): So 10 Uhr, Ge-
meinde- und Kindergottesdienst, Tel. 04922/99 02 31, aktuelle Termine und Veranstaltungen unter www.christuskirche-borkum.de.
■ **Evangelisch-reformierte Kirche** (Rektor-Meyer-Pfad 6): So 10 Uhr Gemein-
de- und Kindergottesdienst, Tel. 04922/912 70, aktuelle Termine und Veranstaltungen unter www.reformiert-borkum.de.
■ **Katholische Kirche Maria Meeresstern** (Kirchstr. 30): Sa 19 Uhr Vorabend-
messe, So 10 Uhr Gemeinde- und Kindergottesdienst, in der Saison auch um
11.30 Uhr, Di–Fr findet um 19.30 Uhr eine Abendmesse statt, Tel. 04922/39 05,
aktuelle Termine und Veranstaltungen siehe unter www.kat.borkumer-kirchen
gemeinden.de.
■ **Neuapostolische Kirche** (Reedestr. 22): Gottesdienst Mi 19.30, So 9.30 Uhr,
Tel. 04922/32 80.

Kurgast auf Borkum

Kurbeitrag und Kurkarte

Egal, ob ein Urlaub der Grund für einen Besuch der Insel Borkum ist oder eine Rehabilitationsmaßnahme: **Jeder muss Kurtaxe zahlen** – ausgenommen sind beruflich bedingte Aufenthalte, für die sich bei der Touristeninformation eine Befreiung der Zahlungspflicht beantragen lässt. Die **Kurkarte** kann man in der Touristeninformation und in der Kulturinsel beantragen. Der Kurbeitrag wird erhoben, um die Badestrände zu pflegen und zu bewachen, Parkanlagen zu säubern und den Urlaubern verschiedene Unterhaltungs- und Fitnessprogramme zu bieten. So gibt es in den Sommermonaten ein buntes Strandprogramm mit Spaziergängen, Qi Gong, Yoga, verschiedenen Fitnessprogrammen, Jonglage, Slackline (Balancieren auf einem Schlauchband) und Spielen. Bei Regenwetter finden die Veranstaltungen in der

Innenraum der reformierten Kirche

Tennishalle statt. Über die Kurtaxe werden auch das kostenfreie Informationsmaterial der Wirtschaftsbetriebe Borkum, Veranstaltungen wie die Promenadenfete, Feuerwerk, Kurkonzerte (Mai–Okt. 11, 16 und 20 Uhr), der Lesesaal in der Kulturinsel, ein Kinderanimationsprogramm und das WLAN finanziert. Kurbeitragsinformationen bekommt man in der Kulturinsel, dort ist auch der Kartenvorverkauf für Veranstaltungen.

Unser Tipp: Tragen Sie die Kurkarte immer bei sich, um unliebsame Überraschungen zu vermeiden. Die Wirtschaftsbetriebe Borkum verweigern sonst den Eintritt in die von ihnen betriebenen Anlagen wie Gezeitenland, Neuer Leuchtturm und Nordsee-Aquarium.

■ **Tourist-Information Borkum:** Georg-Schütte-Platz 5, 26757 Borkum, Tel. 04922/93 30, www.borkum.de, Öffnungszeiten in der Saison Mo–Fr 9–17 Uhr, Sa/So 10–13 Uhr, in der Nebensaison Mo–Fr 10–17 Uhr, Sa 10–12 Uhr, in der Wintersaison am Wochenende geschlossen.

■ **Kulturinsel:** Goethestr. 25, 26757 Borkum, Tel. 04922/93 31 54, kurbeitrags kasse@borkum.de; Veranstaltungen 04922/93 37 13, events@borkum.de, www. borkum.de; Öffnungszeiten Mo–Do 8.30–12.30, 14–16.30 Uhr, Fr 8.30–12.30 Uhr; Veranstaltungshinweise werden auch über Aushang bekannt gegeben.

■ **Kurbeitrag für Erwachsene (ab 18 Jahre) und Tagesgäste pro Tag:** 3,50 € (Hauptsaison, Mai–Okt.), 2,30 € in der übrigen Zeit, Jahreshöchstbeitrag 98 €; 1. Kind pro Tag (erst ab 12 Jahre, darunter frei; keine Kurtaxe für weitere Kinder bis 17 Jahre): 0,80 €/0,40 €/22,40 €; Schüler, Azubis, Studenten: 0,80 €/0,40 €/22,40 €.

Rehabilitationsmaßnahmen

Um eine **ambulante Kur** nach § 23, Abs. 2, Sozialgesetzbuch IV, genehmigt zu bekommen, sind folgende Schritte notwendig: Vor der Rehamaßnahme muss diese bei der zuständigen **Krankenkasse** beantragt werden. Der Hausarzt füllt diesen Antrag aus

⌄ Zeit zur Muße als Gast auf Borkum

und gibt als Wunschziel Borkum an. Dieser Antrag muss dann bei der Krankenkasse eingereicht werden. Nachdem über die Art und Höhe der Kostenübernahme entschieden wurde, was einige Monate dauern kann, wird sie genehmigt oder abgelehnt – bei Letzterem ist Widerspruch möglich. Übernimmt die Krankenkasse die Kur, trägt sie die Kosten der ärztlichen Behandlung, der Kurmittel und zieht gesetzliche Eigenanteile, die jeder tragen muss, ab und bezuschusst die Kosten.

■ **Fachklinikum Borkum:** Fachklinik für Allergien, Haut- und Atemwegserkrankungen. Stationäre Reha für Kinder und Erwachsene, alle Kassen und privat: Jann-Berghaus-Str. 49, 26757 Borkum. Tel. 04922/70 86 92, www.fachklinikum-borkum.de.

■ **Rehabilitationsklinik Borkum Riff:** Klinik für Dermatologie, Onkologie im dermatologischen Bereich, Atemwegserkrankungen und Allergien der Deutschen Rentenversicherung: Hindenburgstr. 126, 26757 Borkum. Tel. 04922/30 20, www.rehaklinik-borkum-riff.de.

■ **Knappschafts-Klinik Borkum:** Fachklinik für Innere Medizin, Pneumologie, Dermatologie, Allergologie, Gynäkologische und Dermatologische Onkologie. Stationäre Reha für Erwachsene der gesetzlichen Renten-, Kranken- und Unfallversicherungsträger sowie Selbstzahler (beihilfefähig): Boeddinghausstr. 25, 26757 Borkum. Tel. 04922/30 10, www.knappschafts-klinik-borkum.de.

▽ Wassergymnastik für Kurgäste im Gezeitenland

◻ Karten Umschlag vorn (Insel) & hinten (Ort) **Lokalpresse und -radio** 99

Insel-Info A–Z

■ **Nordseeklinik Borkum:** Fachklinik für Atemwegserkrankungen und Allergische Atemwegserkrankungen, Mukoviszidose, Anschlussheilbehandlung, Sozialmedizin, Rehabilitationswesen, Innere Medizin und Psychosomatik. Stationäre Reha für Erwachsene der Deutschen Rentenversicherung Rheinland: Bubertstr. 4, 26757 Borkum. Tel. 04922/921 01, www.nordseeklinik-borkum.de.

■ **Fachklinik Helena Haus am Meer:** Fachklinik für Vorsorge- und Rehakuren (auch Erschöpfung und Depression), Atemwegs- und Hauterkrankungen, Krankheiten des Muskel-Skelett-Systems und Adipositas. Stationäre Reha für Erwachsene: Viktoriastr. 4–6, 26757 Borkum. Tel. 04922/91 30, www.cbt-haus-am-meer.de.

■ **Mutter-Kind-Fachklinik Sancta Maria:** Fachklinik für Haut- und Atemwegserkrankungen, psychosomatische und psychovegetative Erkrankungen und Erkrankungen des Skelettsystems. Stationäre Reha für Erwachsene, für Krankenkassenversicherte und Selbstzahler (beihilfefähig): Boeddinghausstr. 10, 26757 Borkum. Tel. 04922/928 10, www.sancta-maria-borkum.de.

■ **Rehaklinik Borkum für Mutter-Vater-Kind:** vom Muttergenesungswerk anerkannte Fachklinik für Reha- und Vorsorgemaßnahmen, Psychosen, Erkrankungen (auch Erschöpfung und Depression), Haut- und Atemwegserkrankungen. Stationäre Reha für Kinder und Erwachsene, alle Kassen und privat: Haus Leuchtfeuer, Viktoriastraße 10/Haus Frisia (Zutritt nur für Mütter und Kinder), Bubertstr. 5–7, 26757 Borkum. Tel. 04922/30 60, www.klinik-borkum.de.

Lokalpresse und -radio

Borkum Aktuell

Das Inselmagazin erscheint **elfmal jährlich** und ist in der Touristeninformation erhältlich. www.borkum-aktuell.de.

Burkana

Das **fünfmal im Jahr** erscheinende Magazin des Borkumer Yachtclubs hat eine exzellente Aufmachung und berichtet über aktuelle Themen zu Borkum. Gratis. www.burkana.de/magazin.

Borkumer Zeitung

Das Tageblatt erscheint **viermal wöchentlich** (Mo, Di, Do, Fr) in einer Auflage von 1900 Exemplaren. Den überregionalen Teil bezieht es von der Oldenburger Zeitung, der Lokalteil wird selbst erstellt. www.borkumer-zeitung.de.

Ditjes un' Datjes

Kleinformatiges Heft, erscheint **einmal jährlich,** mit vielen Beiträgen zur Inselgeschichte. Interessant zu lesen, auch wenn es vom Borkumer Werbe-Service herausgegeben wird und sich über Anzeigen finanziert. Gratis oder verbunden mit der Bitte

2

um eine Spende für die Deutsche Gesellschaft zur Rettung Schiffbrüchiger liegt es in vielen Einrichtungen aus.

Inselradio Borkum

Internet-Radio aus Borkum über www.irabo.de.

Mien Börkum

Kostenloser, jährlich erscheinender **Einkaufsführer** zu den Themen Essen & Trinken, Freizeitaktivitäten und Wellnessangebote sowie Neuigkeiten über die Geschäftswelt Borkums. www.mienboerkum.de.

Sport

Angeln

In den Küstengewässern von Buhnen und im Hafen darf frei gefischt werden, davon ausgenommen ist der Bereich des Nationalparks Niedersächsisches Wattenmeer, auch an den Badeständen ist das Angeln nicht erlaubt.

Zum **Angeln im Hoppschlot** kann man ab 8 € beim Sportfischerverein Borkum e.V. eine Gastkarte kaufen, den Sportfischerpass benötigt man zusätzlich. Das Anglerheim direkt am Hopp hat sonntags von 10 bis 12 Uhr geöffnet. Mehr Informationen gibt es bei *Stephan Bakker* unter Tel. 0170/180 84 32, www.sportfischer-borkum.de.

Beach-Volleyball

Jeweils an der **Surf- und Segelschule am Nordbad** und **am Südbad** können die Felder kostenlos genutzt werden. Auch Kurse werden angeboten.

Der **Niedersächsische Volleyballverband** veranstaltet im Sommer (Juli/Aug.) ein **Turnier.** An mehreren Wochenenden treten 800 Mannschaften mit 3000 Beachern aus ganz Deutschland auf rund 40 Spielfeldern gegeneinander an. Nur während des Turniers dürfen die Spieler am Strand zelten.

Boule

In der Parkanlage **bei der Tourist-Information.**

Drachen-steigen

Es gibt ein **ausgewiesenes Drachenfeld** oberhalb des Hundestrandes nördlich des Dünenübergangs von der Kaapdelle aus bis zum nächsten Übergang. In der Ruhe- und Zwischenzone des Nationalparks und auch sonst überall ist es grundsätzlich nicht erlaubt, Drachen steigen zu lassen.

☐ Karten Umschlag vorn (Insel) & hinten (Ort)　　　　**Sport**　　101

Insel-Info A–Z

Fitness und Kraftsport

Im **Gezeitenland** finden Sportbegeisterte auf einer Fläche von 250 m² moderne Trainingsgeräte zum Laufen, Fahrradfahren, Rudern, einen Ellipsentrainer und einen Gerätepark mit Freihantelbereich, Gymnastik und Stretching-Zonen (Öffnungszeiten: Mo–Fr 8–21 Uhr, Sa/So/feiertags 10–19 Uhr). Ebenso werden unterschiedliche Kurse angeboten. Auf der Website (s.u.) kann man sich umfassend informieren.

■ **Gezeitenland:** Goethestr. 27, Tel. 04922/93 36 00, gezeitenland@borkum.de, www.gezeitenland.de.

Fliegen

Der **Flugplatz Borkum** ist ganzjährig geöffnet. 1000 Meter befestigte Landebahn, Klasse 2, Nachtbefeuerung, Landeplatz bis 6000 kg sowie eine Tankanlage. Infos: Flugleitung Tel. 04922/38 48, Flugauskunft und Rundflüge Tel. 04922/38 38, www.flugschule-borkum.de; Linienflüge: OFD Tel. 04921/899-20, www.fliegofd.de.

Die **Flugschule Borkum** (Tel. 04922/38 38) bietet ganzjährig folgende Ausbildungskurse an: Privatpilot PPL-A, CVFR-Berechtigung, Nachtflug, Schnupperkurs (Pinch-Hitter), Sicherheitstraining, Vercharterung.

Gymnastik

Von Juni bis September sind kostenfreie Fitnessprogramme **am Nord-, Süd- und FKK-Strand** unter geschulter Leitung möglich, auch für Kinder. Genaue Zeiten per Aushang oder in der Tourist-Information.

Indoor-Surfing

Das **Gezeitenland** bietet mit der Anlage Flowrider ab 4 € für 25 Min. eine Möglichkeit zum Wellenreiten an, auch Schnupperkurse können gemacht werden.

Kitesurfing

Borkum ist hierfür ein **ideales Revier.** Die Surfschule „**Windsurfing Borkum**" bietet Anfänger- und Fortgeschrittenenkurse zum Erwerb der international anerkannten Lizenz für das Kitesurfen an. Strandsegeln und auch verschiedene Kitesportarten sowie Schnupperkurse gibt es bei „**World of Wind**".

■ **Windsurfing Borkum:** Kiebitzdelle-Leegde 20, Tel. 04922/22 99 und 0176/820 70 83 (April–Okt.), info@windsurfing-borkum.de, www.windsurfing-borkum.de.
■ **World of Wind:** im Sommer am Strand beim Übergang Kaapdelle, Tel. 0173/532 70 87, Kontakt im Winter Emmastr. 6, 44869 Bochum, Tel. 04922/22 99, borkum@worldofwind.de, www.worldofwind.de.

2

Klettern

Rund 2,5 Std. Zeit sollte man für einen Parcours einplanen. Nach einer Einweisung geht es gut gesichert in die Höhe. Die Aussicht ist toll, denn wo kann man schon bei Meeresrauschen und frischer Brise klettern? Die Tour endet mit einer **Gleitfahrt am Seil** hängend vom höchsten Punkt wieder zurück auf Bodenniveau. Öffnungszeiten und Preise über die Homepage.

■ **Nordseekletterpark:** Goethestr. 25, Tel. 04922/923 40 77 und 0176/20 51 97 53, info@nordseekletterpark.de, www.nordseekletterpark.de.

◿ Zwei Kitesurfer am Südbad

b_144 mna

Meilenlauf Anfang September findet alljährlich der **„Borkumer Meilenlauf"** inklusive Nordic-Walking statt. Die Startgebühren variieren je nach Distanz zwischen 1 und 20 Euro; keine Kurtaxe für Teilnehmer am Veranstaltungstag. Organisation: TUS Borkum, Tel. 04922/540, info@borkumer-meilenlauf.de, www.borkumer-meilenlauf.de.

Reiten Wer auch im Urlaub reiten möchte, kann entweder im Anhänger von Eemshaven und Emden aus **sein eigenes Pferd mitbringen** oder **im Reitstall Borkum** geführte Ausritte mit an Gäste gewöhnten Pferden buchen, auch als Anfänger. Es werden Strand- und Geländeritte, Ponyreiten, Reitkurse, Planwagenfahrten und auch Reitunterricht in der Halle angeboten.

Auf öffentlichen Flächen und an den Stränden dürfen die Pferde nur mit einer Kennzeichnung laufen, die im **Bürgerbüro** neben dem Rathaus der Stadt (Adresse s.u.) erhältlich ist. Reiten darf man auf den **offiziellen Reitwegen,** die an vielen Stellen einladen, die facettenreiche Insellandschaft hoch zu Ross zu erleben. Reiterinnen und Reiter werden gebeten, die Hinterlassenschaften ihrer Tiere auf öffentlichen Straßen und Gehwegen sofort zu beseitigen.

■ **Reitstall Borkum:** Goedeke-Michel-Str. 11, Tel. 04922/91 01 44, info@reitstall-borkum.de, www.reitstall-borkum.de.
■ **Pferdepension im Ostland:** Ostland 4a, Tel. 04922/99 00 83, 0171/370 44 89 und 0170/411 43 55, info@borkum-pferdepension.de, www.borkum-pferdepension.de.
■ **Pferdeboxen-Vermietung Heiner Wegmann:** Kirchstr. 8a, Tel. 04922/43 46 und 0176/27 40 68 00, wegmann.borkum@t-online.de.
■ **Strandausritte Jütting:** Verlängerung Upholmstr./Ostfriesenstr., Tel. 04922/99 00 83, info@strandausritte.de, www. strandausritte.de.
■ **Bürgerbüro-Borkum:** Neue Straße 3, im Rathaus, Tel. 04922/30 30, stadt@borkum.de, www.stadt-borkum.de, Öffnungszeiten: Mo–Fr 8.30–12 und 14–16.30 Uhr, Fr nachmittags geschlossen.

b_068 mna

Schwimmen

Borkums **Hallenbad Gezeitenland** (Adresse siehe „Indoor-Surfing") ist ein Riesenkomplex. 27 °C ist das Wasser warm, im Kursbecken sogar 32 °C. Mit Ausnahme einer Wartungspause im Januar ist die Anlage ganzjährig täglich geöffnet. **Eintritt** nur mit Kurkarte; die Preise sind wie folgt gestaffelt (2 Std./4 Std./Tageskarte): Erwachsene 7,50/9/14 €, Kinder (4–15 Jahre) 5/6,50/11 €, Eltern mit Kind 23 € (4 Std.)/27 € (Tageskarte), Sauna 16 € (4 Std.), 20 € (Tageskarte Erw.).

Segeln

Allgemeine Infos siehe „Anreise mit dem eigenen Boot".

Für Anspruchsvollere: Ende Juni findet die **Regatta Borkum – Helgoland** und zurück statt, ein großes Ereignis.

Segelkurse bietet das Wassersportzentrum **„Windsurfing Borkum"** am Nordbad für Einsteiger und Fortgeschrittene im Jollen- und Katamaransegeln an. Auch Boote lassen sich dort mieten (Adresse siehe „Kitesurfing").

⌃ Kitebuggy-Fahrer am Nordbad

⌃ Reiterinnen im gräsernen Vorland

2

Sport

Strand- segeln

Strandsegeln ist nur in der Vor- und Nachsaison erlaubt. **Kurse** gibt es im **Wassersportzentrum** (Adresse siehe „Kitesurfing").

Tauchen

Es gibt **keine Einrichtungen** für den Unterwassersport auf Borkum, andererseits aber auch keinen Grund, weshalb man nicht mit eigenen Gerätschaften tauchen gehen könnte.

Tennis

Borkums **„Tennis-Insel"** befindet sich in der Bismarckstraße 31 (Tel. 04922/529), nur wenige Meter von der Kurpromenade entfernt. Die ganzjährig betriebene Anlage verfügt über **sechs Plätze,** davon 4 Sandplätze und 2 Hallenplätze. Täglich geöffnet. Training mit Tennislehrer möglich. Auch Turniere, Partnervermittlung, Kinder-, Jugend- und Seniorenkurse sowie Arrangements mit Unterbringung.

Trampolin- springen

Entsprechende Anlagen werden im Sommer am Nord- und Südbad aufgebaut, täglich geöffnet.

Wasserski

Viele Meerestiere werden durch den Lärm dahinbretternder Motorboote in ihrer Aufzucht gestört. Wasserskifahren gehört nach Ansicht von Ökologen nicht in die empfindliche Biotoplandschaft einer Nordseeinsel. Es ist daher **verboten.**

Wasser- sport

Im **Wassersportzentrum am Nordstrand** (siehe „Kitesurfing") gibt es ein breites Angebot: Wind- und Kite-Surfen, Beach-Buggy- und Windsurfschule, Segeln – Fun und Action auf dem Wasser. Kurse für Einsteiger, Aufsteiger und Funboarder inklusive Materialvermietung. Jollen- und Katamaransegeln sowie Bootsvermietung. Juni, Juli und August Regatten. Teilnahme möglich.

Windsurfen

Das **Wassersportzentrum am Nordbad** (siehe „Kitesurfing") bietet in der Saison Kurse für Ein- und Aufsteiger sowie auch für Funboardfahrer und Kiter an. Ein Grundkurs kostet ca. 160 €. Arrangements mit gleichzeitiger Unterbringung sind möglich.

⊳ Wasserkante mit Spülsaum und Strand

Strände

Niemand kann einem das Baden im Meer verbieten, wo es einem gerade passt – auch nicht auf Borkum. Die Erfrischung genießt man dann aber **„auf eigene Gefahr";** d.h., wenn man in die Bredouille gerät, springt keiner hinter einem her. Wer es darauf nicht ankommen lassen will und wem ein fernglasbewehrter Bademeister nichts ausmacht, der sollte sich bewachen lassen. An bewachten Badesträndem passt die **DLRG** auf. Gibt es zu viel Wind oder gefährliche Strömungen, darf man nicht ins Wasser. Dann weisen Flaggen darauf hin (s. S. 214).

Südbad — **Bewacht.** Am südlichen Ende der Kurpromenade gelegen.

Nordbad — **Bewacht.** Vor dem Kleinen Kaap gelegen.

Jugendbad — **Bewacht.** Nordöstlich der Stadt (beim Café Sturmeck) gelegen.

FKK-Strand — **Bewacht.** Ca. 5 km vom Ort an der Nordküste gelegen. 1200 x 100 m großes Gelände mit Strandsauna und Umkleidekabinen.

Hoge Hörn — Das Gelände im äußersten Nordosten ist **kein offizieller Badestrand,** sondern Naturschutzgebiet und darf nur auf dem ausge-

wiesenen Weg oder direkt am Strand benutzt werden. Das äußerste Ende ist gesperrt.

Südstrand (an der Ronden Plate)

Ebenfalls **kein Badestrand,** sondern es handelt sich um ein schlickiges, naturgeschütztes Gebiet, das außerdem sehr strömungsreich ist.

Bewachte Strände

Gewacht wird täglich im Zeitraum Mai/Juni bis Oktober, danach laut Aushang in der Bademeisterstation. An allen Badestränden finden sich **sanitäre Anlagen** und **Kioske.** Und am Südbad gibt es wind- und wettergeschützte Sonnenterrassen, von denen man das Meeresgeschehen beobachten kann. Die vier Badestrände werden **von Mai bis September täglich gereinigt.**

Wasserqualität und -temperatur

Borkums **Badewasser** erhält gute Reinheitsnoten, obwohl die Nordsee, wie allgemein bekannt, nun wirklich keine glasklare Karibik ist. Ein bisschen kühler ist sie auch. Die **Wassertemperaturen** werden für Mai mit 14 und für August mit 20 Grad Celsius angegeben. Das gilt aber nur für die oberen paar Zentimeter. Steckt man die Füße tiefer hinein, wird es schnell frischer.

Strandzelte und -körbe

Wo diese Behausungen stehen, ist bis ins Kleinste aufgedröselt. Am besten wählt man die zentralen Telefonnummern 04922/44 95 oder 14 80 (info@strandkorb-borkum.de) oder informiert sich direkt an den Stränden. Bestellungen am FKK-Strand sind nur per E-Mail möglich: steemann@strandsauna-borkum.

Preise: Strandzelt inkl. Liegestuhl/Strandkorb
Ein Strand-Liegestuhl kostet 14 € pro Woche.

- **1 Woche:** 44/48 €
- **2 Wochen:** 79/107 €
- **3 Wochen:** 114/149 €
- **4 Wochen:** 149/191 €

FKK

Am **Nacktbadestrand** darf man sich im Lichtkleid tummeln, nicht jedoch an den anderen Stränden. Man sollte auf seine Mitmenschen Rücksicht nehmen. Manche wollen nun mal nicht dauernd Nacktes sehen, andere nicht ständig darüber hinwegsehen.

FKK-Kabinen zum Deponieren von Kleidung und Wertgegenständen lassen sich mieten unter www.fkk-strand-borkum.de.

Unterhaltung

Bibliothek

In der **„Kulturinsel"**. Geöffnet: Mo, Mi und Fr 15–18 Uhr (Adresse s.u.).

Glücksspiel

Eher bescheiden macht sich der versteckte Eingang der **Spielbank Borkum** unmittelbar am Bahnhof, doch dahinter dehnt sich ein beträchtlicher Komplex, in dem man viel Geld gewinnen kann. Leider auch verlieren; das ist eben die herbe Realität des Zockens am Spielautomaten.

■ **Spielbank Borkum,** Georg-Schütte-Platz 6, Tel. 9 18 00, info@spielbank-deutschland.com. Geöffnet: für Gäste über 18 Jahre 01.04.–31.09. 11–0.30 Uhr; 1.11.–31.3. 14–21 Uhr. Kein Spielzwang.

Inselfest

Klaasohm: Jedes Jahr am Vorabend des Nikolaustages pflegen die Borkumer diesen seit Jahrhunderten überlieferten Brauch aus der Walfängerzeit. Dabei wollen die Insulaner allerdings unter sich bleiben, Touristen werden nicht gern gesehen (siehe Exkurs „Von Borkumern für Borkumer – der Brauch Klaasohm", Seite 110).

Kino

Wöchentlich wechselndes Programm in der **„Kulturinsel"**.

Tanzen

Der Tanzschuppen **„Kajüte Strandschlucht"** im Keller des Hotels **Atlantik** gilt als populärster der Insel.

15 **Hotel Atlantik** (Karte S. 116), Bismarckstr. 6.

Einmal wöchentlich wird ein **Discoabend** auf dem Gelände der Jugendherberge (s.u.) veranstaltet. Alkohol wird nicht ausgeschenkt!

Kultur

Die Borkumer Gemeinde lässt sich einiges einfallen, um ihre Gäste vor dem Inselkoller zu bewahren. Entsprechend viele Angebote finden im **Kur- oder Spielhaus** bzw. im **Gezeitenland** und **am Strand** statt. Im **Musikpavillon** gibt es Kurkonzerte. Mit „Up de Walvis" wird im Sommer sogar ein eigenes Musical über die Walfängerzeit und mutige Frauen mit Tracht, Tanz und Shantys aufgeführt. In der Hochsaison steht täglich etwas auf dem Programm, sonst alle paar Tage. Vorschau und Preise im

Von Borkumern für Borkumer – der Brauch „Klaasohm"

Was tun Menschen auf einer Insel, besonders im Kampf gegen die Naturgewalten? **Sie halten zusammen.** Um das zu zeigen, kommt zuverlässig jedes Jahr am Vorabend des Nikolaustags, am 5. Dezember, **Klaasohm.** Wörtlich übersetzt heißt das „Onkel Klaus". Es ist ein Fest der Borkumer ausschließlich für Borkumer und *Butenbörkumer.* Letztere sind auf Borkum Geborene, die meist der Arbeit wegen auf dem Festland wohnen, und häufig extra zu diesem Fest anreisen. Klaasohm ist **das wichtigste Fest** auf der Insel, es läuft sogar Weihnachten den Rang ab. Aber die Borkumer wollen diesen Brauch **ausschließlich unter sich feiern.** Jeder Besucher sollte das respektieren und deshalb bitte fernbleiben.

Der Legende nach lag Klaasohm ein Jahr lang vor dem Großen Kaap im Sand, bevor er ausgebuddelt wurde und sich mit wilder Zottelmähne und langen Hörnern auf die Jagd nach Beute und Respekt begab. Seit wann es diese Tradition gibt, ist nicht genau überliefert, aber man vermutet, dass sie während der **Walfängerzeit** entstanden ist. Während die Borkumer Männer früher auf niederländischen und deutschen Flotten unterwegs waren, blieben die Frauen allein zurück und führten das Regiment. Kehrten die Männer nach Hause zurück, wurde es Brauch, den Frauen zu zeigen, wer der „Herr im Hause" ist. Diese Aufgabe übernimmt die Fantasiefigur Klaasohm symbolisch einmal im Jahr für wenige Stunden während des Festes. Auch auf einigen niederländischen Inseln wird Klaasohm gefeiert, allerdings in abgewandelter Form, und dort läuft es in der Regel etwas freundlicher ab.

Das Fest wird heute vom Verein „Borkumer Jungens e.V." organisiert. Jedes Jahr am Abend vor Nikolaus machen sich sechs Borkumer des Vereins in drei Altersklassen jagdbereit („lüttje" 14 bis 16, „middel" 16 bis 18, „grote" über 18 Jahren): **„Hey, hey, hey, der Ohm ist los".** Sie sind zuvor vom Verein ausgewählt worden und jagen nun durch die Straßen. Alle sind verkleidet, die sechs Jäger stecken in schweren Kostümen. Die Masken haben nur kleine Schlitze, durch die sie kaum etwas sehen können. Deshalb werden die vermummten Klaasohme geführt. *Biloper* nennt man ihre Begleiter. Das „Wievke" („Weibchen"), ein als Frau verkleideter Mann, gehört zum großen Klaasohm. Eins muss das Wievke vor allem sein: wendig und schnell, denn es versucht, durch Häuser, Straßen und auf Nebenwegen zu entkommen. Dabei kann es gelegentlich etwas derb zugehen. Wer gut vorbereitet sein will, trägt ein **Kissen in der Hose,** um den Po zu schützen. Aber auch wenn sich die Klaasohme untereinander begegnen, setzt es Schläge. Nur im eigenen Haus ist man einigermaßen sicher.

Klaasohm ist zwar eine Furcht einflößende Respektsperson und hat für einen Abend auf der Insel das Sagen, aber er ist **liebevoll zu den Kindern** und beschenkt sie, wenn sie ein Gedicht aufsagen, mit dem Sirupgebäck *Moppe.* Auch die **älteren Leute warten auf den Klaasohm,** und zu diesen ist er ebenfalls sehr nett. Eine Stunde dauert die Hetzjagd, bevor das Ende naht. Sie endet an einer gemauerten ehemaligen Litfaßsäule auf dem Platz am Kreuzpunkt von Quer- und Westerstraße mitten im Zentrum – von den Einheimischen „De D" genannt wegen der einem großen *D* ähnelnden Grundstücksform. Die in ihren martialischen, viele Kilo schweren Kostümen inzwischen völlig verschwitzten und entkräfteten Männer werden von der Menge, die sie begleitet hat, auf die

Säule geschoben und gebärden sich vor der tobenden Masse. Es ist laut und der Platz voller Menschen. Ein finaler Sprung ins auffangende Menschenbad – und schon ist alles vorbei.

UNSER TIPP: Wer sich dennoch als Gast auf die Straßen wagt, kann zum Ziel der verkleideten wilden Männer werden, **besonders Fotografen und Frauen sind nicht willkommen.** Deshalb gilt: **Fernbleiben bitte.** Die Borkumer möchten dieses Fest unter sich feiern, und das sei ihnen gegönnt.

▽ Steinerne Säule auf dem Platz „De D"

Unterhaltung

Internet, auf dem Aushang und im Infoblatt (regelmäßig jährlich stattfindende Veranstaltungen siehe auch unter V).

■ **Kulturinsel:** Goethestr. 25, 26757 Borkum, Tel. 04922/93 31 54, kurbeitragskasse@borkum.de; Veranstaltungen 04922/933 713, events@borkum.de, www.borkum.de; Öffnungszeiten Mo–Do 8.30–12.30, 14–16.30 Uhr, Fr 8.30–12.30 Uhr; die Öffnungszeiten für Veranstaltungen werden über Aushang bekannt gegeben.

■ **Spielinsel:** Westerstraße 35, Tel. 04922/933 730, spielinsel@borkum.de, www.borkum.de.

☐ Karte S. 116 (Unterkunft)   **Unterkunft**   113

Unterkunft

Unterkunft buchen

Gastgeber-verzeichnis

Die Wirtschaftsbetriebe haben ein ausführliches Gastgeberver-zeichnis, das man über die **Tourist-Information** anfordern kann. Es gibt auf der Website **www.borkum.de** aber auch die Möglichkeit, es online anzusehen, Unterkünfte anzufragen und auch zu buchen. Allerdings sind dort nicht alle Gastgeber voll-ständig verzeichnet. Symbole weisen darauf hin, ob die Unter-kunft für Allergiker geeignet und barrierefrei ist oder ob Haus-tiere erlaubt sind. Das Borkumer Angebot erstreckt sich über viele Seiten.

Internet

Zahlreiche Angebote finden sich auch über **verschiedene Web-sites,** die Hotels, Pensionen und Ferienwohnungen offerieren. Am besten nimmt man sich etwas Zeit für die Recherche. Glaubt man der Eigendarstellung auf den Websites, liegen alle Unter-künfte ganz in der Nähe des Meeres. Das stimmt zwar in vielen Fällen, aber es ist empfehlenswert, sich anhand der Straßen-namen im Stadtplan die für sich genehmste Lage herauszu-suchen. Die **Preise** variieren zwischen den verschiedenen Sai-sons ganz erheblich, im Winter ist es am günstigsten, nur nicht über Weihnachten und Silvester, das ist auch Hauptsaison.

UNSER TIPP: Damit es günstiger erscheint, wird oft der **Preis pro Person** angeben, und die erste Nacht höher berechnet. **Versteck-te Aufpreise** gibt es auch durch Leistungen, die je nach Anbieter zusätzlich berechnet werden, z.B. für Wäschepakete und Endrei-nigung oder Frühstück. Es ist besser, vorher genau nach dem Preis zu fragen, damit man auch weiß, welche Summe am Ende auf der Rechnung steht.

◁ Hauptbadestrand und Hotelgebäude

2

Unterkunft

Preisangaben

Die Unterkünfte sind in diesem Buch in Preiskategorien einge-teilt (pro Person im Doppelzimmer in der Hauptsaison – soweit möglich). Achtung: Die Saisoneinteilung der Hotels weicht mit-unter von den Zeiten der Kurverwaltung ab!

①	**bis 45 €**
②	**45–70 €**
③	**70–100 €**
④	**über 100 €**

Hotels

2 Strandhotel Hohenzollern③, Jann-Berghaus-Str. 63, Tel. 04922/9 23 30, www.strandhotel-hohenzollern.com. Etabliertes Hotel seit 1898, sehr gepflegtes Haus direkt an der Strandpromenade beim Kleinen Kaap. Für Kinder gibt es mit der „Kaiserburg" eine Indoor-Spielanlage. 22 Zimmer und Suiten.

11 Strandhotel Vier Jahreszeiten③-④, Bismarckstr. 40, Tel. 04922/92 20, www.strand-hotel.com. Das moderne Haus mit **Restaurant Poseidon** und Well-ness mit Pool gehört der AG Ems und geht auf einen Hotelbetrieb aus den 1880er Jahren zurück. Es liegt an der Strandpromenade und der Bismarckstraße. 61 Gäs-tezimmer.

16 Inselhotel Vier Jahreszeiten③-④, Am Georg-Schütte-Platz 4, Tel. 04922/92 00, www.inselhotel.de. Auch dieses Hotel gehört zur AG Ems. Es wurde 1888 als „Bahnhofshotel Dabelstein" eröffnet und liegt direkt am Inselbahnhof. Das gepflegte Hotel verfügt über einen Wellnessbereich mit Außenpool, das **Res-taurant Klabautermann** und 65 Zimmer.

9 Nordsee-Hotel Borkum②, Bubertstr. 9, Tel. 04922/30 80, www.nordsee hotelborkum.de. Das Hotel liegt an der Ecke Strandpromenade und Bubertstraße. Die ersten Gäste logierten dort schon 1891. Das schöne Schwimmbad „Friesen-therme" und kosmetische Behandlungen laden zum Entspannen ein. 140 Zimmer.

15 Hotel Atlantik②, Bismarckstr. 6, Tel. 04922/91 40, www.hotelatlantik.de. Die Geschichte des Hauses führt bis ins Jahr 1898 zurück. Es liegt in der Nähe der Strandpromenade und verfügt über 57 Zimmer mit insgesamt 96 Betten. Im Haus liegt das **Restaurant Delfter Stuben.**

UNSER TIPP: 19 Arthotel Bakker①, Neue Str. 6b, Tel. 04922/932 57 49, www.arthotel-bakker.de. Frühstück gegen Aufpreis möglich. Hotel und Hostel mit 32 Zimmern. Das Hostel verfügt über drei Themenzimmer, die sich ein Bad und ei-ne Küche teilen. Es richtet sich an größere Gruppen und Familien mit Kindern. Das Hotel liegt in der Stadtmitte in unmittelbarer Nähe des Rathauses.

☐ Karte S. 116 (Unterkunft)   **Unterkunft**   115

21 **Hotel Graf Waldersee**①, Bahnhofstr. 6, Tel. 04922/91 26 00, www.hotel-grafwaldersee.de. Das Hotel wurde 1890 eröffnet und wird heute in der fünften Generation geführt. Es liegt mitten im Zentrum Borkums am Georg-Schütte-Platz. 28 Zimmer. Geschlossen von November bis März.

1 **Hotel Miramar**②-③, Am Westkaap 20, Tel. 04922/9 12 30, www.miramar.de. In Strandnähe am Kleinen Kaap. Das Haus verfügt über ein kleines Meerwasserschwimmbad mit Sauna und Thalasso-Zertifizierung sowie das **Hotel-Restaurant „Zur Kogge".** 66 Betten.

UNSER TIPP: **13** **Aparthotel Kachelot**③, Goethestr. 18, Tel. 04922/30 40, www.kachelot-borkum.de. Das Drei-Sterne-Hotel liegt in der zweiten Reihe in direkter Strandnähe im Zentrum. Sehr kinderfreundlich, ausgestattet mit Spielzimmer, besonderer Service für Bahnreisende und Fluggäste, die direkt über das Hotel buchen. Saunatrakt und Fitnessraum. 69 Zimmer.

3 **Upstalsboom Seehotel**③, Viktoriastr. 2, Tel. 04922/91 50, www.seehotel-borkum.de. Direkt am Neuen Leuchtturm gelegen mit 39 stilvoll eingerichteten Zimmern und nur 200 Meter von der Strandpromenade entfernt.

UNSER TIPP: **10** **Strandhotel Ostfriesenhof**②-③, Jann-Berghaus-Str. 23, Tel. 04922/70 70, www.ostfriesenhof.de. Direkt an der Strandpromenade gelegen ist dieses schöne alte Haus, das 1898 als „Strandvilla Behrends" erbaut wurde. Das romantische **Restaurant Aquavit** liegt im Erdgeschoss, und man kann beim Essen den Meerblick genießen. 20 Zimmer.

20 **Hotel Villa Daheim**②, Rektor-Meyer-Pfad 4, Tel. 0151/40 04 09 63, www.ferienhotel-borkum.de. Hotel garni im Zentrum Borkums mit 19 Zimmern und Pensionscharakter.

6 **BSW-Hotel Rote Erde**②, Strandstr. 30, Tel. 04922/91 70, www.bsw24.de. Das Drei-Sterne-Hotel zwischen Strandpromenade und Neuem Leuchtturm ist nur als Halbpension zu buchen. Es verfügt über einen großen Restaurantbereich mit Mittagskarte und Abendbuffet und 130 Zimmer.

7 **Hotel Strandvilla Janine**②, Strandstr. 38, Tel. 04922/9 18 50, www.strandvilla-janine.de. Das schöne Hotel wurde 1895 erbaut und wird als Familienbetrieb geführt. Es liegt in unmittelbarer Strandnähe und hat 44 Zimmer, Sauna, Kraftraum und einen Tennishartplatz (gegen Gebühr) sowie einen Fußball-Rasenplatz.

28 **Hotel Bloemfontein**③, Reedestr. 73, Tel. 04922/92 39 00, www.hotelbloemfontein.de. Sporthotel und Trainingszentrum etwas außerhalb des Zentrums mit modernem Wellnessbereich. Es verfügt über 36 Zimmer und Suiten.

4 **Hotel Haus Borkum**②, Hindenburgstr. 8, Tel. 04922/9 18 40, www.hotelhaus-borkum.de. Etwas in die Jahre gekommenes Hotel in zentraler Lage. Im Eingangsbereich begrüßen ausgestopfte Tiere die Gäste. Kleines Haus mit 13 Zimmern ohne Restaurant.

17 **Hotel Rummeni**②, Am Georg-Schütte-Platz 2, Tel. 04922/9 29 00, www.hotel-rummeni.de. Familiengeführtes Hotel mitten im Zentrum am Bahnhof gelegen mit 20 Zimmern in einer alten Villa mit Etagenkühlschrank zur freien Nutzung für die Gäste.

2

Unterkunft

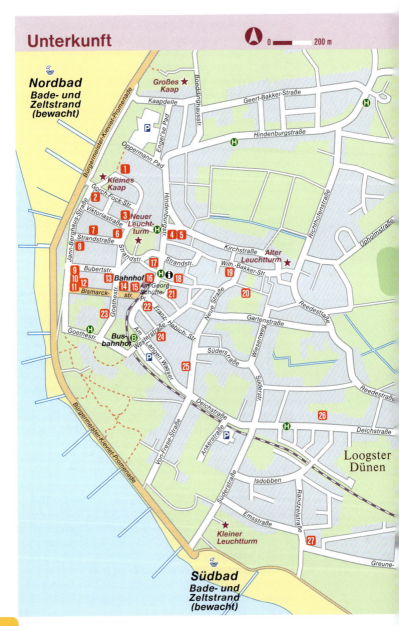

Unterkunft

© Reise Know-How 2017

■ Übernachtung

1 Hotel Miramar
2 Hotel Hohenzollern
3 Upstalsboom Seehotel
4 Hotel Haus Borkum
5 Hotel-Restaurant Kleine Möwe
6 BSW-Hotel Rote Erde
7 Hotel Strandvilla Janine
8 Inselhof Borkum
9 Nordsee-Hotel Borkum
10 Strandhotel Ostfriesenhof
11 Strandhotel Vier Jahreszeiten
12 Hotel Villa Weststrand
13 Aparthotel Kachelot
14 Suitehotel Villa Erika
15 Hotel Atlantik
16 Inselhotel Vier Jahreszeiten
17 Hotel Rummeni
18 Hotel Garni Windrose
19 Arthotel Bakker
20 Hotel Villa Daheim
21 Hotel Graf Waldersee
22 Hotel Weisse Düne
23 Hotel-Pension Passat
24 Haus Hubertus auf Borkum
25 Hotel Tide42
26 Zum Hanseaten
27 Strandhotel Najade
28 Hotel Bloemfontein
29 Dünenhotel Borkum

Unterkunft

24 Haus Hubertus auf Borkum②, Westerstr. 19, Tel. 04922/9 11 50, www.hh-b.de. Das kleine Haus liegt in unmittelbarer Nähe der Fußgängerzone und verfügt über ein kleines Schwimmbad und eine Sauna.

27 Strandhotel Najade②, Randzelstr. 17, Tel. 04922/93 04 00, www.hotel-najade.de. Hotel garni in der Nähe des Südstrands mit wenigen Zimmern.

25 Hotel Tide42②, Neue Str. 42, Tel. 04922/890 90 06, www.tide42-borkum.de. Mitten im Ort gelegen mit geschmackvoll und modern eingerichteten Zimmern, die Suiten sind barrierefrei. Allergikerfreundlich, deshalb sind Hunde nicht erlaubt.

12 Hotel Villa Weststrand②, Bismarckstr. 38, Tel. 04922/9 39 70, www.villa-weststrand.de. Hotel und Aparthotel mit 19 Zimmern in Strandnähe.

22 Hotel Weisse Düne②-③, Am Georg-Schütte-Platz 13, Tel. 04922/924 90 40, www.hotel-auf-borkum.de. Kleinerer Hotelbetrieb mit nettem Frühstücksraum mitten im Zentrum und Zimmern mit Standardeinrichtung.

18 Hotel Garni Windrose②, Bahnhofspfad 10, Tel. 04922/911 80, www.windrose-borkum.de. Seit 1895 gibt es das familiengeführte Hotel bereits und es befindet sich an einem kleinen Park in Bahnhofsnähe. 14 Zimmer für Nichtraucher.

29 Dünenhotel Borkum②, Ostfriesenstr. 110 (Flughafen), Tel. 04922/923 98 29, www.duenenhotel-borkum.de. Das Nichtraucher-Hotel liegt direkt am Flugplatz und verfügt über eine eigene Restauration. Zwölf komfortabel eingerichtete Zimmer mit Balkon.

5 Hotel-Restaurant Kleine Möwe②, Kirchstr. 31, Tel. 04922/21 77, www.hotel-kleine-moewe.de. Gut eingeführtes Hotel mit gehobenem Restaurant im Zentrum am Kriegerdenkmal, es gibt je vier Einzel- und Doppelzimmer.

26 Zum Hanseaten①, Deichstr. 35a, Tel. 04922/615, www.hanseaten-borkum.de. Etwas außerhalb des Zentrums gelegen mit Liegewiese und Terrasse. 15 Zimmer.

8 Inselhof Borkum③, Strandstr. 47, Tel. 04922/92 32 20, www.inselhof-borkum.de. Vier-Sterne-Hotel in unmittelbarer Nähe der Strandpromenade. Die 42 Zimmer sind modern eingerichtet, und es gibt ein Langschläferfrühstück bis 11.30 Uhr sowie ein Fitnessdeck mit Sauna und Dachterrasse.

14 Suitehotel Villa Erika③, Bismarckstr. 10, Tel. 04922/932 51 51, www.hotel-villa-erika.de. Modernes Gebäude mit zwölf Nichtraucher-Suiten auf drei Etagen. Zentral gelegen in der Hauptflaniermeile.

23 Hotel-Pension Passat①, Goethestr. 28, Tel. 04922/92 84 44, www.hotel-pension-passat.de. Das kleine Hotel liegt mitten im Stadtzentrum in unmittelbarer Nähe der Strandpromenade und des Gezeitenlandes.

> Grüner Georg-Schütte-Platz

Pensionen

Zeitliche Mindestbelegung

Bei Pensionen wird eine zeitliche Mindestbelegung „von einigen Tagen" vorausgesetzt. Das Maß wird locker gehandhabt, aber drei Tage sollte man als absolutes Minimum ansehen. Für Kurzübernachtungen wird in der Regel ein spürbarer Aufschlag berechnet.

Speziell **für Rollstuhlfahrer, Allergiker** und **Haustierbesitzer** eingerichtete Herbergen sind in der Gastgeberliste mit entsprechenden **Symbolen** gekennzeichnet.

Einige Pensionen bieten Frühstück an, andere nicht. Halb- und Vollpension sind so gut wie abgeschafft worden, auch Privatzimmer gibt es nur noch selten. Die **Preise** für Unterkünfte mit weniger Komfort beginnen bei 35 €/Person, in der nächsthöheren Kategorie unterscheiden sie sich kaum von denen der Mittelklassehotels.

Ferienhäuser/-wohnungen

Saisonale Preise

Wie auch die anderen Herbergskategorien unterliegt diese Sparte sehr starken saisonalen Preisunterschieden. Die **Hauptsaison** ist auf jeden Fall während der Sommerferienzeit in Niedersachsen und Nordrhein-Westfalen sowie von Weihnachten bis zum 6.1., aber die Vermieter handhaben das sehr unterschiedlich, oftmals wird für die erste Nacht ein deutlich höherer Preis berechnet. Während dieser Zeit wird für jede Unterkunft **der Jahreshöchstpreis** berechnet; der minimale Tagessatz liegt dann bei etwa 75 €, im Luxussegment auch bei mehr als 300 €. Preisentscheidend ist aber auch **die Lage** und **der Komfort** der Ferienwohnung bzw. des Ferienhauses. Wäschepakete pro Person und Endreinigung lassen sich dazubuchen. Während der Hauptsaison müssen Ferienhäuser oder -wohnungen für mindestens eine Woche gemietet werden.

Nach etwas wirklich Inselspezifischem wird man allerdings oft vergeblich suchen; die meisten Häuser könnten vom Ambiente her auch in einem Vorort von Wanne-Eickel stehen. Zumindest kann man sich aber erkundigen, ob man es mit Insulanern zu tun hat oder ob man das Renditeobjekt eines fernen Eigentümers fördert – im Zweifelsfall sollte sicherlich „Pro Borkum" die Devise sein.

Jugendherberge

Am Wattenmeer

Die **Jugendherberge Am Wattenmeer**① wurde in den ehemaligen Kasernen der Bundesmarine nahe dem Fährhafen untergebracht. Sie ist (mit Ausnahme einer kurzen Betriebspause von Mitte bis Ende Dezember) ganzjährig geöffnet. Und nicht nur die 611 Betten in 169 Zimmern laden zur Belegung ein. Es gibt jede Menge Extras wie Tages-, Film- und Schulungsräume, Café und Kneipe „Backpackers Inn" und Disco. Zusätzlich im Angebot sind eine Vielzahl an Sport- und Spielmöglichkeiten. Nur zum Strand hat man es recht weit: Er befindet sich nämlich genau auf der gegenüberliegenden Seite der Insel, und man muss noch ein Viertelstündchen mit dem Bus fahren, um dorthin zu gelangen. Da die Jugendherberge weit vom Stadtzentrum entfernt liegt, wäre es ratsam, sich sein Fahrrad mitzubringen oder eines auszuleihen, weil der Bus auch während der Sommersaison lediglich in größeren Intervallen, oft von mehr als einer Stunde, fährt.

Es wird **ausschließlich Vollpension** angeboten, der JH-Ausweis ist Pflicht, und man muss sich schriftlich anmelden. Der Belegungsstatus der Jugendherberge kann bei besetztem Telefon auch über die zentrale Nummer 0421/50 42 06 erfragt werden.

4 **Jugendherberge am Wattenmeer** (s. Karte Umschlag vorn), Reedestr. 231, Tel. 04922/579, borkum@jugendherberge.de, www.jugendherberge.de (Stichwort Borkum).

CVJM-Häuser

Vier Häuser

Der Christliche Verein Junger Menschen (CVJM) betreibt auf Borkum vier Stätten, in denen junges Volk und Familien zu günstigen Preisen② unterkommen können, **angeführt vom Haus Victoria:** Es handelt sich um ein großes, repräsentatives Gebäude mit 260 Betten auf 102 Zimmern, die alle mit Dusche und WC ausgestattet sind. Das Victoria ist die zentrale Anlauf- und Kontaktstelle, auch für die weiteren Häuser (Villa Catarina, Gästehaus Marina und Apartmenthaus Regina). Die ersten drei Häuser gehören zum klassischen Panorama der Borkumer Seeseite (Strand genau gegenüber), alle vier sind bestens mit den Annehmlichkeiten einer gehobenen Unterkunft ausgerüstet, wobei auch Kleinkinder dank zahlreicher Spielmöglichkeiten ihren Spaß haben. Aber auch sonst sind ständig diverse Aktivitäten im Programm.

■ **Haus Victoria,** Viktoriastr. 14, Tel. 04922/30 70, victoria@cvjm.de.

Freizeit-haus Waterdelle

Außerdem gehört dem CVJM das **Freizeithaus Waterdelle**①. Dieses Haus liegt mitten in den Dünen in unmittelbarer Nähe des Jugendbadestrandes und ist natürlich vor allem für das Jungvolk da. Selbiges wohnt hier in Vierbettzimmern mit fließend Wasser; für die Begleiter stehen elf EZ/DZ mit Dusche und WC zur Verfügung. Es gibt darüber hinaus diverse Tages- und Aufenthaltsräume, Tischtennis, Billard sowie einen Spiel- und einen Hartplatz.

2 **Freizeithaus Waterdelle** (s. Karte Umschlag vorn), Hindenburgstr. 142, Tel. 92 35 81-700, waterdelle@cvjm.de, www.freizeithaus-waterdelle-borkum.de.
■ Für **Buchungen** wende man sich direkt an den **CVJM-Gesamtverband,** Im Druseltal 8, 34131 Kassel, Tel. 0561/3 08 70.

Veranstaltungen

Großes Angebot

Auf Borkum ist viel los, das meiste natürlich im **Sommerhalbjahr.** Viele Veranstaltungen werden von den Wirtschaftsbetrieben organisiert, andere aber auch von Privatleuten oder kommerziellen Anbietern. Regelmäßig stattfindende Veranstaltungen sind unten aufgelistet. Will man während der Veranstaltungszeiten auf der Insel übernachten, sollte man sich **frühzeitig um eine Unterkunft** kümmern. **Aktuelle Termine** findet man am besten auf der Seite www.borkum.de im Veranstaltungskalender. Ebenfalls lohnt sich ein Blick ins Programm der **Kulturinsel,** regelmäßig tritt dort der Shantychor „Oldtimer" auf.

■ **Klön- und Tanzabend des Heimatvereins:** Jeweils am zweiten Samstagabend im Februar veranstalten die Mitglieder einen Abend mit selbstgemachtem bunten Programm **in der Kulturinsel.** Er wird nur bei Terminkollisionen verschoben, der genaue Termin ist auf www.heimatverein-borkum.de angegeben.
■ **Osterfeuer:** Alljährlich wird auf Borkum ein zünftiges Osterfeuer abgebrannt. Über den Standort informiert man sich am besten vor Ort.
■ **Healthy Ageing Tour:** Eine Etappe des renommierten niederländischen Frauen-Etappen-Radrennens führt Anfang April seit einigen Jahren regelmäßig nach

Borkum – ein sportlicher Leckerbissen mit Siegerehrung und anschließender Party.

■ **Segelregatta mit Hafenfest:** Jährliche Veranstaltung auf dem Wasser und am Hafen mit viel Sport und buntem Rahmenprogramm.

■ **Borkumer Jazztage:** Jährlich Anfang Juni, dann swingt ganz Borkum, und es wird in verschiedenen Lokalitäten ein abwechslungsreiches musikalisches Programm dargeboten.

■ **Pfingsten:** Der jährliche Maibaum wird nicht zum 1. Mai aufgestellt, sondern am Pfingstsamstag mit Rahmenprogramm.

■ **Weinfest:** Jeweils im Juni über mehrere Tage stehen deutsche Weine im Mittelpunkt, ein buntes Rahmenangebot gehört dazu.

■ **Mittsommernachtsfest:** In jeder dritte Woche im Juni findet es **am Burkana-Hafen** statt.

■ **Straßenfest des Heimatvereins:** Jeweils im Juli **rund um den Alten Leuchtturm,** den genauen Termin kann man auf der Website des Vereins finden unter www.heimatverein-borkum.de.

■ **Bier- und Burgerfest:** Ende Juli können sich Gäste und Insulaner über die Kunst des Bierbrauens informieren, verschiedenste Biersorten probieren und sich durch das Angebot an verschieden zubereiteten Hamburgern essen.

■ **Strandfete des „Borkumer Jungs e.V.":** Jährlich Mitte Juli und legendär, dann ist **zwischen Jugend- und Nordbad** Party angesagt mit gigantischen Lagerfeuern und DJ. Es gibt Essen und Trinken, und man tanzt bei hoffentlich schönem Wetter bis in die Nacht.

b_151 mna

■ **Promenadenfete:** Jährlich Ende Juli Open-Air am Wochenende **auf der Strandpromenade** mit Getränke- und Speisenangebot gibt es Unterhaltung, Spaß und Tanzvergnügen. Höhepunkt ist das abschließende Feuerwerk.

■ **Drachenfest:** Ende August wird der Himmel über Borkum bunt. **Am Nordstrand** führen Dutzende Drachenflieger ihre Künste vor, am Rand des Flugfelds begleitet ein abwechslungsreiches Rahmenprogramm die Action mit den Lenkdrachen.

■ **Borkumer Landpartie:** Im September stellen verschiedene Handwerker und Künstler Borkums ihre Arbeiten vor. Um das Landleben plakativ zu gestalten, gibt es verschiedene Vorführungen, z.B. von einem Schafscherer und über die Arbeit mit Hütehunden.

■ **Borkumer Landgang:** Mitte Oktober bietet diese Veranstaltung musikalische Unterhaltung vom Feinsten. Aus diesem Anlass schließen sich Borkumer Gastronomen und Hotels sowie die Wirtschaftsbetriebe Borkum zusammen, und an verschiedenen Orten wird Livemusik aufgeführt, für jeden Geschmack ist etwas dabei. Dann kann man von Ort zu Ort ziehen und sich einfach überraschen lassen.

🦋 **Zugvogeltage:** Jedes Jahr im Oktober organisiert der Nationalpark Niedersächsisches Wattenmeer eine mehrtägige Veranstaltungsreihe, begleitet von einem vielseitigen Rahmenprogramm.

■ **Weihnachtsball:** Den genauen Termin kann man unter Tel. 04922/93 30 oder auf www.borkum.de erfahren.

Wandern auf der Insel und im Watt

120 km Wanderwege

120 km messen Borkums Wanderwege. Die einzelnen, nachstehend kurz beschriebenen Pfade sind die „offiziellen". Man kann natürlich auch sein eigenes Wegenetz entwickeln, indem man die bestehenden Wege verknüpft oder unterteilt. Nur abkommen darf man nicht von ihnen. Was links und rechts des Weges liegt, ist zumeist **Naturschutzgebiet,** und dort gilt: **Betreten verboten,** sowohl für Hund (Leinenpflicht) als auch für Mensch. Denken Sie auch daran: **Dünenschutz ist Inselschutz.** Deshalb bitte nicht in den Dünen herumlaufen, sondern **auf den befestigten oder markierten Wegen bleiben.** Die vier Aussichtsdünen bieten befestigte Aufstiege und bei klarem Wetter weite Aussicht. Der Aufstieg wird mit einem großartigen Rundblick belohnt. Im westlichen Bereich der Insel lassen sich die Wanderungen auch mit einer **Fahrt mit dem Bus** kombinieren, sodass man nicht

☐ Karten Umschlag vorn (Insel) & hinten (Ort)   **Wandern auf der Insel und im Watt**   125

Insel-Info A–Z

Die richtige Ausrüstung zum Wattwandern

Wattwanderungen sollten **niemals ohne Wattführer** auf eigene Faust unternommen werden. Die meisten unterschätzen die Gefahr. Die Flut kommt schnell, und plötzlich ist der vermeintlich einfache Weg durch den Priel unpassierbar geworden. Der Wattboden ist schon im April mit 15 bis 20 Grad relativ warm. Denken Sie daran, ggf. Ihr Handy in eine Tüte oder ein wasserdichtes Behältnis, z.B. eine Frühstücksdose aus Plastik, zu packen. Falls man versehentlich ins Straucheln kommen sollte, ist es vor Nässe geschützt. Folgendes sollten Sie auf einer Wattwanderung dabei haben:

■ **Surf-, Bade- oder Tauchschuhe, Gummistiefel** (Sommer und Winter), alternativ zwei übereinander gezogene **Tennissocken** (Sommer)

■ **Shorts, Bermudas** oder **¾-lange Hosen,** lange Hosen sind ungeeignet

■ im Sommer: **Windstopper-Kleidung** und **Regenjacke,** im offenen Wattenmeer weht gern eine „steife Brise", und manchmal gibt es unerwartet einen Regenschauer. Im Winter: wasserabweisende **warme Jacke, dicke Socken.**

■ Kopfbedeckung wie **Kappe** oder **Tuch** im Sommer bei starkem Sonnenschein, im Winter **Schal, Mütze, Handschuhe** nicht vergessen.

■ **Sonnenmilch mit einem hohen Lichtschutzfaktor** zum Schutz vor Sonnenbrand besonders im Sommer, die Strahlung ist aufgrund des reflektierenden Wassers im Watt besonders intensiv.

■ Im Sommer sollte der Rucksack **ausreichend Getränke** enthalten.

■ **Fotoapparat**

hin- und wieder zurücklaufen muss. Östlich des Ortes sollte man seine Tour auf jeden Fall mit dem Busfahrplan und den Haltestellen koordinieren, wenn man die weite Strecke nicht zwei Mal zurücklegen möchte. Die letzten (östlichsten) Haltestellen sind das **Ostland** und der **FKK-Strand.** Ab dort regiert Schusters Rappen.

Touren durchs Watt

Das **UNESCO-Weltnaturerbe Wattenmeer** lädt auch auf Borkum von März bis Oktober zu Erkundungen ein. Es gibt verschiedene Tourenanbieter für Wattwanderungen, Nachttouren und geführte Touren über die Insel, bei denen die üppige Vielfalt von Inselflora und -fauna vorgestellt wird. Die Preise variieren

2

je nach Tour und beginnen bei 6 €/3,50 €. Die Wattführer verleihen auch **Gummistiefel** gegen Gebühr. Bitte melden Sie sich für die Wanderungen vorher an, um sich einen Platz zu reservieren. Das gilt besonders für Touren während der Ferienzeit. Ein besonderes Highlight für Liebhaber traditioneller Musik ist die 2,5-stündige Tour **„Watt'n Konzert"**, die von der Borkumer Kleinbahn angeboten wird. Das Original *Albertus Akkermann,* das sonst mit Akkordeon und Band auf der Bühne steht, nimmt sein Instrument mit auf die Tour. Als staatlich geprüfter Wattführer kombiniert er seine beiden Leidenschaften *Watt* und *Musik* auf unterhaltsame Weise. Die jeweils aktuellen Termine stehen auf der Website der Borkumer Kleinbahn, und die Kosten betragen 13 €/9 €.

Niemals allein!

Wattwanderungen sollte man auf keinen Fall auf eigene Faust unternehmen. Zu groß ist die Gefahr, bei aufkommendem Nebel und steigendem Wasser die Orientierung zu verlieren.

> Wattwandern im Schlick

Nicht immer wissen die Retter von der Exkursion und sind im Notfall zur Stelle. Außerdem kann man leicht in die **geschützte Ruhezone** des Nationalparks geraten, deren Betreten **strengstens verboten** ist.

■ **Borkumer Kleinbahn und Dampfschiffahrt GmbH,** Am Georg-Schütte-Platz 8, 26757 Borkum, Tel. 04922/9 28 10, info@borkumer-kleinbahn.de, www.borkumer-kleinbahn.de.
■ **Watthanse,** *Berend Baalmann,* Specksniederstrate 3, 26757 Borkum, Tel. 04922/697 und 0170/2118158, anfrage@watthanse.de, www.watthanse.de.
■ **Nationalpark-Wattführer Peter de Buhr,** Am Neuen Hafen 22, 26757 Borkum, Tel. 0172/905 91 13, peter@peter-de-buhr.de, www.wattwandern-borkum.de.

Strandweg (25 km)

Die **längste Tour** (25 km) führt einmal fast rund um die Insel, und man braucht dafür den ganzen Tag oder man verteilt die Strecke auf unterschiedliche kleinere Etappen. Beginnen kann

Das Notfall-Orientierungs-System

Borkum ist zu zwei Dritteln unbewohnt, und von manchen Stellen aus ist es weit bis zur nächsten Möglichkeit, um Hilfe zu bitten oder es ist schwierig zu wissen, wo man sich exakt befindet. Wenn im Notfall jede Sekunde zählt, kann das den Tod bedeuten. Die Borkum-Stiftung hat sich diesem Problem angenommen und eine kluge Lösung dafür ersonnen.

An markanten Wegpunkten auf Spazier- und Fahrradwegen, am Strand und in den Dünen wurden rund **150 Plaketten mit einer Nummer** und der **Rufnummer 112** angebracht. Damit man die Punkte im Notfall auch am Strand schon von Weitem sieht, hängen sie an leuchtend blauen, dicken hohen **Säulen.** Diese Punkte sind alle genau vermessen, kartografisch erfasst, und über die Nummer des SOS-Punktes können die Rettungskräfte den **Standort genau orten** und sofort handeln.

Das Notfall-Orientierungs-System – kurz NOS – ist ein Projekt der Borkum-Stiftung, das aus Spendengeldern finanziert wurde. So entsteht für Borkumerinnen und Borkumer, aber auch für die Gäste **mehr Sicherheit im Notfall.** In Zeiten, in denen fast jeder mit einem Handy ausgestattet ist, ist das ein echter Pluspunkt für die Insel. Wer sich über weitere Projekte informieren, in der Borkum-Stiftung engagieren oder diese mit einer Spende unterstützen möchte, erfährt mehr unter www.borkum-stiftung.de.

☑ Blauer Pfahl des Notfall-Orientierungs-Systems

man eigentlich überall, aber **offiziell startet** man vom **Jugendbad** nördlich des Zentrums und geht zunächst entlang der Promenade. Anschließend führt die Tour am Spülsaum entlang des Nordstrands bis Hoge Hörn am Ostende der Insel. Bitte bleiben Sie am Ostende auf dem markierten Pfad, alles außerhalb ist **Naturschutzgebiet**. Es gibt dort viele Vogelnester. Von Hoge Hörn aus kann man die unbewohnte Nachbarinsel **Lütje Hörn** (3,5 km), die **Vogelinsel Memmert** (5,5 km) und **Juist** (8 km)

Häufiger Fund bei Wattwanderungen:
Strandkrabbe im nassen Sand

der Insel und im Watt

sehen. Nordwestlich von Memmert liegt die Sandbank Kachelotplate. Schöne Aussichtspunkte bieten der Naturpunkt Steernklippdüne, der weiter südwestlich gelegene Naturpunkt Tüskendörsee sowie der Naturpunkt Neuer Seedeich. Man folgt dem Weg durch die Woldedünen und das Biotop Greune Stee mit dem Aussichtspunkt Süddüne, bis man wieder die Strandpromenade erreicht hat.

Dünenwanderung (16 km)

Die **Dünenwanderung** ist deutlich kürzer, aber immer noch 16 km lang. Die Tour **startet am Großen Kaap** und geht auf den meist gepflasterten Dünenwegen durch das Muschelfeld nach Osten und nahe dem Übergang zum FKK-Badestrand nach rechts bis zum Emmich-Denkmal. Am Ostland geht es links ab am Bunker vorbei bis zur Ostbake und dem Naturpunkt Steernklippdüne. Eine alternative Route steht vom Ostland aus entlang der ehemaligen Gleistrasse zur Verfügung. Der Weg retour führt über den neuen Seedeich zum Flugplatz und dann wieder durch die Dünen zurück. Ab Ostland und Flughafen kann man auch mit dem Bus wieder ins Zentrum zurückfahren.

Kurztour

Wer nur eine kurze Tour machen möchte, nutzt den **Südstrandweg ab Südbad** auf dem Deckwerk zum Südstrand. Am Ende des Asphaltdeichs führt der Weg durch die Woldedünen zurück nach Borkum-Stadt oder man geht entlang der Bahnstrecke weiter bis zum Hafen, wo man das Feuerschiff „Borkumriff" besichtigen und den Rettungskreuzer „Alfried Krupp" sehen kann.

Vom Yachthafen in die Stadt

🦋 Eine schöne Route (7 km) führt vom Yachthafen aus entlang der Bahntrasse. Am Meer kann man von hier aus nicht entlangschlendern, da auf beiden Seiten **Naturschutzgebiete** eingerichtet sind. Das Betreten ist streng verboten. Ab dem Naturpunkt Neuer Seedeich führt der Weg entlang der Woldedünen und dem Biotop Greune Stee zurück in den Ortskern.

Rundweg im Inland (5,5 km)

Wer abseits des Meeres auf einem Rundweg (etwa 5,5 km) im Inland unterwegs sein möchte, kann **vom Alten Leuchtturm** aus **südlich die Reedestraße in Richtung Süden** laufen und wenn er auf das Gleisbett trifft, nach links in die Ostfriesenstraße abbiegen. Bei der „Sattelbude" geht es wieder nach links und nach dem Tierheim auf den Upholm-Deich wieder in südlicher Richtung. Die nächste Abzweigung links führt zur Franzosenschanze und am Sportplatz vorbei wieder auf die Reedestraße zum Alten Leuchtturm zurück.

Borkums Trinkwasser

Borkums Trinkwasser wird nicht vom Festland angeliefert, sondern selbst **aus versickertem Regenwasser** gewonnen. Fünf der sieben Ostfriesischen Inseln gewinnen ihr Trinkwasser auf diese Weise. **Zwei Wasserwerke** gibt es, eines in der Waterdelle mit 21 Brunnen, deren Wasser über Rohre direkt zum Wasserwerk geliefert wird. Das andere liegt im Ostland und wird von sieben bis zu 16 Meter tiefen Flachbrunnen und vier Tiefbrunnen auf Duala, dem Dünengebiet ganz im Osten der Insel, beliefert. Allein letztere pumpen **120.000 Liter Wasser pro Stunde** aus dem Untergrund der Insel, die jährliche Fördermenge beträgt etwa **800.000 Kubikmeter.** Die Insulaner selbst verbrauchen davon nur einen geringen Teil, das meiste Wasser steht in verschiedensten Formen den Badegästen zur Verfügung. Der **sparsame Umgang** mit dem kostbaren Gut ist wünschenswert.

Möglich wird die Trinkwassergewinnung durch das Phänomen einer sogenannten **Süßwasserlinse**, die sich unter der Insel gebildet hat. Sie beruht auf der Tatsache, dass Süßwasser mit einem geringeren spezifischen Gewicht auf Salzwasser schwimmt. So kann sich uhrglasartig eine **Süßwasserschicht** im Sand unter der Oberfläche aufwölben, die von Salzwasser umgeben ist. Zu den Rändern der Süßwasserlinse hin entsteht eine Übergangs- und Brackwasserzone, die das Eindringen von Salzwasser von der Seite und aus der Tiefe verhindert. Der Sand des Inselsockels bildet dabei einen natürlichen Filter. Auf Borkum reicht die Süßwasserlinse bis etwa **60 Meter unter den Meeresspiegel.** Die Bildung der Süßwasserlinse wird von der Niederschlagsmenge, der Pflanzenbedeckung und dem unterirdischen Abfluss von Süßwasser ins Meer bestimmt. In tiefer gelegenen Dünentälern wie dem Muschelfeld und im Bereich des Dünenfußes kann man die Süßwasserlinse sogar sehen, hier tritt das Wasser an die Oberfläche und es entstehen kleine Teiche oder Schilfbewuchs.

Dem Trinkwasserreservoir gefährlich werden können zu große Fördermengen und Sturmfluten. Beides kann einen **Salzwassereinbruch** nach sich ziehen, was zu einer Versalzung des Trinkwassers führen würde. Aus diesem Grund dienen die Küstenschutzmaßnahmen auch dem Schutz der Trinkwasserlinse.

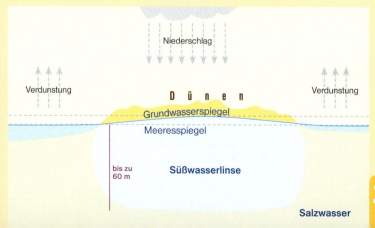

Wandern auf der Insel und im Watt

Nordic-Walking

Auch für Nordic-Walking-Touren ist gesorgt. Es gibt **vier „Einstiegspunkte"**, die verschiedenen Routen sind als leicht, mittelschwer und schwer klassifiziert. Von allen Start- und Zielpunkten aus gibt es verschiedene Routen unterschiedlicher Länge. An den Einstiegspunkten sind **Übersichtskarten mit dem kompletten Wegenetz** zu finden. Einstiegspunkt eins „Westland" liegt südlich des Ortes am Störtebeker Weg, zwei befinden sich an der Strandpromenade im Zentrum – „Gezeitenland" und „Kleines Kaap" –, der vierte „Ostland" liegt bei den Ostdünen.

Literaturtipp

Ein wirklich lesenswertes Buch führt auf der Spur der Natur über die Insel. In **„Borkums Schätze der Natur"** (siehe Literaturverzeichnis) hat die Autorin – eine hier lebende Biologin – acht unterschiedlich lange naturkundliche Wanderungen mit verschiedenen Themenschwerpunkten zusammengestellt. Dazu gibt es jede Menge Informationen über die Insel, Lebensräume von Pflanzen und Tieren sowie Geschichtliches und Tipps für naturkundliche Ausstellungen und Führungen.

Wellness und Thalasso-Therapie

Gesundheit heißt die Devise

Borkums Wirtschaftsbetriebe legen den Schwerpunkt auf **Gesundheit und Familienfreundlichkeit.** „Endlich Aufatmen" heißt die Devise, und schon am Bahnhof grüßt ein Schild den Besucher mit der Aufschrift „Borkum – allergikerfreundliche Stadt". Das Angebot kann sich in der Tat sehen lassen, es gibt viele Anbieter von Wellness-Angeboten.

Angebote des Gezeitenlandes

Besondere Beachtung sollte den Angeboten des Gezeitenlandes geschenkt werden – sie sind in dieser Kombination einzigartig. Man kann in einer umfassenden **Saunalandschaft** in aller Ruhe testen, welche verschiedenen Temperaturen individuell am besten vertragen werden, und in der **Wellness-Oase** wartet ein breites Angebot von Bädern, Massagen, Schlammpackungen und Thalasso-Anwendungen wie Algenpackungen, Meerwasserbäder oder Meersalz-Peelings. Wer sich entspannen möchte, findet ebenfalls verschiedene Möglichkeiten, von Einzelbädern bis hin zu Klangliegen ist alles dabei.

Wellness für die Füße

UNSER TIPP: „Erspürenswert" ist der **Fußreflexzonen-Parcours** – er ist ganz neu und führt **barfuß oder in Socken** um die markante Rundsauna des Gezeitenlandes. herum. Mit jedem Segment verändert sich die Reizintensität, um eine nachhaltige Stimulation des gesamten Organismus zu erzielen. Am besten geht man langsam und in der vorgegebenen Reihenfolge. Eine Wiederholung von zwei bis drei Mal pro Woche wird empfohlen.

Rutsche des Gezeitenlandes

3 Borkums Natur

◁ Binnenland mit Bach, Stockentenerpel und Graureiher

3

Landschaftsformen

Die Ostfriesischen Inseln zeigen vielfältige und abwechslungsreiche Landschaftsformen auf begrenztem Raum. Man kann auf Borkum ausgedehnte Wattgebiete, Salzwiesen, Strand, Dünengebiete, Grünland und kleine Wälder entdecken. Am augenfälligsten sind die beiden **Dünenketten** im Westen und Osten, die durch einen künstlich errichteten **Dünenwall** miteinander verbunden sind.

> Das Gewitter zieht ab

Landschaftsformen

Strand

Der **Strand** bildet die Übergangszone zwischen der Seeseite und der Insellandschaft. Pflanzen haben es hier schwer. Der **Sand** ist Material aus dem Meer, der sich aus verschiedensten Partikeln zusammensetzt. Borkums Sand ist sehr fein und hell. Direkt an der Wasserkante weht meist ein kräftiger Wind, und mehrmals täglich wird dieser Bereich überflutet. Der Strand am Nordbad und am Jugendbad ist besonders ausgedehnt, weil sich dort im Laufe der Jahre die **Sandbank Hohes Riff** mit der Insel verbunden hat. Am Strand kann man **Strandbrüter** wie den sehr seltenen Sandregenpfeifer, Zwergseeschwalben und Seeregenpfeifer

Landschaftsformen

Nationalpark Niedersächsisches Wattenmeer (Ausschnitt)
© Reise Know-How 2017

- Grenze des Nationalparks
- Landgrenze
- Wattfahrwasser
- Zone I (Ruhezone)
- Zone II (Zwischenzone)
- Zone III (Erholungszone)

sehen, Strandläufer und Möwen suchen nach Futter, und das Meer schwemmt Muscheln, Strandkrabben und Quallen an.

Vordünen Weil die Sandflächen so ausgedehnt sind, konnte sich dort eine große **Vordünenlandschaft** entwickeln – das ist ein natürlicher Schutz der Insel bei Sturmfluten. Zwischen Vordünen und Hauptdünen liegen kleine Feuchtgebiete, die vielen Tieren Nahrung und Schutz bieten. Sie bestehen aus Süßwasser, das gelegentlich vom Meer überspült wird und schnell wieder aussüßt. In diesem Gebiet wachsen viele **Binsen**. Diese Landschaft ist äußerst **fragil** und sollte nicht betreten werden. Letzteres gilt auch für die Dünen.

Landschaftsformen

Verschiedene Dünenarten

Die mächtigen **Randdünengebiete** schützen das Innere der Insel vor Wassereinbrüchen. Man unterscheidet zwischen Weiß-, Grau- und Braundünen. **Weißdünen** sind nur gering mit Pflanzenbewuchs bedeckt und bestehen aus reinem Quarzsand. Strandhafer, -roggen und -distel sind allgegenwärtig. Die flacheren **Graudünen** gehen aus den Weißdünen hervor, die Bodenentwicklung ist hier schon weiter fortgeschritten und der Bewuchs schon relativ dicht. Unter anderem wachsen hier doldiges Habichtskraut, Silbergras, Kartoffelrose, und Kriechweide. Der pH-Wert der Graudünen sinkt mit der Zeit, sodass sich immer mehr Pflanzen ansiedeln können. Die nächste Entwicklungsstufe ist die **Braundüne,** die bereits von einer geschlossenen Vegetationsdecke überzogen ist. Typische Pflanzen sind Krähenbeere, Besenheide und Sanddorn. Die Braundünen sind in den Tälern bereits bewaldet, das größte Waldgebiet auf Borkum ist die künstlich aufgeforstete Greune Stee (Grüne Stelle). Auf dem etwa 60 Hektar großen Gebiet wachsen Weiden, Schwarzerlen und Moorbirken.

Essbare Wildpflanzen auf Borkum

Dieser Exkurs soll niemanden dazu auffordern, sich auf Borkum mit Wildpflanzen vegetarisch zu ernähren. Erstens sind die **meisten Wildpflanzen der Insel naturgeschützt,** und zweitens wäre von der Vegetation bald nicht mehr viel übrig, wenn alle Gäste auf diesen Gedanken kämen. Eine Auswahl von Pflanzen sei hier nur vorgestellt, um zu zeigen, was die Natur an Nahrung zu bieten hat. Eltern können beruhigt sein, falls ihre Kinder daran naschen.

Der **Sanddorn** (*Hippophae rhamnoides*) ist eine im Nord- und Ostseeraum endemische Pflanze. Sie wanderte während der Eiszeiten von Zentralasien nach Europa. Im Dünenbereich kann man den Busch mit seinen grüngrauen Blättern vielerorts finden. Die Früchte des Sanddorns sind essbar und weisen einen ungewöhnlich hohen Gehalt an Vitamin C auf, ferner Vitamin B 12, und sie sind reich an ungesättigten Fettsäuren. Schon zehn Sanddornbeeren decken den menschlichen Tagesbedarf. Allerdings sind die Büsche in den Naturschutzgebieten geschützt. Deshalb braucht man aber nicht auf Produkte aus Anpflanzungen zu verzichten. Sanddorn lässt sich, nachdem er einmal Frost abbekommen hat, gut zu Marmelade, Gelee, Saft und Likör verarbeiten. In vielen Geschäften Borkums werden deshalb Sanddorn-Produkte angeboten. Ganz billig sind sie nicht, aber immer von vorzüglichem Geschmack und zweifellos gesund.

Die knallroten Früchte (Hagebutten) der weit verbreiteten **Kartoffel- oder Kamtschatka-Rose** sowie die in niederen Büschen vorkommende **Schwarze Krähenbeere** sind ohne Weiteres essbar, desgleichen natürlich **Blau-, Brom- und Himbeeren,** die auch alle auf Borkum wachsen. **Holunderbeeren** kann man ausschließlich im reifen Zustand essen, und auch nur, wenn man zuvor die Kerne entfernt. Diese

enthalten, ebenso wie die gesamte unreife Beere, den Giftstoff Sambunigrin.

Wahrscheinlich lassen sich sämtliche Algen und Tangarten am Nordseestrand verzehren – oder zumindest kann man gefahrlos daran knabbern. **Blasentang** ergibt prima Kaugummi; ganz bestimmt ist es gesünder als das Industrieprodukt. Mitunter sieht man eine Art Salatblatt aus durchscheinendem grünen Material am Spülsaum liegen. Dies ist **„Meeressalat"** *(Ulva lactuca),* und er schmeckt sogar sehr gut, wenn man ihn mit Marinade zubereitet.

Eine an Land gekrochene Großalge ist der berühmte, fleischig aussehende **Queller,** den man früher als sauer eingelegtes Gemüse verspeiste und der örtlich deshalb den seltsamen Namen „Glasschmalz" trug. Er wurde auch in der Pfanne gebraten und als Beilage serviert. Heute steht der Queller unter strengem Naturschutz und darf nicht gepflückt werden.

Queller
(im Volksmund: „Ostfriesische Salzstange")

Sanddorn mit Früchten

142 Landschaftsformen

Grüne Wiesen

Erst durch Eindeichung entstanden auf Borkum im gesamten Inselinneren **große Grünlandflächen,** die bewirtschaftet werden. Ehemalige Salzwiesen süßten aus, und so entstanden Wiesen. Auf ihnen weiden heute Pferde, Rinder, Schafe und Ziegen. Im Sommer wird dort Heu für den Winter gemacht.

Salzwiesen

Zwischen Deich und Wattenmeer befinden sich die **Salzwiesen.** Sie entstehen, weil jede Flut Schwebteilchen ins ufernahe Watt schwemmt und das feine Material absinkt. Auch dieser Lebensraum ist besonders schön und schützenswert. Die Salzwiesen haben einen ganz eigenen Charakter und lassen sich in **drei Zonen** einteilen: die mehrmals täglich überflutete **Quellerzone,** die untere Salzwiese – auch nach dem gleichnamigen Gras *Andelgraszone* genannt – und die **obere Salzwiese** oder *Rotschwingelzone,* die nur noch selten im Jahr überspült wird. In diesem Lebensraum leben viele, zum Teil hochspezialisierte Tiere und Pflanzen, darunter allein **400 Insektenarten** auf **25 Salzwiesenpflanzen.** Typischer Brutvogel ist der Rotschenkel.

Wattenmeer

Auf der dem Meer abgewandten Seite zwischen den Salzwiesen der Inseln und dem Festland erstreckt sich das **Wattenmeer.** Die weiten Flächen fallen zweimal täglich zum Teil trocken und werden bei auflaufendem Wasser nach und nach wieder überflutet. Die Rinnen, durch die das Wasser auf- und abläuft, nennt man **Priele.** Das Wattenmeer ist sehr nährstoffreich. Bis zu 4000 Tier- und Pflanzenarten haben sich perfekt an diesen speziellen Lebensraum angepasst. Der Begriff Watt entstammt übrigens dem altfriesischen Wort *wad,* was so viel wie „seicht" oder „untief" bedeutet.

> Bunter Fasanenhahn im Dünengras

3

Lebensräume, Pflanzen und Tiere

Die Lagestabilität der Insel Borkum ist größer als die der anderen Ostfriesischen Inseln. Sie führte zu einer Herausbildung von mächtigen **Dünenkomplexen**. Auch die **Feuchtgebiete, Sümpfe** und sogenannten **Anmoore** konnten sich aufgrund dieser Verhältnisse besser als auf den Nachbarinseln entwickeln. Borkum nimmt infolgedessen im Ostfriesischen Archipel eine interessante Sonderstellung ein.

Naturschutz Dies ist unter anderem der Grund, weshalb der **naturgeschützte Bereich Borkums groß** ist. Er gehört zum Nationalpark Niedersächsisches Wattenmeer und ist seit 2009 Teil des **UNESCO-Weltnaturerbes**. Unter Schutz steht der größte Teil der Insel mit

Lebensräume, Pflanzen und Tiere

Ausnahme des Stadt- und anschließenden Weidegebiets, der Hafenanlagen und des Flugfeldes. Selbst große Teile der Badestrände gehören zum geschützten Bereich. Drei Kategorien gliedern den Schutzzonenbereich. Die **Erholungszone** (Schutzzone III) darf betreten werden und dient der Erholung, deshalb sind motorbetriebene Geräte dort nicht zulässig. Die **Zwischenzone** (Schutzzone II) kann auf den offiziellen Wegen betreten werden, in der Brutzeit gibt es Einschränkungen. Die **Ruhezone** (Schutzzone I) darf nur auf den ausgewiesenen Wegen betreten werden, ein Verlassen der Wege ist nicht gestattet und strafbar.

Vegetation

Bei Spaziergängen oder Radtouren auf den zugelassenen Wegen begegnet dem aufmerksamen Beobachter eine reiche Vegetation. Dünen sind keineswegs gleichbedeutend mit Wüste, zumal sich auf Borkum schon vielerorts **ansehnliche Humusschichten** herangebildet haben, die sich im Frühjahr bunt zu überziehen beginnen. Was allein gibt es nicht alles für **Pflanzenarten mit der**

Karten S. 138, 150, Karte Umschlag vorn (Insel) Lebensräume, Pflanzen und Tiere 145

Borkums Natur

Vorsilbe Strand-! Aster, Beifuß, Binse, Distel, Dreizack, Enzian, Flieder, Hafer, Grasnelke, Melde, Nelke, Platterbse, Quecke, Roggen, Rotschwingel, Segge, Sode, Wegerich, Wermut und Winde sind vertreten, und vielleicht existieren noch ein paar mehr. Durch die **Vorsilbe Salz**- angeführt sind Binse, Kraut, Melde und Miere. Unter der **Vorsilbe Meer**- rangieren Kohl, Salde und Senf. Mit der **Vorsilbe Sand**- gibt es Dorn, Glöckchen, Köpfchen, Lieschgras, Nachtkerze, Röschen, Segge und Veilchen. Und dann die „**Exoten**": Augentrost, Fettkraut, Fieberklee, Kaktusmoos, Sonnentau, Wasserschlauch, Wollgras und das zottige Weidenröschen.

Kaninchen

Dazwischen sieht man des Öfteren mal Kaninchen hoppeln. Sie gelangten im Mittelalter von Spanien aus auf die Insel und waren **jahrhundertelang begehrtes Jagdwild.** In jüngerer Vergangenheit starben sie durch die Virusseuche Myxomatose fast aus, doch die weitgehend resistent gewordenen Nachkommen vermehren sich wieder fröhlich und stellen aufs Neue ein **Problem für Vegetation** und Dünen dar. Wenn man mal einen Waidmann ballern sieht, grolle man ihm deshalb nicht – er rettet die Insel, gewissermaßen.

Vögel

Über allem schweben **Möwen,** Silber-, Sturm- und Lachmöwen. **Seeschwalben** huschen die Wasserlinien entlang, **Austernfischer** stochern nach Erlesenem (keine Austern, die sie gar nicht knacken könnten!), **Rotschenkel** lassen ihre roten Socken sehen, der **Große Brachvogel** schreitet gravitätisch einher, und der **Regenpfeifer** pfeift auf den Regen. Auch Graureiher schätzen die grünen Weidegebiete der Insel.

89 Brutvogelarten hat man auf Borkum gezählt; eine große Anzahl von Gastvögeln gesellt sich dazu. Einen guten Überblick über diese Vielzahl erhält man im Heimatmuseum.

◁ Intensiv gelb blühender Ginster am Wegesrand

3

Die Naturschutzgebiete in der Ruhezone

Greune Stee

Vor vielen Jahren entstand als Schulprojekt das künstlich aufgeforstete größte Waldgebiet der Insel. Das **Feuchtbiotop Greune Stee** ist etwa 60 Hektar groß und liegt zwischen Woldedünen und Stranddeich. Schüler pflanzten dort vor allem Moorbirken, Schwarzerlen und Weiden. Die „Grüne Stelle" ist ein sehr verwunschener Ort. Bei einer an ihrem Südrand aufgestellten Kugelbake geht die Greune Stee zunächst in **Heiden** und dann in **Mischformen von Land und See** über, und die für die Süßwasservegetation typischen Schilfröhrichte und Flachmoore wechseln sich ab mit Salzwiesen und -sümpfen.

Die Greune Stee ist ein **Vogelparadies.** Vor allem Enten (mehrere Arten), Bläss- und Teichhühner, Kampfläufer, Fasane und die Rohrweihe sind in ihr zu Hause. Während der warmen Monate herrscht hier Hochbetrieb.

Auf kleinen Pfaden oder Radwegen fährt man durch krüppelig gewachsene Bäume vorbei an kleinen Teichen und morastigen Stellen. Wer sich ruhig verhält, kann so manches Tier hautnah in seinem Lebensraum beobachten. Es sollte für jeden Besucher selbstverständlich sein, **die Wege nicht zu verlassen,** sondern die Tiere in Ruhe zu lassen. Leider berichten die Nationalpark-Ranger immer wieder davon, dass uneinsichtige Gäste auf der Jagd nach einem spektakulären Foto die Wildnis betreten oder ihre Hunde nicht wie vorgeschrieben an der Leine führen.

Ronde Plate

Zwischen der Greunen Stee und dem Hafengebiet Borkum-Reede liegt die **Ronde Plate** („Runde Sandbank"). Dort tummeln sich zahlreiche Watvögel, besonders die lauten **Austernfischer** sind weit zu hören. Die Ronde Plate besteht aus Wattgebieten und Salzwiesen, die zu den eindrucksvollsten der deutschen Nordseeküste zählen. Alle Stadien der Salzwiesenentwicklung sind zu sehen. Hier wachsen unter anderem die lila-blühende hübsche **Strandaster,** das drahtdünne **Andelgras,** der streng geschützte **Strandflieder,** der **Strand-Wegerich** und der **Strand-Beifuß,** auch „Strand-Wermut" genannt. Reibt man an seinen grau-gefiederten Blättern, entwickelt sich ihr charakteristischer Duft. Sie waren einst eine würzende Schnapszutat. Auf den Wattflächen der Ronden Plate dehnt sich der **Queller** aus. Es ist

die Primärpflanze, wenn sich Watt in Salzwiese verwandelt, verträgt salziges Wasser und Überflutungen. Im Mai und Juni lassen sich seine jungen fleischigen Triebe gut essen, deshalb heißt er im Volksmund auch „ostfriesische Salzstange", allerdings darf der Queller aus Naturschutzgründen heute nicht mehr gepflückt werden. Die Ronde Plate lädt auch zahlreiche **Zugvögel** zur Rast ein.

Auf der Ronden Plate **strandete** 1967 ein fünf Meter langer **Schwertwal.** Es gelang unter großen Mühen, das hilflose Tier wieder ins tiefe Wasser zu befördern – von wo es prompt umkehrte, um sich wieder auf den Strand zu legen. Wissenschaftler nehmen an, dass Wale absichtlich stranden, um, sei es wegen Alter oder Krankheit, friedlich zu sterben.

Waterdelle-Muschelfeld

Nordöstlich der Stadt Borkum, zwischen Norddünen und FKK-Strand liegt das **Waterdelle-Muschelfeld.** Das Areal ist 87 Hektar groß, weist einen vermoorten und verschilften **Flachwasserteich** auf und ist von Gebüschen umgeben. Das Muschelfeld war

◠ Fußweg durch das Feuchtbiotop Greune Stee

einst ein Strandsee, den Sturmfluten immer wieder mit Muschelschalen „Schill" füllten, Muschelarten wie **Herz-** und **Sandklaffmuschel** werden aus dem Wattboden freigespült und **Miesmuscheln** aus ihren Verankerungen gerissen. Strömung und Brandung zerstören ihre Kalkschalen, und sie landen zerkleinert am Spülsaum, dadurch bildeten sich Muschelfelder. Die Insulaner sammelten den Schill und verarbeiteten ihn zu Mörtel wie er beispielsweise zum Bau des Alten Leuchtturms verwendet wurde. Mit Rücksicht auf die Tier- und Pflanzenwelt, von denen einige hochgefährdete Arten wie **Sandregenpfeifer** und **Zwergseeschwalbe** im Schill ihre Jungen aufziehen, findet in Deutschland kein Schillabbau mehr statt.

Dünenwall Heute trennt ein künstlicher **Dünenwall,** der Hindenburg-Damm, das Muschelfeld vom Meer. Er lässt sich durch seinen geraden Verlauf des Dünenkamms erkennen. Im Innern der die-

serart entstandenen **Delle** (= Dünental) tritt an manchen Stellen Grundwasser zutage. Hier haben sich viele Feuchtgebietspflanzen angesiedelt – allen voran **Schilf.** Röhrichtvögel wie Rohrdommel, Teichrohrsänger, Teich- und Blässhuhn oder der Feldschwirl finden hier ideale Bedingungen vor. Im höher gelegenen Bereich der Dünen wachsen Sanddorn, Stech- und Besenginster, Kartoffelrosen und Kriechweide. Sanddornbüsche verfestigen mit ihrem Wurzelwerk den Sand. Seine Äste werden als **Strauchzäune** verwendet, die in Dünenlücken den Flugsand einfangen. Auf diese Weise können die Dünen besser anwachsen. Das Gebiet darf nur auf den markierten Wegen durchquert werden, ansonsten gilt **„Betreten verboten"** (Schutzzone I).

⌃ Nationalparkschild am Südstrand

Schutzzonen des Nationalparks

FKK-Strand
Olde Dünen
Ostland
Jugendbad
Weg am Spülsaum
Waterdelle-Muschelfeld
Tüskendör
Außen-weide
Dünenweg
Upholm-dünen
Flugplatz
Nordbad
Binnen-wiese
Bahnhof
Walddünen-weg
Franzosen-schanze
Binnen-weide
Ostfriesenstraße
WESTLAND
Salzwiese
Strandpromenade
Südbad
Süddünen
Wolde-dünen
Greune Stee
Seedeich
Ronde Plate
Südstrand

Ruhezone
(Schutzzone I)

Zwischenzone
(Schutzzone II)

Erholungszone
(Schutzzone III)

Karte S. 138 — **Schutzzonen des Nationalparks** — 151

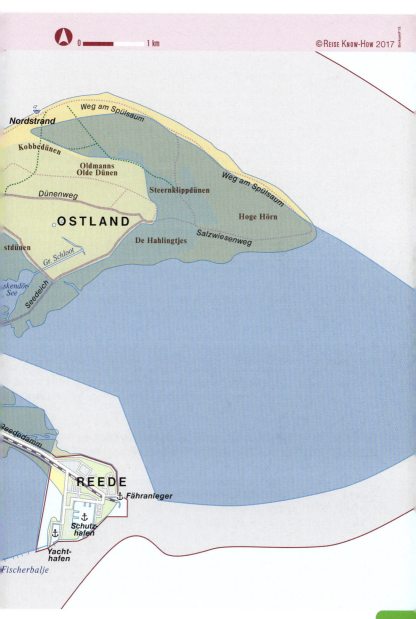

Die Naturschutzgebiete in der Ruhezone

Tüskendör

In den Jahren 1974 bis 1977 wurde an der Wattenseite der 6,70 Meter hohe **Neue Seedeich** gebaut. Diese Maßnahme war eine Reaktion auf das Brechen des Ostland-Deichs während der schweren Sturmfluten 1962 und 1973. Damals standen die dortigen Gehöfte und der Flugplatz unter Wasser. Das für den Deichbau entnommene Material ließ den **Tüskendör-See** entstehen, den man anschließend mit künstlichen Inselchen und Uferabflachungen versah. Dieser Weiher, über ein Siel mit dem Wattenmeer verbunden, hat außer seiner Lage nichts gemein mit dem ursprünglichen Namensgeber *Tüskendör* („Zwischendurch"), der Borkum einst kilometerbreit zweiteilte, erst im 19. Jahrhundert verflachte und in den Jahren 1862–1864 zugeschüttet worden war.

Vogelschutz-maßnahmen

Im Gebiet des Tüskendör-Sees haben sich **zahlreiche Vogelarten** angesiedelt, und für den Großen Brachvogel und die seltene Bekassine ist er sogar ein wichtiges Brutgebiet. Im Herbst 2016 wurden Maßnahmen ergriffen, um die Niederschläge in flachen Senken und Gräben zurückzuhalten. Der Grund für diese Vogelschutzmaßnahme war es, die Feuchtwiesen stärker zu vernässen und so den dort lebenden Vögeln wie Uferschnepfen und Kiebitzen einen verbesserten Lebensraum zu schaffen. In Niedersachsen gibt es die bedeutendsten Vorkommen an **Wiesenvögeln,** etwa zwei Drittel aller Uferschnepfen und die Hälfte der Großen Brachvögel und Rotschenkel brüten hier. Dem Wiesenvogelschutz kommt deshalb eine hohe Bedeutung zu.

Der Bereich des **Borkumer Flugplatzes** mit seinen Start- und Landebahnen sowie dem Flughafengelände ist **nicht als Schutzzone ausgewiesen.**

Der Osten der Insel

🦋 Ganz ungestört ist die Vogelwelt im Osten der Insel, der Zugang in diesen Bereich ist **vollständig untersagt.** Es führt lediglich ein einziger, mit Pfählen gekennzeichneter Weg durch die **Hoge Hörn** hindurch. Die ständigen Veränderungen durch die Natur schaffen eine Evolution auf kleinstem Raum. Von wüstenartigen, vegetationslosen Arealen vollziehen sich Übergänge zu trockenen Strandwiesen, zu Sandhellerflächen und Dünengebüschen; dies ist eine topografische Vielfalt, die **vielen Vogelarten** behagt. Das Gebiet an der Ostspitze ist der **größte Hochwasserrastplatz** der Insel, an der während der Vogelzüge bis zu 100.000 Watvögel rasten. Dazu gehören die seltenen Großen Brachvögel, Austernfischer, Rot- und Grünschenkel, Alpenstrandläufer, Kiebitzregenpfeifer und andere Arten.

Die Naturschutzgebiete in der Ruhezone

Seehundbank Hohes Riff

Unmittelbar nordwestlich der Stadt liegt die **Sandbank Hohes Riff.** Teile davon sind bereits mit dem Strand verbunden. Ihr westlicher Zipfel wurde von Seehunden, Kegelrobben und Vögeln erobert, das **Betreten ist verboten** (Schutzzone III). Bis zur mit Pfählen markierten Grenze kann man gehen oder mit einer Kutsche dorthin fahren, danach ist Schluss, und man darf nicht mehr weiter. Aber auch von der Strandpromenade aus kann man mit einem Fernglas oder Teleobjektiv die Tiere auf der Sandbank beobachten. Die Form des Hohen Riffs verändert sich seit Jahren deutlich sichtbar. Durch die natürliche Zufuhr von Sandmassen wächst die Seehundsbank ständig an. Sie hat die Badebucht am Nordbad beinahe eingeschlossen und rückt immer näher an den Strand heran.

Die Seehundbank ist ein **wichtiger Rückzugsort für Seehunde** und **Kegelrobben.** Seehunde erkennt man an ihrem runden Kopf und der kurzen Schnauze. Kegelrobben hingegen sind deutlich größer, und ihr Kopf ist länger und gestreckter. Sie sind die größten wildlebenden Tiere Mitteleuropas und haben im Wattenmeer keine natürlichen Feinde. Sie waren durch intensive Jagd im 19. und 20. Jahrhundert bereits fast ausgerottet. Die Seehunde und Kegelrobben ruhen sich auf dem Hohen Riff aus und tanken Sonne, da es ihnen nur so gelingt, das lebenswichtige Vitamin D zu entwickeln. Bei ausreichenden Ruhephasen ohne Störung können sie die für den Winter überlebenswichtige **Fettschicht** aufbauen. Auf weiter abgelegenen Sandbänken und Strandbereichen bringen sie ihre Jungen zur Welt und säugen sie während der Niedrigwasserphase. In den Jahren 1988 und 2002 fielen viele Seehunde der damals grassierenden Viruserkrankung **Seehundstaupe** zum Opfer. Dennoch entwickelt sich der Seehundbestand im Wattenmeer seit Jahren erfreulicherweise beständig nach oben. In den letzten Wintern wurden auf dem Hohen Riff die ersten Jungtiere der Kegelrobben beobachtet. Die Chancen stehen gut, dass sich hier langfristig eine Kolonie etablieren kann. Die Lebensbedingungen an der deutschen Nordseeküste sind günstig dafür und zeigen, dass die Schutzmaßnahmen des Nationalparks Niedersächsisches Wattenmeer langfristig erfolgreich sind.

UNSER TIPP: Das **Nationalparkschiff Borkumriff** im Hafen zeigt in einer Dauerausstellung die Veränderung der Sandbank Hohes Riff seit 1938 anschaulich mit Luftaufnahmen. Weitere Informationen über den Naturschutz sowie die Tier- und Pflanzenwelt zeigen zusätzliche interessante Aspekte.

Ein Seehund am Strand – was tun?

Im Sommer, meist in der Zeit **zwischen Juni und Anfang Juli,** werden die **jungen Seehunde geboren.** Sie benötigen nur dann Hilfe, wenn ihre Mutter nicht mehr von der Jagd zurückkommt. Da die Tiere natürlich nicht wissen, wo die Grenzen der Schutzzonen liegen, kommt es nicht selten vor, dass man während der Niedrigwasserphase am Strand **Seehundbabys** findet. Manchmal ist auch die Mutter dabei, um das Kleine zu säugen. Bitte auf jeden Fall den größtmöglichen Abstand halten, um die Tiere nicht zu stören. Mehrere Hundert Meter sind sinnvoll. Die kleinen Seehunde müssen in einer kurzen Phase von etwa sechs Wochen ihr Gewicht verdoppeln, um den Winter zu überleben. Das gleiche gilt auch für junge Kegelrobben.

Ab September brauchen die Jungtiere nicht mehr gemeldet zu werden. Finden Sie im Herbst oder Winter ein schwaches oder verletztes Tier, sollte man jedoch handeln und die Seehundstation informieren. Bitte denken Sie daran, dass Seehunde und Kegelrobben **Wildtiere** sind und in Ruhe gelassen werden müssen, damit sie überleben können. Sie gehören zur Gattung der

Raubtiere, und ihr Biss kann zu schweren Wunden führen. Folgende Dinge sollten Sie tun, wenn Sie ein Tier am Strand sehen:

Bitte unbedingt einen **Abstand von möglichst 300 Metern** halten. **Fremde Gerüche verhindern,** damit die Mutter ihr Jungtier erkennt. Daher ist **Anfassen streng verboten,** und man sollte sich sofort vom Fundort entfernen, damit die Seehundmutter wieder Kontakt aufnehmen kann. Es ist nicht wichtig, das Kleine zu bewachen, weil es in diesem Lebensraum keine natürlichen Feinde gibt. Über Tel. 04931/97 33 30 kann die **Seehundstation** informiert werden, **das Notfall-Ortungs-System** auf den blauen Säulen kann hier gute Dienste leisten, um den Strandabschnitt genau zu bezeichnen, besonders am Nordstrand und Hoge Hörn. Außerhalb der Geschäftszeiten wird eine Mobilnummer angesagt, die man dann anrufen kann.

Die Seehundstation wird über einen **ehrenamtlichen Retter** unverzüglich prüfen, ob es sich tatsächlich um einen Heuler handelt, der von seiner Mutter verlassen wurde. Wenn ein Tier Hilfe braucht, wird es zur Seehundstation nach Norddeich gebracht und dort aufgezogen.

▽ Die Nordsee ist ein gutes Revier für Robben

Wattenmeer und Ökotourismus

Was ist Watt?

Das Wattenmeer zwischen dem niederländischen Den Helder und dem dänischen Esbjerg ist die **weltweit größte zusammenhängende Wattlandschaft.** Ein bedeutender Teil dieses Ökosystems liegt im 1986 gegründeten Nationalpark Niedersächsisches Wattenmeer, in dem sich auch die Ostfriesischen Inseln befinden. Auf Borkum begegnet man dem Thema Naturschutz deshalb an ganz vielen Stellen. 3450 Quadratkilometer misst die Wattlandschaftsfläche Niedersachsens. Nach langjährigen erfolgreichen Schutzbemühungen erklärte die UNESCO den Nationalpark 1993 zum **Biosphärenreservat.** Seit 2009 gehört er zum UNESCO-Weltnaturerbe.

Dieser Titel verpflichtet dazu, das Gebiet dauerhaft zu erhalten und seinen Besuchern Wissen über diesen einzigartigen Lebensraum zu vermitteln. Der durch die Gezeiten geprägte Übergangsbereich zwischen Land und Meer wird täglich bei Hochwasser überflutet und fällt bei Niedrigwasser wieder trocken.

Vor den Landmassen liegen die Wattbereiche, die später in Salzwiesen übergehen. Man unterscheidet je nach Art der Bodensedimente zwischen **Schlick-, Sand- und Mischwatten.** Der Meeresboden fällt zur offenen Nordsee hin nur leicht ab, maximal sind es zehn Meter Höhenunterschied. Der **Tidenhub** – das ist der Unterschied zwischen Niedrig- und Hochwasser – beträgt mehr als 1,7 Meter und ist damit stark genug, um Sand und Sediment aus dem Meer anzuspülen.

Auf den ersten Blick wirkt es so, als sei dort nicht viel Leben zu finden. Beim genauen Hinsehen muss man jedoch anerkennen, dass das Watt **einer der produktivsten Lebensräume der Erde** ist. Wer darin leben will, muss jedoch mit den extremen Lebensbedingungen, die hier herrschen, zurechtkommen. Es gibt starke Temperaturschwankungen, der Salzgehalt verändert sich, und

⌃ Schwert-und Herzmuscheln am Strand

⟨ Blau schimmernde Haar-
oder Nesselqualle – nicht anfassen!

Wattenmeer und Ökotourismus

neben den häufigen Überschwemmungen herrschen in dem Gebiet starke Strömungen. Die Nährstoffe aus dem Wattboden und Meerwasser bilden die Lebensgrundlage für zahlreiche Kleinstlebewesen wie Mikroalgen, die wiederum Nahrung für viele Würmer, Schnecken, Muscheln, Krebse und Fische sind. Auf den trockengefallenen Wattflächen finden **Millionen von Zugvögeln** auf ihrer Wanderung einen reich gedeckten Tisch.

Leben im Watt

Eine Wanderung auf dem Watt ist eine Wanderung auf dem Meeresgrund. Nur der Wind, die Rufe der Vögel und leise Geräusche des Wattbodens sind zu hören. In ihm verbirgt sich **eines der reichsten Biotope der Erde.** In einem Fingerhut Wattsubstanz finden sich eine Million **Algenzellen** (grüne, braune und rote Makroalgen und ca. 550 verschiedene Mikroalgen) bis zu 40.000 **Kleinkrebse** wuseln in einem Quadratmeter Schlick. Diesen teilen sie sich weiterhin mit bis zu fünfzig **Watt- oder Pierwürmern,** deren Auswürfe, dünne Sandwürste, oft das einzige Lebenszeichen an der Oberfläche sind. Die im Watt lebenden Herz-, Sandklaff- und Miesmuscheln filtern das Meerwasser. Während Miesmuscheln an der Wattoberfläche siedeln, graben sich Herzmuscheln mit ihrem muskulösen Fuß tief in das Sediment. Verschiedene Organismen leben in enger Symbiose, und alle sind Glieder der Nahrungskette, an deren Spitze der Mensch steht. Das Wattenmeer ist die **Kinderstube vieler Fischarten,** die es, ohne diese Idealbedingungen gar nicht gäbe.

Nationalpark-konzept

Für die Nordseeinsel Borkum ist der **Tourismus** seit fast 200 Jahren eine wichtige Einnahmequelle. Andererseits können zu viele Besucher die Natur auch belasten. Das Spannungsfeld zwischen Naturschutz und wirtschaftlichen Aspekten ist eine ständige Gratwanderung, weil der Lebensraum Wattenmeer durch zu viele Besucher in Gefahr gerät. Hinzu kommen Bedrohungen durch die Schifffahrt, den Bau von Kabeln und Pipelines sowie andere Umweltsünden. Die größte Gefahr der Zukunft besteht jedoch im **Klimawandel,** der den Meeresspiegel dauerhaft ansteigen lässt und somit Wattflächen, Salzwiesen und die Inseln bedroht.

Verhalten im Nationalpark

■ **Betretenverbots- und Hinweisschilder** sind unbedingt zu beachten. Sie dienen dem Schutz der dort lebenden Tiere und Pflanzen und der Information.
■ Die **ausgewiesenen Wege** erschließen dem Besucher die Natur in ihrem vollen Reichtum, man darf sie nicht verlassen. So wird die Tier- und Pflanzenwelt nicht beeinträchtigt.

- Der Schutz der Dünen ist lebenswichtig für die Insel. Um die Pflanzendecke in den Dünen zu erhalten, sind vielerorts **Stege** und Wege gebaut worden, die zum Spazierengehen und Wandern benutzt werden sollen.
- Besondere Rücksicht ist auf **geschützte Pflanzen** in Dünen und Salzwiesen zu nehmen. Im Nationalpark dürfen keine Pflanzen abgepflückt werden.
- Als Wanderer und Wassersportler **meide man Vogelansammlungen** und nähere sich auf keinen Fall. Die Vögel werden ansonsten bei der Nahrungsaufnahme, beim Brüten oder bei der Mauser gestört.
- Um **Seehunde** an ihren Liegeplätzen nicht zu stören, halte man einen Abstand von mindestens 300 Metern, soweit dies möglich ist.
- **Wattwanderungen** unternehme man nur unter fachkundiger Führung – zur eigenen Sicherheit und um unnötige Störungen zu vermeiden.
- Im gesamten Nationalpark dürfen **Hunde** nirgendwo frei laufen, außer am Hundestrand.

Die Strand-Müll-Box: Machen Sie mit!

Die Naturlandschaft Wattenmeer möchte jeder am liebsten **müllfrei** erleben. Aber ein Spaziergang am Strand zeigt, dass sehr viel **Plastikmüll aus dem Meer** gespült wird. Er bedroht Vögel, Robben und Fische, wenn sie sich darin verfangen oder die Plastikpartikel schlucken. Im Nationalpark wurden deshalb an vielen Stellen **große Metallkörbe** aufgestellt, in denen Strandspaziergänger den eingesammelten Plastikmüll aus dem Meer deponieren können. Er wird ordnungsgemäß entsorgt. So kann jeder seinen Beitrag gegen die Strandverschmutzung leisten.

Borkum im 20. Jahrhundert | 196

Borkum im Mittelalter | 166

Borkum und die Römer | 163

Die Ära des Walfangs | 175

Die Entwicklung vom 14.
   bis zum 18. Jahrhundert | 173

Franzosenzeit und
   Seebadgründung | 184

Kommunikations-
   zentrum Borkum | 192

Vitalienbrüder und Strandjer | 169

Was bedeutet
   „Borkum" eigentlich? | 162

4 Inselgeschichte

◁ Das Kleine Kaap im Sonnenlicht

Was bedeutet „Borkum" eigentlich?

Burchanis

„Burchanis" nannte der **griechische Forschungsreisende Strabo** (66 vor bis 24 nach Christus) die Insel in der Emsmündung, als er vor der Zeitenwende die Nordseeküste beschrieb. Das Wort stammt vermutlich aus dem Altgriechischen. Am ehesten noch könnte ein Begriff für „Netz" dahinterstecken, was eine gewisse Logik in sich trägt. Im Neugriechischen bietet sich auch die verlockende Alternative *boûrkos* = „Schlamm, Morast" an, aber zu *Strabos* Zeiten existierte der Ausdruck offenbar noch nicht, jedenfalls führen die Wörterbücher ihn nicht auf. Irgendeinen maritimen Bezug gibt es jedoch zweifellos.

Burcana fabria

Der römische Schriftsteller und Geograf *Plinius der Ältere* (23 bis 79 nach Christus) war ein weiterer prominenter Borkumchronist aus südlichen Gefilden. Er übernahm *Strabos* Bezeichnung bereitwillig und latinisierte sie zu „Burcana", allerdings ohne eine Übersetzung dafür zu liefern. Von Matsch jedenfalls ist auch bei ihm die Rede, denn er notierte: „Indem sie [die Küstenbewohner und Insulaner] den mit den Händen ergriffenen Schlamm mehr im Winde als in der Sonne trocknen, erwärmen sie ihre Speise und die vom Nordwind erstarrten Glieder durch Erde …"

Plinius war es, der dem „Burcana" noch ein **„fabria"** anhängte, was **„Bohnen"** bedeutet, denn selbige wurden offenbar dort zu seiner Zeit angebaut. Dieses Anhängsel macht Borkum jedoch nicht automatisch zur „Bohneninsel", als die sie in lokaler Literatur des Öfteren bezeichnet wird, denn es sagt nichts über den Stammnamen aus. Außerdem ging der Namenszusatz später wieder verloren.

> Borkums Strand im Wechsel der Gezeiten

Borcum

Die Endung **-um** ist die übliche friesische Bezeichnung für „Heim". Seit Ende des 14. Jahrhunderts erscheint dieses Suffix in zunächst **verschiedenen Schreibweisen;** von *Borkun, Borkyn, Borkinna, Borkna* ist die Rede und ab 1462 dann von *Borcum* und *-kum.* Die prinzipiell namensgebende Vorsilbe bleibt also stets erhalten und trägt die Bedeutung bis in die Neuzeit hinüber: „Ein Ort mit irgendeinem maritimen Bezug" – so die Hypothese.

Borkum und die Römer

Die Geschichte Borkums und der ostfriesischen Küste ist im Zeitraum der Antike bis ins Mittelalter ziemlich unklar. Es wird zwar auf diesem Gebiet nach wie vor geforscht, aber es gibt **kaum belegbare Fakten** aus der frühen Zeit, stattdessen viele Mutmaßungen, Theorien und Geschichten. Hinzu kommt, dass **die erste archäologische Ausgrabung** auf Borkum erst im Jahr **2008** stattfand und interessante Ergebnisse offenbarte (siehe Exkurs „Archäologische Grabungen", Seite 167). Ob die Insel Borkum zur Zeit um Christi Geburt überhaupt besiedelt war, ist wissenschaftlich nicht bewiesen. Die nächsten Absätze zur Ge-

Mediis tranquillus in undis

So lautet **Borkums Wahlspruch,** der sich im Stadtwappen, im Siegel der evangelisch-reformierten Kirche und an manchen Insulanerhäusern wiederfindet: „Ruhig inmitten der Wogen".

Wie genau er dorthin geriet, ist heute nicht mehr so recht nachzuvollziehen. Anno 1929 machte sich ein gelehrter Inselgast mal die Mühe, die Sache zu verfolgen, gelangte dabei aber auch nicht weiter als bis zu der Feststellung, dass der Spruch **einem Hexameter entstammen** könnte. Selbiger sei das rhythmische Glied altgriechischer und römischer Epen mit sechs daktylischen Versfüßen, führte der Professor aus, und dort mochte die Floskel möglicherweise ihren Ursprung haben. Zu diesem Schluss hätte allerdings auch jeder halbfertige Altphilologe kommen können, und die Frage wurde damit keineswegs beantwortet.

Ein anderer kluger Kopf zog eine **Parallele zum Hause Nassau-Dillenburg,** dem Sitz der Oranier, die sich im 16. und 17. Jahrhundert um den Freiheitskampf der Niederlande verdient gemacht hatten. Noch heute wird der deutschstämmige *Wilhelm von Nassau-Dillenburg* in der niederländischen Nationalhymne als Volksheld besungen. Und der Leitspruch dieses wackeren Mannes war: „Saevis tranquillus in undis", zu deutsch wörtlich: „Ruhend in den wilden Wellen" oder frei übersetzt: „Der ruhende Fels in der Brandung". Ganz ähnlich drückte sich auch *Schiller* aus, der sich die Loslösung der Niederlande von Spanien zum Thema gemacht hatte, und überdies ist der bewusste Spruch auf verschiedenen holländischen Münzen der Jahre 1568 und 1584 zu sehen. Er war also durchaus existent.

So weit, so gut. Aber wie geriet der Spruch dann – und auch noch in abgewandelter Form – nach Borkum? Manche Lokalhistoriker glauben, dass ihn **calvinistische Prediger** aus den Niederlanden dorthin verpflanzten. Die niederländischen Freiheitskämpfer fanden seinerzeit in der Stadt Emden und auf der Insel Borkum wiederholt Zuflucht und bauten dort Stützpunkte aus; reformierte Geistliche kamen über die Grenze. Überhaupt war die nordwestlichste Ecke Deutschlands lange Zeit sehr stark von Holland beeinflusst; auf Borkum sprach man noch im 19. Jahrhundert Niederländisch. Die studierten Theologen brachten zweifellos manchen klugen lateinischen Spruch mit ins Ostfriesische. Und jener des nassauischen *Wilhelm,* glauben Fachleute, mag auch dabei gewesen sein, nur dass er für Borkum leicht umgewandelt wurde: Aus „saevis" wurde „mediis".

Möglich wär's. Sofern keine anderslautenden historischen Belege auftauchen, wird man diese Auslegung wohl bis auf Weiteres akzeptieren können.

b_109_wikipedia

Borkum und die Römer

Inselgeschichte

schichte Norddeutschlands sind daher hinsichtlich ihres Wahrheitsgehalts besser mit einer gewissen Skepsis zu betrachten.

Rom und der Norden

Um die Zeitenwende befand sich **Rom auf dem Höhepunkt seiner Ausdehnung und Macht.** Den größten Teil Europas hatte das Römische Reich erobert und die Bewohner manches einst wilden Landstrichs zu zivilisierten Steuerzahlern erzogen.

Auch in den Gebieten **östlich des Rheins und nördlich der Donau** wäre man gern so verfahren. Doch dort wohnten vorwiegend **arme Menschen** unter widrigen Umständen. *Julius Cäsar* unternahm als erster Römer im Jahr 59 vor Christus demonstrativ einen Schritt in diesen Landstrich, aber was er dort sah, verdross ihn. Allein das Klima („Neun Monate Winter und kein Sommer") ließ den sonnengewohnten Südländer zurückschrecken.

Römische Okkupation

Die grobschlächtigen **Nordmänner bedrohten** indes die Grenzen des Römischen Reichs, indem sie auf der Suche nach neuem Lebensraum und Nahrung des Öfteren die römischen Grenzen übertraten. Irgendwann war das Maß voll; in den Jahren 12 bis 9 vor Christus holte Kaiser *Augustus* zum **Gegenschlag** aus. Er und seine Legionen überquerten die Alpen und besetzten den heutigen deutschen Süden; im Norden unterwarf sein Stiefsohn, der damals 26-jährige Feldherr *Drusus,* die Küstenbewohner. Auch die **Insel Burcana** fiel dabei in seine Hände – „nach einer Belagerung", wie es heißt. Auf jeden Fall ankerte die Flotte vor Borkum, und 9 vor Christus waren die Mündungsgebiete von Ems, Weser und Elbe in römischem Besitz. *Drusus* konnte diesen Triumph jedoch nicht mehr auskosten, denn er starb nach einem Sturz vom Pferd.

Varus-Schlacht

Die Romanisierung der Nordseeküsten mit allen interessanten entwicklungsgeschichtlichen Konsequenzen hätte vielleicht ihre Fortsetzung gefunden, wenn es nicht im Jahr 9 nach Christus am Kalkrieser Berg in der Nähe der heutigen Stadt Osnabrück zur Varusschlacht gekommen wäre, bei der eine etwa 25.000 Mann starke **komplette römische Armee durch germanische Krieger aufgerieben** wurde. Die Germanischen Stämme Chatten, Brukterer und Cherusker waren die Protagonisten dieses fürchterlichen Gemetzels, an dessen Ende sich Varus selbst entleibte. Als Todesbeweis schickten die Germanen seinen Kopf an seine Familie nach Rom.

Neue römische Vorstöße

Um *Varus'* Tod zu rächen, griff sechs Jahre später eine **große Streitmacht unter Germanicus,** dem Sohn von *Drusus,* eine Koalition rechtsrheinischer Stämme an. Doch obwohl Chauken, ein dort lebender germanischer Stamm, an der Küste dieses Mal friedlich waren und sogar zu helfen versprachen, wurde *Germanicus* **um ein Haar dasselbe Schicksal wie Varus** zuteil. Es gab mehrere Schlachten – nur mit äußerster Mühe konnte er sein Heer retten und brach daraufhin den Feldzug ab.

Im Jahr 16 nach Christus griffen die Römer erneut an und bereiteten dem Feind in der Nähe der Porta Westfalica diesmal eine schwere Niederlage. Aber die Verluste der Germanen waren nicht kriegsentscheidend. Der römische Kaiser berief deshalb den glücklosen *Germanicus* ab und entließ ihn ehrenvoll in den Vorruhestand.

Niedergang Roms

In der darauffolgenden Zeit zogen sich die römischen Besatzer auf die Rheinlinie zurück und verzichteten auf eine militärische Kontrolle des nordgermanischen Gebiets. Im 5. Jahrhundert brach das Imperium Romanum schließlich wegen eigener Probleme zusammen. Zum gleichen Zeitpunkt setzte – ausgehend von skandinavischen Stämmen – eine große Völkerwanderung in Richtung Süden ein. Auch die Bewohner der deutschen Nordseeküsten gerieten offenbar in den Sog dieser mächtigen Wanderbewegung, denn die Historiker verzeichnen um das 4. und 5. Jahrhundert eine auffällige **Entsiedlung der Region.**

Borkum im Mittelalter

Keine Zeitzeugnisse

Während die Römer ihr Wirken recht gut dokumentiert hatten, ist über die germanische Küstenregion im Mittelalter wenig bekannt. Nennenswerte Geschichtsschreiber haben in jener Periode nicht im Borkumer Raum gelebt. **Keine steinernen Zeitzeugnisse** tauchen bisher auf; es hat mit Sicherheit auch keine Burgen und Schlösser gegeben. Die Archäologie tut sich schwer, die damaligen Verhältnisse zu rekonstruieren, da es keine Fundstücke aus dieser Zeit gibt, die größeren Aufschluss ergeben.

Insel Bant

Was man inzwischen gut erforscht hat, ist, dass das Wattenmeer ein unbestritten sehr dynamisches **System aus Wechselwirkungen** zwischen Wind, Wetter, sich ständig verändernden Strö-

Archäologische Grabungen

1789 entdeckte Pastor *Diedrich Nicolai* nach einem schweren Sturm auf Borkum in Begleitung des Schulmeisters auf einer Außensandbank in west-nordwestlicher Richtung ein **weites Feld mit bestem Kleiboden** (entwässerter Schlick). Der Wasserstand war ungewöhnlich niedrig, wohl nur deshalb fanden sie **neun Brunnen,** die in gerader Linie angeordnet waren, darunter **drei Tonnenbrunnen.** Als sie sich nach Westen wandten, stießen sie auf einen **runden Platz,** an dessen östlicher Seite sich ein weiterer Brunnen befand. Dort fanden sich viele Stücke von zerbrochenen Urnen, Schafsknochen und Baumwurzeln. Die Fundstücke ließen auf eine **mittelalterliche Siedlung** schließen. Doch es wurden keine Fundstücke aufgehoben, nur der schriftliche Bericht *Nicolais* dient als Zeugnis.

1983 legte der Leiter des Inselmuseums *Dr. Helmer Zühlke* mit einigen Mitarbeitern im Strandbereich des Ostteils Borkums **alte Siedlungsreste** frei und barg sie, darunter ein **Holzfass aus Eiche,** das heute im Inselmuseum zu sehen ist. Die wissenschaftlichen Untersuchungen ergaben, dass das Holz und die ebenfalls gefundenen Kugeltöpfe aus dem **13. Jahrhundert** stammen. Bei diesen ältesten, sicher datierten archäologischen Artefakten handelt es sich zugleich um die **ältesten Siedlungsreste der Ostfriesischen Inseln.**

1953 und 1955 grub der Borkumer Studienrat *Dr. Johannes Linke* mit seinen Schülern auf der Suche nach alten Kirchenfundamenten auf dem **Friedhof am Alten Leuchtturm.** Leider gibt es keine Berichte darüber, sondern nur einige Fotos mit wenigen Bildunterschriften. 2008 nahm sich die Ostfriesische Landschaft, der Regionalverband für Kultur, Wissenschaft und Bildung, den Alten Friedhof erneut vor – es war die **erste offizielle archäologische Untersuchung** auf den Ostfriesischen Inseln. Neben verschiedenen alten Kirchenfundamenten fand man insgesamt **40 Skelette** – interessanterweise wurden einige in Bauch- oder Seitenlage bestattet, was man in Ostfriesland bisher noch nicht gesehen hatte. Als Ursache dafür, dass unter den gefundenen Toten viele, teilweise noch sehr junge Männer waren, vermutet man eine **Erbkrankheit.** Weitere Fundstücke aus unterschiedlichen Zeitepochen wie Münzen, zahlreiche Knochen und Scherben, Keramikfliesen, Figürchen, Murmeln und Pfeifen, lassen vermuten, dass die Handelswege weit reichten. Die älteste gefundene Münze ist ein **„Long Cross Penny" von 1250,** weitere Münzen stammen aus der Walfängerzeit, darunter auch einige holländische Goldstücke.

mungen und den Gezeiten ist. Daraus resultiert, dass sich die Form und Lage der Inseln und der Küstenlinie oftmals innerhalb weniger Jahre verändert haben und es auch immer noch tun. Erst im Hochmittelalter bildete sich beispielsweise die Rinne der Osterems zwischen Borkum und Juist. Auch gab es im Mittelalter vor der ostfriesischen Küste noch die häufig erwähnte **Insel Bant** zwischen der Leybucht und Juist. Sie war der Rest einer um Christi Geburt größeren Marscheninsel. Im Zuge schwerer Sturmfluten während des Mittelalters, insbesondere der **Allerheiligenflut** von 1170 und der **Groten Mandränke** von 1362, wurde sie vollständig zerstört und versank 1780 endgültig in der Nordsee.

Vereinzelte Funde

Was immer im heutigen Borkum von der See freigespült oder von Archäologen ausgegraben wird: Es ist nichts dabei, das sich ins erste nachchristliche Jahrtausend oder noch früher einordnen ließe. Der Pater *Nicolai* fand 1789 einige **alte Siedlungsreste,** die nicht näher datiert werden konnten (siehe Exkurs „Ein interessanter Fund"), und 1983 stieß man im Nordstrandbereich des Ostteils auf ein **verrottetes Brunnenfass.** Es stammt, zusammen mit ein paar **Tonscherben,** wahrscheinlich aus dem Jahr 1240 und ist mithin das älteste auf den Ostfriesischen Inseln gefundene Artefakt. Eine früher entdeckte sogenannte Kugeltopfscherbe wurde sogar in das 11. oder 12. Jahrhundert datiert; es stellt sich die Frage, wer diese Objekte dort hinterließ.

Wieder was los auf Borkum

Zu Beginn des 2. Jahrtausends gerät auf Borkum die Lokalgeschichte wieder etwas in Bewegung. Die Insel war jetzt mehr schlecht als recht **christianisiert,** und die weite **Bucht** in ihrem Südosten, das Hopp, besaß genügend Tiefe, um selbst **großen Schiffen das Ankern** zu erlauben. Schon die Triremen (Dreiruder) des *Germanicus* lagen vielleicht hier, danach mit gewisser Wahrscheinlichkeit die Wikinger. 1227 versammelte sich vor der Insel im Hopp eine **friesische Flotte zum Kreuzzug** *versus terram sanctam* (gegen das Heilige Land), und anno 1270 wartete ein ähnliches Geschwader im Schutz der Bucht einen Monat lang schlechtes Wetter und widrige Winde ab. Ein Jahrhundert später machten sich dann die berühmt-berüchtigten **Vitalienbrüder** Borkum als Zwischenstation für ihre Seeraubzüge zunutze und legten dort ein längeres Intermezzo ein.

▷ Der sagenhafte Störtebeker (Kupferstich von Daniel Hopfer, um 1520); als Vorlage für dieses Fantasieporträt fungierte ein Bildnis des Kunz von Rosen, Hofnarr Kaiser Maximilians I.

Vitalienbrüder und Strandjer

Wer war Klaus Störtebeker?

Es ist unbekannt, wo genau *Klaus Störtebeker,* der Anführer der Vitalienbrüder, herkam. Es gibt mehr Mythos als historische Überlieferung. Im **Verfestungsbuch** *Liber postscriptorum* taucht der Name *Nicolao Stortebeker* in Zusammenhang mit einer Prügelei 1380 erstmals auf. Das legt die Vermutung nahe, dass es sich um *Klaus Störtebeker* handeln könnte. Aus Nicolao wurde Nikolaus und darauf die Kurzform **Klaus.** Der Name Nikólaos

stammt aus dem Altgriechischen und bedeutet „Sieg des Volkes". Es spricht auch deshalb einiges dafür, weil der Heilige Nikolaus – in der ersten Hälfte des 4. Jahrhunderts Bischof in der altgriechischen Stadt Myra – als Schutzheiliger u.a. der Seefahrer und Schiffer gilt und somit der Bezug zur Seefahrt gegeben ist. Auch heute noch ist auf Borkum **Klaasohm** (siehe Exkurs Seite 110) das wichtigste Fest, wichtiger noch als Weihnachten.

Der Name Störtebeker kommt aus dem Niederdeutschen und bedeutet **„Stürz den Becher"**, was vermutlich mit den trinkfesten Sitten der Seefahrer zusammenhängt. Die Mär, dass *Klaus Störtebekers* Name darauf zurückzuführen sei, dass er angeblich einen vier Liter fassenden Bierkrug auf ex trinken konnte, ist allerdings nicht belegt. Der **Störtebeker-Pokal** der Hamburger Schiffergesellschaft, auf den in diesem Zusammenhang häufig verwiesen wird, ist jedenfalls erst 250 Jahre nach Störtebeker gefertigt worden. Beim Nachnamen handelt es sich um einen noch heute in Norddeutschland existierenden Familiennamen. Es besteht aber auch die Möglichkeit, dass ein Zusammenhang mit dem Kaufmann und Kapitän *Johann Störtebeker* aus Danzig besteht. Vermutlich ist die Legende um „den Robin Hood der Meere" aus einer **Mischung von Geschichten beider Personen** entstanden. Es ist nach dem heutigen Stand der Forschung eher unwahrscheinlich, dass es den Piraten *Klaus Störtebeker* als Person tatsächlich gegeben hat.

Bei Konflikten unter den mächtigen Adeligen, die um die Herrschaft in Dänemark rangen, trat der Name *Störtebeker* erstmals auf. **König Albrecht von Schweden** und die dänische Königin **Margarethe I.** warben Freibeuter an, damit diese die jeweils gegnerischen Schiffe kaperten. *Klaus Störtebeker* verdingte sich als Freibeuter für Mecklenburg. Als 1389 die Dänen Stockholm belagerten, stellte eine Gruppe von Seefahrern zunächst als Blockadebrecher die **Lebensmittelversorgung der Bevölkerung sicher.** *Viktualien* bedeutet Lebensmittel. Der Begriff **Vitalienbrüder** leitet sich von diesen „Viktualienbrüdern" ab. Außerdem war die Bruderschaft durch **Kaperbriefe** der Hansestädte Wismar und Rostock berechtigt, dänische Schiffe aufzubringen. Das wilde Leben gefiel den Kaperfahrern (Niederdeutsch „Likedeeler", also „Gleichteiler") so gut, dass sie nach dem Krieg als Seeräuber mit dem selbstgewählten Motto *„Gottes Freunde und aller Welt Feinde"* weitermachten, denn an Beute war in Nord- und Ostsee kein Mangel. Im Falle eines Überfalls befanden sich die Seeräuber, deren Schiffe meist eine Besatzung von 50 bis 100 Mann hatten, stets in der Überzahl, denn die Handelsschiffe wa-

Vitalienbrüder und Strandjer

ren selten mit mehr als 20 Personen besetzt. So konnten die Vitalienbrüder sehr erfolgreich sein und neben Fisch, Pelzen, Fleisch und anderer Handelsware mit ihrer Piraterie auch einen gewissen Reichtum erlangen.

Kaufleute machen gegen Piraten mobil

Die Bremer und Hamburger **Kaufleute,** denen die Piraten durch ihre Freibeuterei ebenfalls das Leben schwer machten, waren davon allerdings weniger beeindruckt. Sie versuchten, ihnen mit allen Mitteln das Handwerk zu legen, mussten sich jedoch zunächst in Geduld üben, denn *Klaus Störtebeker* hatte sich an der ostfriesischen Küste in seinem **Stützpunkt Marienhafe** verschanzt. Dort genoss er bei den Häuptlingen große Sympathien. Angeblich war er auch mit einer Tochter des friesischen Häuptlings *Keno ten Broke* verheiratet.

Störtebekers Ende

Im Kampf gegen die Plünderei schickten die Hanseaten später eine Flotte von elf Koggen in die Nordsee, der auf der Osterems in unmittelbarer Nähe Borkums ein **vernichtender Schlag gegen die Piraten** gelang. 40 Seeräuber starben, 73 Mann wurden gefangen genommen und später enthauptet. Ihre Köpfe steckte man zur Abschreckung auf Pfähle und stellte diese an der Elbe auf. Ob *Klaus Störtebeker* mit darunter war, lässt sich nicht belegen. Tatsache ist jedoch, dass ein Seeräuber-Schädel, aus dem man sein früheres Erscheinungsbild rekonstruiert hat, nichts mit *Klaus Störtebeker* zu tun hat. So viel hat die aktuelle Forschung immerhin ergeben.

Große Zeit der Scharfrichter

„Man fragt ums Was und nicht ums Wie, / Ich müßte keine Schiffahrt kennen; / Krieg, Handel und Piraterie, / Dreieinig sind sie, nicht zu trennen." So lässt *Goethe* im „Faust" den Mephisto seufzen. Mit der Enthauptung der Vitalienbrüder in Hamburg war das Zeitalter der **Piraterie** an den Nordseeküsten noch lange nicht zu Ende. Besonders im 15. und 16. Jahrhundert war Hochzeit der Seeräuberei. Allerdings verfolgten die Vitalienbrüder zu keiner Zeit territorialpolitische Interessen.

Andere Art der Piraterie

Genau genommen hätte auch die Praxis, ein havariertes oder **am Strand angetriebenes Schiff auszuplündern,** als Piraterie gelten müssen. Doch das sah man an der Nordsee nie so eng. Ein solch hilfloses Fahrzeug war wie Freiwild, und für die oft sehr arme Inselbevölkerung war das **„Strandjen",** also das Bergen von Treibgut, eine wichtige Einnahmequelle. Der größte Teil der Beute musste aber an die Fürstenhäuser und den Strandvogt abgegeben werden, den anderen Teil durfte der Finder behalten. So ist es nicht verwunderlich, dass sich Strandjer und Vögte, wie gleich noch zu lesen sein wird, über angeschwemmtes Strandgut immer wieder in die Haare gerieten, und dass die Insulaner ihr Bestes taten, Angetriebenes möglichst schnell und diskret verschwinden zu lassen.

Strandgut

Sie waren in vieler Hinsicht darauf angewiesen. Auf Borkum zum Beispiel gab es so gut wie kein **Holz,** weder zum Bauen noch zum Brennen. Die Holzkonstruktionen vieler alter Häuser auf der Insel sind ausschließlich aus den Spanten und Masten verunglückter Schiffe gefügt. Könnten sie sprechen, hätten sie sicherlich manch aufregende Geschichte zu erzählen.

So sind wir auf einige Überlieferungen in den Inselchroniken angewiesen, die von diesem nur halb legalen Tun berichten. Manches davon liest sich recht unterhaltsam, zum Beispiel, wenn mal wieder ein **Fass Rotwein** in der Brandung rollte, worauf sich alles gewaltig einen hinter die Binde goss, bevor der Vogt (und später der Zoll) von dem Fund erfuhren.

Unterlassene Hilfe

Die tragische Kehrseite dieser Medaille war, dass die gleichzeitig **in Not befindlichen Seeleute** bei diesen Vorgängen eher im Weg waren. Man tötete sie zwar nicht, aber man kümmerte sich auch nicht um ihre Rettung, und wenn die armen Seemänner ertranken, war das den Bewohnern in der Regel recht egal. Erst die Gründung der Deutschen Gesellschaft zur Rettung Schiffbrüchiger (DGzRS) (siehe Exkurs, S. 194) führte zu einer einschneidenden Änderung der Verhältnisse. Heute ist diese ein wichtiger Teil des sozialen Insellebens, und viele Familien sind **traditionell ehrenamtlich als Seenotretter** im regelmäßigen Einsatz.

Die Entwicklung vom 14. bis zum 18. Jahrhundert

Ärger mit den Vögten

Unter dem Namen „Borkum" erscheint die Insel erstmals auf einem Dokument, und zwar am 11. September 1398. Es ist unbekannt, ob Borkum zur Zeit der Kreuzfahrer schon bewohnt war, eine Bevölkerung wird erst in einem Friedensvertrag von 1406 mit der Hanse erwähnt.

Frei waren die Menschen auf Borkum nicht lange. *Albrecht,* Herzog von Bayern und Graf von Holland, vergab die Inseln vor seiner Küste nämlich als Lehen an ihm wohlgesonnene Häuptlingsfamilien in Ostfriesland. Borkum fiel an *Witzel,* den unehelichen Sohn *Ocko ten Broke* aus Marienhafe. Und dieser Unedle hatte nichts Eiligeres zu tun, als einen **Vogt auf das Eiland** zu schicken, um dort eine Verwaltung in Gang zu bringen, Steuern und Pachtgelder zu erhalten und an möglichst viel Geld und Güter zu kommen.

Die folgenden Jahrzehnte waren angefüllt mit **Zwistigkeiten und Streitereien** zwischen den Insulanern, dem Vogt und dem Pastor, der als dritter Pol in diesem Triumvirat zwischen den beiden ersteren vermittelte. Anno 1464 gingen die Lehensrechte an die ostfriesischen Landesgrafen unter *Ulrich Cirksena* über, doch für die Borkumer änderte sich dadurch nichts. Im Jahre 1586 begann man genauer Buch über die kommunalen Ereignisse zu führen, und die erste Eintragung ist dann auch gleich ein Sündenfall: Der amtierende **Vogt wird am Strand gemeuchelt,** der Täter entkommt. Wiederholt ist von **Unterschlagungen** und Unregelmäßigkeiten die Rede, von **Unbrauchbarkeit** und unglücklicher Wahl danach amtierender Inselvogte, von Vernachlässigung der Amtspflichten und Zoff mit der Bevölkerung. 1858 schaffte man folgerichtig das undankbare Amt ab.

Das Meer nagt an Borkum

Immer wieder hatte Borkum während schwerer Stürme hohe Landverluste in Kauf nehmen müssen, beispielsweise nach der Johannisflut von 1164, der entsetzlichen Allerheiligenflut von 1170, der ersten Marcellusflut von 1219, der Lucasflut von 1287 und der Clemensflut von 1334.

Dazu gesellte sich, wie Geologen heute wissen, eine empfindliche **Landsenkung.** Die zweite **Marcellusflut** vom 16. Januar 1362 war es wahrscheinlich, die den alten Geestrücken, der un-

ter der Insel liegt, mittendurch schnitt und **Borkum in West-
und Ostland teilte.** Auf der ersten bildlichen Darstellung der Insel, einer Seitenansicht Borkums des niederländischen *Hydrografen Cornelius Anthonisz* aus dem Jahre 1541, ist das **Eiland
sogar dreigeteilt.** Im 17. Jahrhundert staken bei jedem Hochwasser gar vier Einzelinseln aus der Flut, lediglich bessere Dü-
nenkuppen. Die älteste brauchbare Karte Borkums stammt aus
dem Jahr 1713. Auf ihr, der sogenannten **Tönnies-Karte,** er-
scheinen wieder zwei separate Inseln, das West- und das Ostland, getrennt durch den **Tüskendör** („Zwischendurch"), eine
tiefe und zwei km breite Rinne.

Ab 1830 verengte sich der Tüskendör-Priel, und durch Maßnahmen wie Strohbündel und Anpflanzungen versuchten die
Borkumer, diese Verlandung noch zu unterstützen. Mit dem **Bau
eines künstlichen Damms** in den Jahren 1863 und 1864 wurde
die Lücke zwischen den beiden Inselteilen schließlich geschlossen, nach und nach wuchsen sie daraufhin zusammen. Der
Damm ist heute von den echten Dünen nur daran zu unterscheiden, dass er schnurgerade verläuft. Ansonsten ist er wie die echten Dünen mit Sand und Gras bedeckt, sodass man schon sehr
genau hinschauen muss, um den Unterschied zu erkennen.

**Wechselnde
Besitz-
ansprüche**

Ab 1744 hatte Borkum **wechselnde Besitzer** wie Kaiser *Leopold I.,*
den Kurfürsten von Brandenburg *Friedrich III.* und König *Friedrich I. von Preußen.* Von 1807 bis 1810 gehörte die Insel zum Königreich Holland, und bis 1813 war sie Teil des Kaiserreichs
Frankreich. Von 1815 bis 1866 erhob das Königreich Hannover
Besitzansprüche, und 1866 fiel Ostfriesland komplett an Preußen, Borkum also auch.

Das **Ostland** wurde erst 1752 besiedelt und zum Teil urbar gemacht. Ob es in früherer Zeit schon einmal bewohnt war, ist
nicht dokumentiert, aber archäologische Funde (siehe Exkurs
Seite 167) legen diesen Schluss nahe; nach einem Vogtbericht
aus dem 17. Jahrhundert sollen dort ein paar Häuser gestanden
haben, die später jedoch wieder verschwanden. Auf dem Westland wurden anno 1713 jedenfalls 468 Seelen gezählt.

**Gegen-
maßnahmen**

Bereits 1574 waren **Landschaftsschutzgesetze** erlassen und, weil
sie offenbar nicht griffen, 1628 mit zusätzlichen Erschwernissen
versehen worden. Unter Androhung schwerer Strafen wurde den
Borkumern auferlegt, ihre Insel gefälligst beisammen zu halten,
weil, so ein Bericht aus dem Jahre 1650, „dahero fast sehr zu be-

sorgen, dass woferne dem wütenden Meere der rigell nit baldt verleggt wird, dieß Eyland (welches sonsten neben anderen dießer Graffschafft eine brustwehr ist) von den continue hefftig darauff antringenden wellen weitterß abgeschlagen, weggespühlett." Trotzdem änderte sich an dem „gefährlichen und betrübten Zustand mitt dem Eylande Borkumb" prinzipiell wenig. Erst die Preußen brachten ab 1744 **System in den Inselschutz,** sonst wäre Borkum letzten Endes vielleicht doch noch vom Meer verschluckt worden.

Die Ära des Walfangs

Beginn der Walfang-Ära

Sie begann **in der ersten Hälfte des 17. Jahrhunderts** zunächst in Holland und Frankreich. Einige Borkumer „Commandeure", so nannte man die Kapitäne, und Seemänner heuerten bereits in den Anfängen auf den holländischen Schiffen an. Die Borkumer waren bekannt dafür, sich bereits als Kinder mit der Seefahrt

Niederländischer Grönlandfahrer Zaandam 1772, Gemälde von Jochem de Vries

Die Ära des Walfangs

und Navigation zu beschäftigen und deshalb hatten sie **großes nautisches Wissen.** Oft fuhren sie schon in jungen Jahren ab etwa zehn als „Cajuitwachter", so nannte man die Laufjungen der Commandeure, mit ihren Vätern und Onkeln ins Nordpolarmeer. Auf diesen Fahrten lernten sie den Beruf des **Walfängers** von der Pike auf. Schon als junge Männer mit Anfang 20 konnten sie häufig bereits als Kapitäne ihre Mannschaften befehligen.

Auf Walfang in Grönland

Als sich **1642** der Emder Rat entschloss, die in Deutschland vermutlich **erste Grönlandfahrt** zu finanzieren, setzten die Reeder auf die **Erfahrung der Borkumer Seefahrer.** Als die erste Fangfahrt 1643 erfolgreich verlief, gründeten etwa 70 Kaufleute die **erste grönländische Kompanie,** 1650 folgten die zweite und bis 1660 weitere. Allein in den Jahren 1662 bis 1664 wurden von Emden aus 25 Grönlandfahrten durchgeführt. Rund 250 Jahre lang zogen die „Grönlandfahrer", wie die Walfänger genannt wurden, vorwiegend auf deutschen und holländischen Schiffen im Frühjahr ins Eismeer. Der Begriff Grönlandfahrer ist streng

Die Gefahren des Walfangs (Radierung, 1820)

Schaluppe beim Angriff auf einen Wal (Radierung, 1813)

genommen falsch, denn die Wale wurden hauptsächlich bei Spitzbergen gefangen. Auch von Hamburg aus unternahm man viele Fangfahrten, sodass in der Hochzeit ganze Dörfer vom Erfolg der Grönlandfahrer abhingen und der **Walfang zur Lebensader** wurde. Auf Borkum war es nicht anders. Als ab 1661 Holländer nicht mehr auf Hamburger Schiffen mitfahren durften, übernahmen Nord- und Ostfriesen die höheren Positionen an Bord und arbeiteten als Commandeur, Steuermann, Harpunier und Speckschneider.

Gute Entlohnung

Nicht die Abenteuerlust zog die Männer ins Eismeer, sondern die Aussicht auf einen **anständigen Lohn**. In der Regel hatten die Walfangschiffe eine Besatzung von 40 bis etwa 50 Mann. Vor Antritt der Reise stellte der Commandeur seine Mannschaft zusammen. Auf die Auswahl des Steuermanns, der Harpuniere und Speckschneider legte er besonderen Wert, schließlich hing der Erfolg aller von deren Können ab. Sie waren sogenannte **Partfahrer** und am Gewinn beteiligt – je mehr Wale sie fingen, umso mehr Geld verdienten sie, kehrten sie ohne Fang zurück,

Walfängerlied

Wollt Ihr mal ein Untier sehn,
dann müsst Ihr hin nach Grönland gehn.

Komdür in't Kreinnest süht all'n Wal
und brüllt nu „Fall! Fall! Öwerall!"

Stürmann zielt auf den Walfisch los
und gibt ihm den Harpunenstoß.

Der Stürmann spricht: „Muss selber sehn,
muss selber auf dem Eise gehn!"

Er haut ihm ab den dicken Kopf.
Das Speck wird in ein Faß gestopft.

Quelle: Wanda Oesau; Alte deutsche Walfanglieder, ca. 1930

gingen sie leer aus. Rund weitere 30 Mann wurden als **Matrosen** und **Schiffsjungen** eingesetzt. Ihren Verdienst bestimmte der Rang und sie erhielten eine feste Heuer. Pro Fangfahrt musste die Mannschaft mindestens vier Wale erlegen, damit sie ertragreich war.

Grönlandwal und Nordkaper

Vor allem der **Grönlandwal** (Balaena mysticetus) und gelegentlich auch ein **Nordkaper** (Eubalaena glacialis) wurden gejagt, weil sie mit einer Geschwindigkeit von maximal acht Stundenkilometern zu den langsamen Schwimmern gehörten und deshalb verhältnismäßig leicht zu erlegen waren. Nach ihrem Tod gingen sie wegen ihrer dicken Speckschicht auch nicht unter, sondern waren gut zu bergen. Der Grönlandwal ist das Säugetier mit der höchsten Lebenserwartung. Das **älteste gefangene Tier** war **211 Jahre alt.** Mit einer Länge von 18 Metern konnten diese Wale 100 Tonnen wiegen und hatten eine Speckschicht von bis zu 70 Zentimetern Dicke. Um 1700 war der Grönlandwal im Nordatlantik so gut wie ausgerottet. Dem Nordkaper ging es nicht anders. Heute gibt es weltweit nur noch 300 Stück mit fallender Tendenz. Nordkaper sind etwas kleiner als die Glattwale und wogen bis zu 80 Tonnen. Kein anderer Wal hat einen höheren Fettanteil, der bei 40 Prozent liegt. Und noch einen Rekord bricht der Nordkaper: Seine **Hoden** sind mit einem **Gewicht von einer Tonne** die größten im gesamten Tierreich.

Wurde ein Wal gesichtet, ließen die Walfänger mehrere kleine Boote zu Wasser, in denen neben den rudernden Matrosen jeweils ein **Harpunier** saß. Diese Boote mussten sich an die Wale heranpirschen, damit der Jäger mit Schwert und Handharpune versuchen konnte, den Wal zu erlegen. War die Jagd erfolgreich, wurde der Wal mit Seilen zum Schiff gezogen und an Bord zerlegt.

Das wertvollste waren der **Speck** und die **Barten. Blubber** nannte man die dicke Fettschicht. Die **Speckschneider** versuchten, diese zu lösen. Dazu schnallten sie sich eine Art Steigeisen unter die Füße, damit sie auf dem toten Wal herumkletterten konnten, ohne auf der glitschigen Fettschicht auszurutschen. Trotzdem passierten häufig Unfälle, weil jemand herunterfiel und sich verletzte oder der Wal sich beim Speckschneiden plötzlich drehte. Der Blubber wurde danach ausgekocht, um an das wertvolle tierische Öl, den **Waltran,** zu kommen. Dieser wurde in Fässern gebunkert und später als **Lampenöl** verwendet. Auch die Knochen waren ölhaltig, man ließ sie auslaufen und erhielt hochwertiges Öl für die Feinmechanik.

Walknochen-
zäune auf
Borkum

Aus den Walbarten, sie bestehen aus biegsamem Horn, wurden von der Mannschaft auf den langen Fahrten **Schmuckstücke** und andere Utensilien geschnitzt. Die ausgelaufenen **Knochen** selbst waren für die Reeder wertlos, deshalb durften die Commandeure diese als Trophäen behalten. Sie wurden wie Bretter zersägt nach der Rückkehr der Kapitäne auf Borkum als **Sandfangzäune** genutzt, die Garten und Häuser vor dem ständig herumfliegenden Sand schützten. **Bäume,** aus denen man vielleicht Holzzäune hätte bauen können, gab es damals dort noch nicht. Knochenzäune waren früher auf vielen Inseln zu finden, rund 100 Kieferknochen waren für den Bau eines einzigen Zauns notwendig. Heute existieren fast nur noch Rudimente der 250 Jahre alten Bauten. Die einzigen noch vollständigen **Walknochenzäune** sind auf Borkum zu finden, und sie zählen zu den einzigartigen Sehenswürdigkeiten der Insel. Einer steht in der **Wilhelm-Bakker-Straße** und der andere in unmittelbarer Nähe des Alten Leuchtturms an der **Roelof-Gerritz-Meyer-Straße.** Leider ist die Knochensubstanz durch Feuchtigkeit und menschliche Berührung im Laufe der Zeit stark beschädigt worden. Um den

Die Ära des Walfangs

Zerfallsprozess hinauszuzögern, wurde am Knochenzaun in der Wilhelm-Bakker-Straße ein Berührungsschutz installiert, ein Muschelbeet vor und hinter dem Zaun verbessert den Erosionsschutz. Die Knochenoberseite wird durch individuell angepasste abgeschrägte Schutzdächer vor Wassereinbruch bewahrt. Man

◿ Zaun aus Walknochen
in der Roelof-Gerritz-Meyer-Straße

kann den naturgemäßen Verfall durch diese Maßnahmen zwar nicht aufhalten, aber zumindest deutlich verzögern. Wer wissen möchte, wie ein vollständiger Walkieferknochen aussieht, findet ein Exemplar im **Inselmuseum Dykhus**. Ein Nachbau des Walkiefers steht zudem gut sichtbar vor dessen Eingang.

Erfolgreichster Borkumer Walfang-Commandeur

Mit **311 erlegten Tieren** war *Roelof Gerritz Meyer* der erfolgreichste Borkumer Walfäng-Commandeur. Er fuhr bereits als Kind mit seinem Vater *Gerrit Daniels* und seinem Onkel *Claas Daniels,* die ab 1718 als Commandeure auf Walfängern dienten, zur See und lernte das Handwerk von klein auf. Bereits mit 24

Jahren übernahm er 1736 sein erstes Kommando über ein Walfangschiff. In den folgenden 50 Jahren fuhr er mit einer Ausnahme von drei Jahren in jedem Sommer in die **Seegebiete vor Spitzbergen** und **Grönland,** 1786 zum letzten Mal. Die Beute der letzten Fahrt waren 158 Fässer Speck, Barten und Knochen von acht erlegten Walen. Auch er verlor ein Schiff durch **Eispressung** und gehörte mit seiner Besatzung zu den wenigen Schiffbrüchigen, die ein Unglück dieser Art überlebten. Sein Grundstück mitsamt dem **Walknochenzaun** am Alten Leuchtturm erwarb 1828 die evangelisch-reformierte Kirche und baute darauf ihr Pfarrhaus. Der Walknochenzaun blieb erhalten.

Risiken des Walfangs

Das Leben an Bord der Walfangschiffe war **wenig abwechslungsreich,** es gab stets **gepökelte Speisen** wie Fleisch, Stockfisch, Käse, Brot, Zwieback, Kaffee, Wein und Bier. Drei warme Mahlzeiten am Tag wurden zwar ausgegeben, aber die Speisen waren eintönig und vitaminarm. Die karge Nahrung führte dazu, dass immer wieder Männer an **Skorbut** erkrankten, einer Mangelerscheinung bei zu wenig Vitamin C. Um diese zu heilen, ankerten die Schiffe vor Spitzbergen und brachten ihre Kranken an Land, denn nur der sogenannte **Grönlandsalat,** ein vitaminreiches Kraut, heilte sie kurzfristig. Der Bordarzt *Johann Dietz* berichtete in seinen Lebenserinnerungen folgendes: „Vor Spitzbergen warfen wir die Anker aus und brachten die Schaluppen ins Meer. Das erste war, daß wir die Kranken [an Skorbut leidenden] an Land brachten, welche wie das Vieh zum Teil mit dem Maul das Schlath, welches eine Art Kraut, fast wie das Löffelkraut, von der Erde fraßen und in drei Tagen alle gesund wurden."

Doch auch die anderen Gefahren dieser Walfangfahrten waren sehr groß. Viele Männer kehrten nicht lebend zurück. Das Gefährlichste war nicht der Kampf mit dem Wal. Vielmehr starben sie durch die **Strapazen an Bord,** an **Erkrankungen** oder bei **Schiffsunglücken.** Es kam häufig vor, dass Walfangschiffe vom **Packeis** eingeschlossen und zerdrückt wurden. Wenn Seemänner im Eismeer starben und geborgen werden konnten, legte man sie in einen **Holzsarg,** dessen Ritzen **kalfatert** wurden, damit der Verwesungsgeruch nicht austreten konnte. Am Ende der Fangfahrt wurden die Toten in **ihrer Heimat** bestattet, nur wenige fanden auf Spitzbergen ihre letzte Ruhe. Um die Kosten für die Beerdigung bezahlen zu können, war es üblich, dass die Seemänner einen **goldenen Ohrring** trugen. Noch heute ist die-

Die Ära des Walfangs

se Tradition bei den Insulanern verbreitet. Auf dem alten **Insel-friedhof** am Alten Leuchtturm sind die reich verzierten Grabsteine einiger Walfangkapitäne zu finden.

Entbehrungen

Gerade während der Sommermonate **von April bis in den Herbst** waren auf Borkum in vielen Haushalten die Männer auf See und **fehlten in dieser Zeit,** sodass die Frauen mit ihren Kindern auf sich allein gestellt waren und die schwere Arbeit ohne Hilfe machen mussten. Sie bestellten die Felder, ihre Gärten und kümmerten sich um ihre Kinder. Nach ihrer Rückkehr mussten sich die Seemänner, die von den Fangfahrten lebend heimgekehrt waren, von den entbehrungsreichen Monaten auf See erst einmal wieder erholen, bevor es im Frühjahr erneut auf Fahrt ging. Doch viele Männer kehrten vom Walfang auch nicht mehr zurück. 1734 waren auf Borkum **44 Witwen** unter den 154 Frauen, also mehr als 30 Prozent. Kehrten die Kapitäne wohlbehalten von ihren Grönlandfahrten zurück, so war es Sitte, der hinterbliebenen Familien unter die Arme zu greifen und **Geld zu spenden,** damit diese nicht in völliger Armut leben mussten, weil der Ernährer der Familie auf See geblieben war.

Ende der Walfang-Ära

1750 waren die goldenen Walfangzeiten schon wieder vorbei. Immer weniger Wale schwammen im Eismeer, und so wurden häufiger **Robben** gejagt, deren Tran noch viel besser war als der von Walen. Ein Walfänger beschrieb, dass die Seehunde das wichtigste Tier und die eigentliche Kuh der Grönländer seien. An einem erfolgreichen Fangtag erlegten sie **innerhalb weniger Stunden mehrere Tausend Robben** aus den Kolonien, die zum Wurf und zur Aufzucht der Jungen zwischen März und April gebildet worden waren. Für die Borkumer endete der Walfang spätestens mit dem Beginn des englisch-niederländischen Kriegs 1798. 1802 fuhr der letzte Borkumer Commandeur aus.

Franzosenzeit und Seebadgründung

Harte Zeiten

Durch den Wegfall des Walfangs begann auf der Insel eine **große Armut,** denn er war für mehr als 150 Jahre die **Haupteinnahmequelle der Inselbevölkerung** gewesen. Viele verließen das Eiland, innerhalb von nur 30 Jahren verlor Borkum mehr als die Hälfte seiner Einwohner. 1806 lebten dort nur noch 406 Menschen. Erst mit dem Aufkommen des **Seebädertourismus** in der Mitte des 19. Jahrhunderts endete diese Auswanderungsphase.

Französische Besatzung

Als **Napoleon Bonaparte** in der Schlacht von Jena und Auerstedt im Oktober 1806 die Preußen besiegte, zogen holländische Truppen auf Befehl ihres Königs *Louis Bonaparte,* Napoleons Bruder, in Leer ein und besetzten Ostfriesland ohne Gegenwehr, denn die preußischen Truppen waren schon vorher abgezogen. Es begann eine **Phase der Fremdherrschaft** durch die Franzosen, die auch die Niederlande beherrschten. Die Ostfriesen mussten Holländisch sprechen und sich nach den Gesetzen und

Steuern der Holländer richten. 1810 flatterte sogar die Trikolore über dem Friesenlande. Um seinem Hauptfeind Großbritannien zu schaden, verhängte *Napoleon* die **Kontinentalsperre**; britische Waren durften nicht eingeführt werden. Um den Schmuggel zu unterbinden, wurde Borkum 1811 von den Franzosen besetzt.

Die Franzosen befürchteten einen Angriff der Engländer, die mit ihren Schiffen vor der Emsmündung kreuzten, und begannen deshalb, militärische Befestigungen zu errichten, auch auf den Inseln. Das Borkumer Besatzungskontingent war immerhin 300 Mann stark, obwohl *Napoleon* jeden Soldaten für seinen Mehrfrontenkrieg brauchte. Um die Präsenz der Besatzungsmacht zu unterstreichen, wurde in den Jahren 1811 bis 1812 eine Befestigungsanlage gebaut, die sogenannte **Franzosenschanze**. Die Borkumer wurden für diese Arbeiten zwangsverpflichtet. Die befürchtete Invasion der Engländer kam jedoch nie, wenn auch am 27. Juni 1811 eine englische Kaperbrigg keck im Hopp, einer Bucht im Wattenmeer vor Borkum, ankerte und sich sogar einen ganzen Tag Zeit ließ, um zwei ausgebüxte Borkumer Ma-

Kinder am Hauptbadestrand 1898

Alte Ansicht vom Dorf Borkum 1867

Borkums berühmte Gäste

Des Öfteren verfielen prominente Persönlichkeiten dem Reiz der westlichsten Insel Deutschlands – die Urwüchsigkeit Borkums zog sie offenbar an. Einer der ersten dieser Kategorie war der Dichter und Maler *Wilhelm Busch* (1832–1908). Er verbrachte dort **von 1876 bis 1879** jeden Sommer die Ferien mit seinem Neffen.

Anno 1879 bat ihn die Hausdame des dortigen „Köhlers Strandhotel", *Hermine,* um ein paar Verse. Der prominente Gast, wahrscheinlich schon durch den poetischen Namen *Hermine* angeregt, erfüllte den Wunsch gern. Was dabei herauskam, hätte auch von *Heinz Erhardt* stammen können …

Das nun folgende **Gedicht „Peter Dorenkats Erfindung"** wurde 1950/51 im Jahrbuch der Wilhelm-Busch-Gesellschaft erstmals abgedruckt:

Hermine sagte mir, sie wollte,
dass ich ihr mal was dichten sollte. –
Ich sagte ja – Und also hüh!
Fährt jetzt mein Geist per Fantasie
Nach Borkum, legt sich auf die Düne
Und dichtet was für die Hermine.
Von einer Düne sieht man weit. –
Das Meer ist voller Flüssigkeit.
Das Ostland ist an Möwen reich.
Die jungen Möwen hat man gleich;
Die Eltern aber schrei'n und tüten
Und schweben über unsern Hüten.
Hier ist Entoutcas* zu loben,
Nicht alles Gute kommt von oben.

Zu Upholm wird das Schaf gemelkt.
Die Kuh will Futter, wenn sie bölkt.

Der Kuhhirt sammelt viele Kühe
Durch lautes Tuten morgens frühe.
Dies weckt den Fremden unvermutet,
So dass er fragt, wer da so tutet? –
Am Strande aber geht man froh
Erst so hin und dann wieder so:

Man sieht ein Schiff, tritt in die Qualle,
Hat Hunger, steigt in diesem Falle
Zur Giftbutike kühn hinauf,
Erwirbt ein Butterbrot durch Kauf
Und schlürft, wenn man es nötig hat,
Den vielgerühmten „Dorenkat"**;
Ein Elixier, was notgedrungen,
Durch ein Malör dazu gezwungen,
Vor hundert Jahren hierzuland
Der Pieter Dorenkat erfand. –

Es war 'ne schwüle, dunkle Nacht;
Der Pieter hält am Strande Wacht.
Was ist das für ein heller Schein?
Das ist ein Schifflein, hübsch und klein.
Es leuchtet helle, segelt schnelle,
Schwebt immer auf der höchsten Welle,
Ist ganz aus Rosenholz gezimmert,
Sein Segel ganz von Seide flimmert,
Hat eine Flagge aufgehißt,
Worauf ein Herz zu sehen ist;

Und lächelnd steht auf dem Verdeck
Ein Knabe, lockig, blond und keck,
Der durch ein Flügelpaar geziert

*ein Taschenregenschirm [Anm. der Autoren]
**Anspielung auf den Korn der Firma Doornkaat
aus Norden in Ostfriesland (Anm. der Verfasser)

Und Köcher, Pfeil und Bogen führt. –
Da geht es knacks – und an dem Riff
Zerschellt das kleine Wunderschiff. –
Pechschwarze Nacht. Bald blickt jedoch
Der Mondschein durch ein Wolkenloch. –
Herausgespült und hingestreckt,
Wie tot, von Seetang überdeckt.
Liegt da der Knabe auf dem Strand,
Mit Pfeil und Bogen in der Hand.

Der Pieter, der ein guter Tropf,
Frottiert ihn, stellt ihn auf den Kopf,
Bläst ihm ins Mäulchen, ja und richtig,
Der Bursch wird wieder lebenstüchtig,
Springt auf, ist schrecklich ungezogen,
Nimmt seinen Pfeil, spannt seinen Bogen,
Schießt Petern durch die dicke Jacke,
Wird eine Möwe, macht: gagacke!
Und ist verschwunden. Welche Schmerzen
Fühlt Pieter Dorenkat im Herzen!!! –
Er mag nicht gehn, er mag nicht ruhn,
Er mag nichts essen, mag nichts tun;
Er klagt der Trientje seine Qual,
Der aber ist es ganz egal.
Am liebsten möcht' er sich erhängen
Und töten sich durch Halsverlängen,

Doch Borkums Bäume sind zu niedrig,
Was für den Zweck gar sehr zuwidrig.
So sammelt er denn schließlich Kräuter,
Kocht, destilliert sie und so weiter,
Bis eine Quintessenz zuletzt
Sich aromatisch niedersetzt.
Hier wäscht er sich mit auß' und innen,
Und schau!
Die Schmerzen zieh'n von hinnen.
Bald wird es weit im Reiche kund,
Was dieser Dorenkat erfund.
Gar mancher will das Tränklein kosten,
Bezieht es dann in großen Posten,
So dass der Pieter sich fortan
Vor lauter Geld nicht bergen kann.
Jetzt fragt er Trientje: „Wullt du mi?"

„Ja gliek Mynheer!" erwidert sie.
Drauf legt er sein Geschäft nach Emden,
Trägt goldne Knöpfe in den Hemden,
Und heute noch ist „Dorenkat"
Für Leib- und Seelenschmerz probat. –

Auch ich war mal –
Wer klopft denn hier
Grad jetzt an meine Stubentür? –
Der Dichtung langer Faden reißt,
Der Zug des Herzens ist entgleist.
Mein Geist kehrt wieder von der Düne,
Adieu, Hermine!

Auch dem Zeichner, Maler und Dichter **Wilhelm Raabe** (1831–1910) – er benutzte das Pseudonym *Jakob Corvinus* – gefiel es auf Borkum, das er 1902 besuchte, ausnehmend gut. Leider hinterließ der große Chronist des damaligen Bürgertums der Nachwelt keine launigen Verse à la *Wilhelm Busch*.

Auf Borkum machte auch der in Berlin lebende Arzt und Lyriker **Gottfried Benn** (1886–1956) im August 1920 Ferien. Als das schöne Wetter allerdings umschlug, reiste er wieder ab. Nach eigener Aussage mochte er die Nordsee ohnehin nicht so sehr.

⌐ Wilhelm Busch

Franzosenzeit und Seebadgründung

trosen wieder einzufangen. Heute ist von der Franzosenschanze nur noch wenig vorhanden, denn das Grundstück wurde 1954 zum Teil eingeebnet und bebaut, ohne auf die historischen Hintergründe Rücksicht zu nehmen.

Borkum völlig verarmt

Die Franzosenzeit ließ Borkum völlig verarmt zurück. Mit Landwirtschaft, Fischerei und Strandräuberei wurden die nächsten Jahre mühsam überbrückt. Der Großteil der Borkumer **verließ die Insel,** deren Erträge weder zum Leben noch zum Sterben reichten. Die Zeit der französischen Besatzung endete nach der **Schlacht bei Waterloo** 1815, bei der die Franzosen eine vernichtende Niederlage erlitten.

Licht am Horizont

Doch alsbald zeichnete sich am Horizont ein neuer Lichtstreif ab. Bereits 1797 nämlich war die nahe gelegene Insel **Norderney zur „wohlthätigen Seebadeanstalt"** erkoren geworden, und dort rollte jetzt im wahrsten Sinne des Wortes der Rubel. Denn diverser europäischer Adel einschließlich des russischen Fürstenhauses hatte Norderney „entdeckt" und verbriet im dortigen Spielkasino das Volksvermögen. Davon wollten die Borkumer auch profitieren. Im Sommer 1830 endlich kamen die ersten Ba-

☑ Ausschiffungsboot und Kutsche 1880

Franzosenzeit und Seebadgründung

degäste auf die Insel. Die Zahlen stiegen aber nur langsam. 1850 wurde Borkum zum anerkannten Seebad, die offizielle Kurliste wies 255 Gäste aus.

Borkum wächst zusammen

Bis zu diesem Zeitpunkt bestand Borkum aus **zwei Inselteilen**, die durch den **Pril Tüskendör** (Zwischendurch) voneinander getrennt waren, wobei sich dieser seit 1830 zunehmend verengte. Aktive Maßnahmen der Insulaner führten dazu, dass Schlick und Sand, die bei Flut durch den Pril kamen, durch Astwerk und andere Befestigungen besser festgehalten wurden. Die zuständige Regierung in Hannover initiierte in den Jahren 1863 und 1864 den **Bau eines Damms** zum Inselschutz. West- und Ostland waren damit endgültig verbunden.

Anfänge als Seebad

Ab 1850 nahm die Zahl der Sommergäste mit jedem Jahr zu und **1865** überschritt sie **erstmals die Tausendermarke.** Die Anreise war allerdings beschwerlich, weil die Badegäste mit den Booten nicht direkt anlanden konnten, sondern zunächst vom Boot auf Pferdekarren umsteigen und durch das Wattenmeer an Land gefahren werden mussten. Durch den **Bau des Neuen Hafens** und die dazugehörige **Borkumer Kleinbahn** konnten die Badegäste ab dem 15. Juni 1888 jedoch ganz leicht und bequem auf die Insel gelangen. Dadurch nahm der Seebäder-Tourismus auf Borkum dann richtig Fahrt auf.

Mit den steigenden Gästezahlen entwickelte sich gegen Ende des 19. Jahrhunderts nicht nur auf Borkum eine **zunehmend fremdenfeindliche „deutsche" Stimmung** (s. Exkurs Seite 198 zum Seebäder-Antisemitismus). Sie ging zunächst von den Kurgästen aus und sprang später auch auf Teile der Inselbevölkerung über. Die Sommerfrische an der Nordsee lag im Trend der Zeit, bereits gegen 1900 besuchten Borkum über 16.000 Gäste. Bis zum Jahr 1911 hatte sich diese Zahl sogar fast verdoppelt.

Die Geschäfte florieren

Auch die **Geschäftswelt** profitierte von der steigenden Zahl der Gäste, die die gesunde Seeluft an der Nordsee zu schätzen wussten. Um mehr Verkaufsraum zu schaffen, hat sich auf Borkum eine **architektonische Besonderheit** entwickelt, die in der Strandstraße am Georg-Schütte-Platz noch heute sehr gut zu sehen ist. War es früher üblich, die Veranden ebenerdig zu bauen, kamen die Insulaner auf den Gedanken, diese „Tente" in den ersten Stock zu verlegen und darunter neue Verkaufsflächen zu schaffen. Dieses Modell erweist sich bis heute als wirksam und ertragreich.

Vom erschröcklichen Baden im Meer

Im 19. Jahrhundert wurden an der Nordsee erstmals **Badekarren** eingesetzt, das waren hölzerne **Umkleidekabinen**, die insbesondere den Damen der Gesellschaft die Möglichkeit boten, schicklich und außer Sichtweite der Männer im Meer ein Bad zu nehmen. Heute sind solche Gefährte zwar nicht mehr im Einsatz, aber auf Borkum stehen im Sommer als Erinnerung an alte Zeiten noch einige dieser bunten Karren herum, beispielsweise am Gezeitenland und auf der Strandpromenade. Der Physiker, Mathematiker und Naturforscher *Georg Christoph Lichtenberg* beschreibt die früheren Badesitten recht nüchtern: „Man besteigt ein zweirädriges Fuhrwerk, einen Karren, der ein aus Brettern zusammengeschlagenes Häuschen trägt, das zu beiden Sei-

▽ Badegäste im Nordseewasser 1929

Bademoral 1932

»Frauen dürfen öffentlich nur baden, falls sie einen Badeanzug tragen, der Brust und Leib auf der Vorderseite des Oberkörpers vollständig bedeckt, unter den Armen fest anliegt sowie mit angeschnittenen Beinen und einem Zwickel versehen ist. Der Rückenausschnitt des Badeanzuges darf nicht über das untere Ende der Schulterblätter hinausgehen.«

Aus der sog. Zwickel-Verordnung des Regierungsrates Dr. Bracht, »in Wahrnehmung der Geschäfte des Preußischen Ministers des Innern«

ten mit Bänken versehen ist. Dieses Häuschen, das einem sehr geräumigen Schäferkarren nicht unähnlich sieht, hat zwei Türen, eine gegen das Pferd und den davor sitzenden Fuhrmann zu, die andere nach hinten. Ein solches Häuschen faßt vier bis sechs Personen, die sich kennen, recht bequem, und selbst mit Spielraum, wo er nötig ist. An die hintere Seite ist eine Art von Zelt befestigt, das wie ein Reifrock aufgezogen und herabgelassen werden kann … In dieses Häuschen steigt man nun, und während der Fuhrmann nach der See fährt, kleidet man sich aus. An Ort und Stelle, die der Fuhrmann sehr richtig zu treffen weiß, indem er das Maß für die gehörige Tiefe am Pferd nimmt … läßt er das Zelt nieder. Wenn also der ausgekleidete Badegast alsdann die hintere Tür öffnet, so findet er ein sehr schönes, dichtes leinenes Zelt, dessen Boden die See ist, in welche eine Holztreppe führt. Man faßt mit beiden Händen das Seil und steigt hinab. Wer untertauchen will, hält den Strick fest und fällt auf ein Knie, wie die Soldaten beim Feuern im ersten Glied, steigt alsdann herauf, kleidet sich auf der Rückreise an usw. Nach meinem Gefühl war es durchaus hinreichend, drei- bis viermal kurz hintereinander im ersten Glied zu feuern."

Wer sich selbst ein Bild von den damaligen Badesitten machen möchte, kann dies im **Inselmuseum Dykhus** tun. Dort hängen auch noch einige Badekleider aus der Zeit um 1900, die belegen, dass man sich damals weniger freizügig gab als später.

Kommunikationszentrum Borkum

Seekabel via Borkum

In der ersten Hälfte des 19. Jahrhunderts hatte das neu entdeckte Medium der Elektrizität stürmischen Einzug in die westliche Welt gehalten. Schon 1832 erfand *Samuel Morse* die **Telegrafie;** 1844 verwendete man die ersten „Morsezeichen" in den Vereinigten Staaten, elf Jahre später auch in Deutschland. Jetzt ging es Schlag auf Schlag. Nach mehreren erfolglosen Versuchen tauschten England und Amerika (Neufundland) ein erstes Glückwunschtelegramm via Seekabel aus. Am 1. Februar 1870 wurde Borkum Zwischenstation für die Telegrafenlinie England – Teheran; im selben Jahr erfolgte die **Verkabelung der Insel mit Juist und Norderney.** 1879 entstand in Emden das großangelegte Kaiserliche Telegrafenamt, das über Irland (und Borkum) An-

Kommunikationszentrum Borkum

schluss an das Transatlantikkabel besaß. Die ganze Welt wurde jetzt in unerhörtem Tempo verdrahtet. 1884 schloss man sogar das **Feuerschiff „Borkumriff"** an ein Kabel an, doch das System bewährte sich auf hoher See nicht. Es wurde ohnehin bald durch ein neues Verfahren verdrängt.

Erste Funk-anlagen

1897 gelang dem erst 23-jährigen Erfinder **Guglielmo Marconi** die erste drahtlose Nachrichtenübermittlung. Auf Borkum wurde daraufhin am 15. Mai 1900 die **erste funktionelle Küsten-funkstation der Welt** mit Marconi-System in Betrieb genommen. Die Küstenfunkstelle am Kleinen Leuchtturm stellte die Verbindung zwischen Insel und Feuerschiff „Borkumriff" her. Sie gilt auch als die weltweit **erste mobile Kommunikationsan-lage,** die für einen kommerziellen Dienst eingerichtet wurde. Die Technik bewährte sich schon im Januar 1901 bei einem See-notfall: Das Feuerschiff hatte sich im Sturm losgerissen und konnte mittels seines Senders Hilfe anfordern. 1904 wurde das **Morsezeichen „SOS"** für Notfälle (kurz, kurz, kurz, lang, lang, lang, kurz, kurz, kurz) bei der deutschen Kaiserlichen Marine eingeführt.

Fortschreiten der Technik

Im Jahr darauf sollte auf Borkum eine **Großfunkanlage mit rie-sigen Antennen** gebaut werden. Das Gelände bei Norddeich er-wies sich jedoch als günstiger für den Betrieb, und deshalb ent-stand die legendäre Station dort. Am 1. Juni 1907 nahm sie unter dem Rufzeichen KND den Betrieb auf. Die Funkstation Borkum wurde bei Kriegsanbruch in eine **Peil- und Nachrichtenstelle der Marine** umgewandelt und behielt diese Funktion im We-sentlichen bis 1945 bei. Die Technologie schritt jedoch ständig voran.

Sendeanlagen heute

1967 errichtete die Firma *Hein Lehmann* in unmittelbarer Nähe des Kleinen Leuchtturms einen 55 Meter hohen **Stahlfachwerk-mast,** der zur Fixierung in zwei Ebenen abgespannt wurde. Die-se Richtfunkverbindung dient bis heute zur **Übermittlung von Radardaten** an die Verkehrszentrale des Wasser- und Schiff-fahrtsamts Emden. Im Jahr 1988 wurde der Sendemast um zwölf Meter erhöht und ist nun mit 67 Metern das höchste Gebäude Borkums.

◁ Sendemast hinter „Heimlicher Liebe"

Die Deutsche Gesellschaft zur Rettung Schiffbrüchiger

*Seemann sein heißt, zum Leben
und zum Sterben doppelt bereit zu sein.*

Hans Leip

Wenn in vergangenen Jahrhunderten ein Schiff an den Küsten der Nordsee verunglückte, so richtete sich das alleinige **Augenmerk der Menschen an Land auf die Beute,** die bei dieser Havarie zu machen war. Diese auf ein uraltes, weltweit anzutreffendes „Gebrauchsrecht" gestützte gewissenlose Praxis betrieb man, auch auf Borkum, bis weit ins 19. Jahrhundert. Man muss jedoch anmerken, dass dies eine wichtige Einnahmequelle war, bevor der Tourismus in nennenswertem Umfang weitere Verdienstmöglichkeiten schaffte.

Der Zufall eher wollte es, dass die Insel zum Schauplatz eines Geschehens wurde, das endlich einen Stein ins Rollen brachte. Es war der **Schiffbruch** des unter der Flagge von Hannover fahrenden Seglers „Alliance" am 10. September 1860, der eine neue Entwicklung an den deutschen Küsten auslösen sollte. Das Unglück geschah in Sichtweite des Borkumer Strands, wo die Insulaner alle Hände voll zu tun hatten, das **Strandgut** des völlig zertrümmerten Havaristen aufzusammeln. Der **Tod der neunköpfigen Besatzung** ließ die Strandräuber ungerührt.

Nur ein zufällig anwesender Kurgast beobachtete das Treiben mit wachsender Empörung und verfasste kurzerhand in der Presse einen **Bericht** über den Vorfall. Dieser Artikel trug im Wesentlichen zur **Gründung der Deutschen Gesellschaft zur Rettung Schiffbrüchiger (DGzRS) am 29. Mai 1865** bei, in der die Borkumer noch manche heldenhafte Rolle spielen sollten.

Der Zeitpunkt dafür kam spät. 1824 bereits hatten die **Engländer** und die **Niederländer** ein organisiertes Rettungssystem in Gang gebracht. Nachdem die DGzRS ins Leben gerufen worden war, musste man jedoch den Eindruck gewinnen, dass die wackeren Rettungsmänner die bisherigen Versäumnisse aufholen wollten. In offenen Ruderbooten entrissen sie allein in den ersten 25 Jahren 1772 Menschen der See. Bis heute fischten die Fahrzeuge des nur auf der Basis freiwilliger Spenden betriebenen Unternehmens über 77.000 See- und andere Leute aus den Fluten der Nord- und Ostsee. Viele Seenotretter verrichten ihren Dienst unentgeltlich.

Die **Borkumer** waren dabei **besonders aktiv,** denn das gefährliche Borkum-Riff vor ihrer Tür gab Anlass zu immer neuen Notrufen. Bereits 1862, also noch bevor die DGzRS ihre Tätigkeit aufnahm, war ein Boot auf der Insel stationiert, und alsbald gesellten sich zwei Rettungsstationen dazu. **Im Inselmuseum** zeugt das Rettungsboot Otto Hass von den Gefahren, denen sich die Seenotretter meist unter den schlimmsten Wetterbedingungen aussetzten, um Menschenleben zu retten. Das **erste Motorrettungsboot,** die „Carl Laeisz", wurde 1918 auf Borkum eingesetzt. Im Laufe der nächsten Jahrzehnte erhielten die Borkumer Retter **immer wieder Auszeichnungen** für ihre kompromisslosen und erfolgreichen Aktionen (siehe auch Exkurs „Der Untergang der Teeswood" auf Seite 38).

Aber sie mussten auch **schwere eigene Verluste** hinnehmen … Im November des Kriegsjahres 1940 **verschwand das Borkumer Motorrettungsboot „Hindenburg"** nach einer Einsatzfahrt. Ein Mann der sechsköpfigen Besatzung trieb neun Tage später tot am Nordstrand der Insel an. Da die Leiche keine Verletzungen aufwies, spekulierte man, dass eine zunächst vermutete Minenexplosion nicht der Auslöser des Unglücks gewesen sein könnte. Die Frage, was aber dann zum Untergang des Bootes geführt haben mochte, blieb unbeantwortet. Bis heute ist das Verschwinden der „Hindenburg" eines der vielen ungelösten Rätsel der See. Den ums Leben gekommenen Rettungsmännern wurde an der Deichstraße ein Gedenkstein gesetzt (s.u.).

Rund zehn Jahre danach vollbrachten Borkumer Rettungsmänner mit der **Abbergung von 13 Seeleuten** des vor der Insel gestrandeten englischen Frachters „Teeswood" eine der kühnsten Taten in den Annalen der Seefahrt. Um ein Haar wäre das Einsatzboot dabei selbst ein Opfer der außer Kontrolle geratenen See geworden.

Am 2. Januar 1995 drehte die tobende Nordsee den Spieß erneut um, und **zwei Borkumer Retter fanden den Tod.** Der hochmoderne Kreuzer **„Alfried Krupp",** mit dem sie auf Einsatzfahrt in Richtung Holland waren, wurde von einer Serie gewaltiger Grundseen gepackt, um sich selbst gedreht und schwer havariert.

An der Küste stehen an vielen Stellen **Spendenboxen in Bootsform,** die sich freuen, mit Kleingeld befüllt zu werden. Spenden an die Gesellschaft sind steuerlich absetzbar, wenn sie auf das Konto der DGzRS überwiesen werden. Sie finanzieren keinen administrativen Wasserkopf, sondern eine Rettungsorganisation mit Hand und Fuß und vorzeigbaren Leistungsbilanzen. **Weitere Informationen** über den Seenotrettungskreuzer Alfried Krupp auf Borkum und das Spendenkonto gibt es im Internet unter **www.seenotretter.de.**

▽ Denkmal für Menschen, die in der Nordsee ums Leben kamen

Borkum im 20. Jahrhundert

Militarisierung und Rückgang des Tourismus

1902 erklärte Kaiser *Wilhelm II.* anlässlich eines Besuchs in der Garnisonsstadt Emden Borkum zur **Seefestung.** Nachdem zunächst nur Manöver stattfanden, stellte man 1908 acht Millionen Reichsmark zur Verfügung, um die Insel zur Seefestung auszubauen und es folgte der **Bau von zwei Kasernen** für das fest auf Borkum stationierte **Militär.** Weiterhin wurde schweres Gerät nach Borkum gebracht, darunter **Steilfeuerhaubitzen** mit einer Reichweite von elf Kilometern. Weit draußen im Ostland richtete man noch im selben Jahr eine **Dünenbatterie** ein. Für den Materialtransport wurden Gleise für eine eigene **Marinebahn** gelegt und diese an das Schienennetz der Borkumer Kleinbahn angeschlossen. Bereits um die Jahrhundertwende gab es an der Seefront der Insel eine Reihe neuer Strandhotels. Um die Sommergäste zum Flanieren einzuladen und die Insel gegen die winterlichen Sturmfluten besser zu schützen, wurden vor diesen prächtigen Hotelfassaden 1910 die **Wandelhalle** und ein Teil der **Strandpromenade** gebaut. Der **Musikpavillon** entstand 1912 (siehe „Sehenswertes" Seite 35).

1. Weltkrieg

Zur Zeit des Ersten Weltkriegs waren etwa 1500 Soldaten auf Borkum stationiert. Im **August 1914** zu Kriegsbeginn wurden **alle Kurgäste aufgefordert, die Insel zu verlassen;** damit fehlte der Bevölkerung nun eine wichtige Einnahmequelle, die durch Kompensationszahlungen seitens der Soldaten aufgefangen werden sollte. Ein Stacheldrahtzaun sicherte fortan die Strandpromenade Borkums wegen erwarteter feindlicher Landungen. Aber glücklicherweise fiel während des Ersten Weltkriegs auf Borkum kein einziger Schuss, und die Insel überstand diese schlimme Zeit schadlos. Nach Beendigung des Kriegs blieb die Insel weiterhin Seefestung. In den folgenden Jahren war aber nur ein Wachkommando der Marineartillerie auf Borkum stationiert.

Die Badegäste kehren zurück

Der im Ersten Weltkrieg komplett eingebrochene Tourismus kam danach zunächst langsam wieder in Gang. 1930 wurde der **Hindenburgdamm** – ein künstlicher Dünengürtel – gebaut, um das Hinterland besser vor Wassereinbruch zu schützen. Um die Verlandung zu beschleunigen und das Inselinnere besser vor Fluten zu sichern, errichtete man an der Wattenseite den Neuen

Seedeich als Verbindung zwischen Stadt und Ostland. Durch den Aushub für den Deichbau entstand im Laufe der Jahre der **Tüskendörsee,** der heute eine wichtige Funktion als Rastgebiet für See- und Watvögel hat.

NS-Zeit und 2. Weltkrieg

Die nationalsozialistische Regierung **forcierte den erneuten Ausbau Borkums zur Seefestung.** Der 1927 errichtete **Flughafen** wurde für Jagdflugzeuge und Bomber ausgebaut. Nach und nach entstanden ca. **300 Bunker,** von denen heute nur noch einige wenige im Ostland zu finden sind. 1935 bis 1936 mussten 1,5 Millionen Kubikmeter Sand für den Bau des **Neuen Hafens**

Militär am Schiffsanleger 1901

Der Seebäder-Antisemitismus

Das Phänomen des Antisemitismus war **seit Ende des 19. Jahrhunderts** in vielen deutschen Seebädern zu spüren. Borkum machte da keine Ausnahme, galt sogar als **Vorreiter** dieser Bewegung. Allerdings gingen dessen Anfänge von den Gästen aus. Da diese aber eine wichtige Einnahmequelle für die Inselbevölkerung darstellten, wehrte man sich kaum und nahm die Strömung mehr oder weniger stillschweigend hin. Erst ab 1933 gab es judenfeindliche Maßnahmen, die von den Kurverwaltungen und Gemeindevertretungen ausgingen.

Der von **Richard Wagner** anlässlich der Gründung des Deutschen Reichs 1871 geschriebene und uraufgeführte **Kaisermarsch** war besonders unter den Kurgästen sehr beliebt und entwickelte sich zum Gassenhauer. Seine Melodie wurde mit einem auf Borkum gemünzten Text versehen, in dem man passagenweise das **Deutschtum verherrlichte** und gegen die Juden wetterte. *„ ... Doch wer dir naht mit platten Füßen, mit Nasen krumm und Haaren kraus, der soll nicht deinen Strand genießen, der muss hinaus! Der muss hinaus! Hinaus!"* Täglich sangen die Kurgäste das Borkum-Lied als Abschluss des Kurkonzerts lauthals zur Musik der Kapelle mit.

Während des Ersten Weltkriegs blieben die Gäste Borkum fern. Erst ab 1919 kamen sie wieder zurück, und das Borkum-Lied ertönte erneut. Es gab mehrere Versuche, das zu unterbinden, aber offizielle Verbote wurden stets wieder zurückgenommen. Als besonders übler Agitator und Antisemit tat sich der evangelische Pastor *Ludwig Münchmeyer* hervor, der auf Borkum seinen Dienst verrichtete. Er wurde aufgrund seiner Hetzreden gegen Juden und später auch gegen Katholiken von seinem Amt entbunden.

1926 veröffentlichte *Dr. Albrecht Völklein* die erste Ausgabe des im Eigenverlag erscheinenden „Borkumer Beobachter". Er schrieb zum Geleit: *„ ...Was hier auf dieser Insel unter der Flagge des ‚Deutschtums' in der letzten Zeit vorgefallen ist, und noch immer vor sich geht, ist nichts anderes als eine furchtbare Versündigung am Wesen wahren und echten Deutschtums."* Erst dann, wenn eine aufrechte und vornehme Gesinnung wieder die Führung übernommen hätte, könne sich Borkum wieder eine deutsche Insel nennen, fasste er zusammen. Er ergriff Partei für Pastor *Münchmeyer*. Dieser geriet allerdings unter Druck und musste die Insel verlassen. Die nach dem Pastor benannte Münchmeyerstraße auf Borkum heißt heute Goethestraße. Ein neben dem Rathaus aufgestellter **Gedenkstein** erinnert seit einiger Zeit an die aufgrund ihres jüdischen Glaubens ausgegrenzten Opfer. Und im **Heimatmuseum** setzen sich einige Klapptafeln mit dem Seebäder-Antisemitismus auf Borkum auseinander.

Quelle: Unterlagen aus dem Archiv des Heimatvereins Borkum und Klapptafeln im Inselmuseum.

▷ Broschüre „Das ‚deutsche' Nordseebad" von 1926

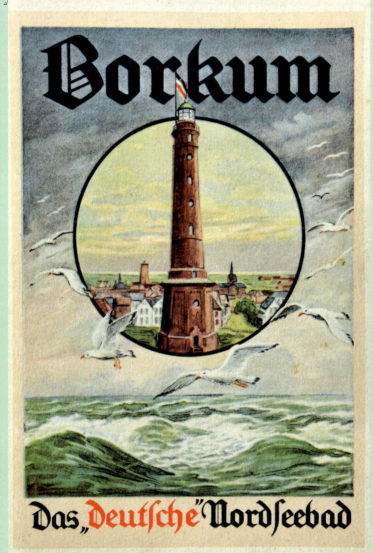

aufgespült werden. Grundsteinlegung war 1938. Dort entstanden Werfthallen und Kasernenbauten. Eine etwa drei Kilometer lange Kaianlage umschloss die Hafenanlage mit einer Wasserfläche von 15 Hektar. Sie war groß genug für zahlreiche Minensucher und Vorpostenboote. Das Hafengebiet wurde zu dieser Zeit über eine fünf Kilometer lange, teilweise auf einem Damm gelegene Straße entlang der Bahnlinie mit dem Ort verbunden.

Mit Ausbruch des Zweiten Weltkriegs 1939 **blieben die Badegäste der Insel erneut fern.** Dafür wurden noch mehr Soldaten stationiert. Diese trafen sich mit ihren Frauen und Freundinnen häufig an einem bestimmten Bunker. Über ein Rundschreiben durften sie über dessen Namen abstimmen und er wurde auf den Namen **„Heimliche Liebe"** getauft. Heute steht dort ein gleichnamiges Restaurant-Café. Im Zuge der deutschen Kapitulation im Mai 1945 wurde die **Seefestung Borkum kampflos übergeben,** die Panzersperren nach und nach abgebaut, die Minenfelder geräumt und die meisten Bunker gesprengt.

Als Kriegsentschädigung wollten die **Niederlande** das Gebiet der gesamten Emsmündung inklusive Borkums zugesprochen bekommen. Diese Ansprüche scheiterten jedoch an den Westalliierten. Der genaue Grenzverlauf zwischen der Bundesrepublik Deutschland und den Niederlanden im Küstenbereich vom Dollart bis zur Außenems ist bis heute ungeklärt, aber der Umgang damit in einem Abkommen geregelt.

Borkum wird Marinestützpunkt

Auch die Militärgeschichte der Insel ging weiter. Von 1958 bis 1997 war Borkum ein **bedeutender Marinestützpunkt der Bundeswehr.** Nach seiner Auflösung 1997 jedoch wurden die Soldaten abgezogen, dadurch entfiel ein großer Arbeitgeber. Seitdem ist in den ehemaligen Gebäuden der Bundeswehr am Neuen Hafen die **Jugendherberge „Am Wattenmeer"** untergebracht. Sie zählt zu den größten Einrichtungen dieser Art in Europa. Die Gemeinde Borkum erwarb von 1997 bis 2001 große Hafenflächen des ehemaligen Marinehafens und richtete dort ein Industriegebiet in Hafennähe ein.

▷ Weiße Hotelfassaden im Abendlicht

Borkum im 20. Jahrhundert

Meeresheilbad Borkum

Ab den späten 1940er Jahren gingen auch die Gästezahlen wieder steil nach oben und die Bevölkerung wuchs kräftig. 1949 erhielt Borkum die **staatliche Anerkennung als Meeresheilbad** und 1950 seine Stadtrechte. Die Einwohnerzahl lag nun bei etwa 6000. Schnell mussten Übernachtungsmöglichkeiten eingerichtet werden, fast jeder Einwohner vermietete Zimmer, und es entstanden zahlreiche neue Gebäude. An ein einheitliches Stadtbild dachte damals niemand, deshalb reihen sich in der Stadt historische Villen aus der Gründerzeit, schlichte Neubauten aus der Nachkriegszeit und Betonklötze aus den 1970er Jahren wie die Nordseeklinik munter nebeneinander. Deutlich zu sehen ist das in der Innenstadt und an der Strandpromenade. Insbesondere seit den 1950er Jahren sind die **Kurgast- und Übernachtungszahlen** Jahr für Jahr **deutlich gestiegen,** die Saison verlängerte sich auf 14 Wochen, und der Tourismus entwickelte sich wieder zu einem wesentlichen Wirtschaftsfaktor für die Inselbevölkerung. Auch die ersten **Kurkliniken** entstanden aufgrund des gesunden Klimas. Heute weist Borkum während der Hochsaison großstadtähnliche Züge auf. Rund um den Tourismus entstand auch ein breites **Dienstleistungsspektrum.** Über 80 Prozent aller Arbeitsplätze sind direkt oder indirekt damit verbunden.

Inselgeschichte

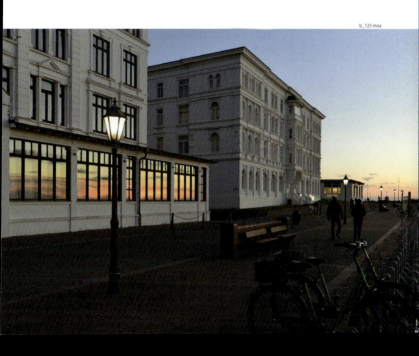

b_125 mna

Das Sonnenlicht | 219
Die Menschen an der Küste | 221
Ebbe und Flut | 211
Essen und Trinken an der Küste | 227
Gefahren beim Baden | 214
Könen ji Börkumer Platt
   prooten? | 223
Land und Meer | 204
Meer und Gesundheit | 217
Wind und Wetter | 209

5 Die Nordsee

◁ Betonbuhne vor glänzender Nordsee

Land und Meer

Eiszeiten

Auf dem Höhepunkt der Weichseleiszeit in der Zeitspanne vor etwa 60.000 bis 15.000 Jahren – es war die letzte im nördlichen Mitteleuropa – lag das **Niveau des Meeresspiegels** weltweit rund **120 Meter niedriger als heute.** Durch das Schmelzen der mächtigen Eispanzer stieg er in den letzten 10.000 Jahren mächtig an. Die gewaltigen Schuttmassen, die die Gletscher mit sich führten, blieben nach dem Auftauen als Moränen aus Sand, Lehm und Gesteinsschutt zurück. Das Wasser des Atlantischen Ozeans drang durch das Steigen des Meeresspiegels immer weiter nach Süden vor und überspülte weitere Landmassen, so entstand die Nordsee. Die Küstenlinie verschob sich mehrere hundert Kilometer landeinwärts. Vor etwa 7000 Jahren entstand der Ärmelkanal, die ursprüngliche Landbrücke nach England ging dadurch verloren.

Sandiger Weg in den Dünen

Land und Meer   205

Die Nordsee

Etwa zu dieser Zeit verlangsamte sich der Anstieg des Meeresspiegels wieder. Die starken Veränderungen bei der Verteilung des Meeres und der Landmassen beeinflussten die **Gezeiten,** also den Wechsel zwischen Ebbe und Flut, stark. Ab etwa **5000 vor Christus entstand das Nordseeküstengebiet** mit seinen Watten, Marschen und bewaldeten Geestkuppen, wie wir es heute kennen. Die Gezeiten und Strömungen transportierten Kies, Sand- und Tonpartikel aus der Eiszeit in das Küstengebiet des Gezeitenmeers. Diese blieben an Untiefen und Sandbänken hängen, nach und nach wuchsen diese zu einer Inselkette heran. Bis heute haben sie als sogenannte **Barriereinseln** eine wichtige **schützende Wirkung** auf die Küste des Festlands. Im Gegensatz zu den Nordfriesischen Inseln, die Reste alten Festlands sind, besitzen die Ostfriesischen Inseln deshalb keinen Geestkern. Sie sind **reine Schwemminseln,** die aufwachsenden Dünenketten schützten das nach und nach entstandene Hinterland.

Die Ostfriesischen Inseln

Die **Kette der Ostfriesischen Inseln ist etwa 90 Kilometer lang** und setzt sich nach Westen in den Friesischen Inseln vor der niederländischen Küste fort. Borkum gehört zwar zur deutschen Landmasse, liegt aber vor der Küste der Niederlande. Gezeitenbedingt strömt das Wasser der Nordsee bei Flut durch die zwischen den Inseln liegenden **Seegatte** (Tiderinnen) auf die riesigen Wattflächen zwischen Inseln und Festland. Ist der Höhepunkt der Flut erreicht, fließt das Wasser wieder zurück. Da diese Seegatte schmal sind, entstehen **starke Gezeitenströme,** die den Untergrund ständig verändern. Borkum nimmt in diesem sehr dynamischen System eine **Sonderrolle** ein, weil die Außenems als Wester- und Osterems **um Borkum herumfließt.** Vielleicht erklärt das die relativ große Lagestabilität Borkums. Denn die Schwesterinseln bewegten sich durch die sogenannte **Ostdrift,** den Hauptgezeitenstrom aus westlicher Richtung, tendenziell recht stark ostwärts. Im Laufe des 20. Jahrhunderts konnte diese Wanderung durch die Befestigung der Inseln an den Westköpfen im Rahmen des Küstenschutzes stark gebremst werden. Dennoch sind sie ständig den Kräften der Natur ausgesetzt, **durch Sturmfluten** besonders im Winter besteht jederzeit die **Gefahr von Landverlusten.**

Inselschutz-maßnahmen

Bereits **1869** bauten die Borkumer eine **erste Buhne** ins Meer, um zu verhindern, dass Strömung Inselsand in die Westerems trägt. Buhnen sind rechtwinklig zum Strand gemauerte **Dämme,** die als **Wellenbrecher** dienen und die Strömungsgeschwindig-

5

Küstenschutz ist Inselschutz

Die Ostfriesischen Inseln und das Wattenmeer entstanden durch **Meeresablagerungen** und das **Zusammenspiel von Wind und Strömungen.** Im Gegensatz zu den Nordfriesischen Inseln basieren sie nicht auf einem **Geestkern,** also einer glazialen Ablagerung aus der Eiszeit. Vielmehr bestehen sie aus einem Gemisch von **Sand und Watt,** das sich im Laufe der Jahrhunderte durch Pflanzenbewuchs verfestigte. Nach wie vor verändert sich seine Form. Ursache dafür ist die sogenannte **Ostdrift,** die dazu führt, dass sich die Inseln jedes Jahr um einige Meter nach Osten bewegen: Der Gezeiten-Hauptstrom nagt regelmäßig am westlichen Ufer, und dieser Sand lagert sich am Ostende ab. Besonders große Auswirkungen haben schwere Sturmfluten.

Um die Insel vor **Überflutung** und **Landverlust** zu schützen, wird insbesondere die Westseite Borkums systematisch durch Deckwerke, Buhnen sowie die Strandpromenade geschützt. Auch die empfindlichen Dünengürtel dürfen nicht betreten werden, um die Gräser, die den Sandabtrag durch Wind und Wasser schützen sollen, nicht zu zerstören.

Von 2011 bis 2013 wurde in Borkum die **Wandelbahn** in drei Bauabschnitten im Bereich zwischen Viktoriastraße und der „Heimlichen Liebe" aufwendig erneuert. Der Grund dafür war eine **Überprüfung der Standsicherheit** der vorherigen Strandschutzmauer durch das Wasser- und Schifffahrtsamt in Emden. Sie hatte erge-

b_134 mna

ben, dass das Bauwerk regelmäßig zu stark überströmt worden war. Durch den zu großen Wellenüberlauf waren auch die dahinter gelegenen rückwärtigen Schutzdünen geschädigt und Teile der Strandschutzmauer gefährdet worden. Zur Sicherheit durfte wegen Sturmflutgefahr nicht zwischen Oktober und Mitte April gebaut werden, da sonst aufgrund der abgerissenen Bauwerksteile die Gefahr von **Wassereinbrüchen** bestanden hätte. Sämtliche baulichen Maßnahmen dienten dazu, die Krafteinwirkungen des Meeres auf die Strandschutzmauer sicher abfangen und die Wasserüberlaufmengen deutlich reduzieren zu können.

Zusätzlich sichert eine im Frühjahr 2017 erfolgte **Sandaufspülung** den Sockel der Strandschutzmauer. Dazu wurden 500.000 Kubikmeter Sand, die bei notwendigen Baggerarbeiten in der Fahrrinne der Außenems vor dem niederländischen Eemshaven anfielen, mit einem **Saugbagger** über eine Rohrleitung an Borkums Strand gespült.

⌃ Inselschutzmaßnahmen fordern auch manchmal Opfer von den Badegästen

⌃ Mit schwerem Gerät zum Schutz der Küste

keit verringern. Heute gibt es auf Borkum über 30 Stück, die teilweise unter Wasser weit in die Ems ragen. Die Strandmauer, die heute vom *Café Seeblick* bis zum Restaurant *Heimliche Liebe* reicht, wurde ab 1875 nach und nach zur Sicherung der Insel errichtet. Die **Sicherung der Insel** ist ein fortlaufender Prozess, der niemals abgeschlossen ist. Ein Abschnitt der Strandmauer wurde von 2011 bis 2013 aufwendig saniert und erhöht, und im Frühjahr 2017 sorgte eine riesige **Sandaufspülung** für großes Staunen (siehe Exkurs „Küstenschutz ist Inselschutz", Seite 206).

Wind und Wetter

Die Nordsee

Klimatische Bedingungen

Borkum liegt in der **Westwindzone** der gemäßigten Breiten, die durch den Golfstrom beeinflusst sind. Der besonders warme **Golfstrom** ist eine der größten und schnellsten Meeresströmungen der Erde. Er sorgt dafür, dass es bei uns im Durchschnitt fünf bis zehn Grad wärmer ist, als wenn er nicht vorhanden wä-

re. Aufgrund der Lage Borkums in der Nordsee herrscht ein ausgeprägt **maritimes Klima** mit mehr Sonnenstunden als auf dem Festland. Besonders im Frühjahr gibt es regelmäßig mehr davon, weil das kühle Meerwasser die Bildung von Wolken unterdrückt. Im Herbst kann das Pendel umschlagen, und es bilden sich unter Umständen mehr Wolken als am Festland. Die Temperatur des Meerwassers verändert sich nicht so schnell wie die der Luft, deshalb sind die Temperaturunterschiede auf den Inseln geringer, dafür die Luftfeuchtigkeit höher. Die **mittlere Jahrestemperatur** auf Borkum liegt bei **10,2 °C,** das ist etwa ein Grad wärmer als im Landesdurchschnitt. Dafür regnet es mit einer jährlichen Niederschlagsmenge von 844 Millilitern im Durchschnitt etwas mehr. **Kältester Monat** auf Borkum ist der **Februar** mit einer Durchschnittstemperatur von 3 °C, während der **August** mit 17,5 °C der **wärmste** ist.

Deutschland liegt in einer Zone wechselhaften Wetters. Die mit dem **Klimawandel** verbundene **Erderwärmung** führt auch an der Nordsee zu extremeren Situationen. Im Verlauf des Golfstroms steigt erhitzte Luft auf, wird durch die Erdrotation in drehende Bewegung versetzt, und die **Tiefdruckgebiete** entstehen. Auf dem Rücken eines mächtigen Azorenhochs gelangen sie nach Nordeuropa, und manche erreichen erst hier an der Küste ihre volle Kraft. Je länger ihr Weg über das Wasser ist, desto stärker werden sie. Die **Stürme** der Nordsee haben immer wieder die Küstengeografie verändert, und sie nagen auch weiterhin spürbar an Deichen und Inseln. Die Küstenbewohner können sich besser als zuvor gegen sie wehren, aber aufhalten können sie sie nicht. Es ist zu vermuten, dass die **Wetterextreme zukünftig weiter zunehmen,** sofern die Klimaerwärmung nicht verlangsamt oder gestoppt werden kann. Das zumindest ist die heutige Einschätzung der Experten.

Wetterabfolge

An der Nordseeküste gibt es **selten Windstille,** meist kommt der Wind aus westlicher Richtung. Herrscht Tiefdruck, dreht sich der Wind auf der Nordhalbkugel im Uhrzeigersinn mit Winden, die in der Regel zwischen Süd und Südwest liegen. Natürlich kann es auch zu stabilen Hochphasen mit wunderbarem Wetter kommen. Aber tendenziell ist das Wetter an der Nordseeküste eher **wechselhaft.** Selbst bei schönem Wetter kann es in kurzer Zeit Niederschläge geben, meist zwar nur ein Schauer, aber oft verbunden mit viel Regen. Es ist empfehlenswert, sich bei einem Aufenthalt auf den Inseln mit seiner Kleidung darauf einzustellen. In der Regel ist es an der Wasserkante deutlich **windiger**

als im Landesinneren. Sinnvoll ist es daher, Windschutzbekleidung und eine Regenjacke dabei zu haben, um vor unliebsamen Wetterwechseln geschützt zu sein. Auch die **Sonnenstrahlung ist intensiver,** weil die Strahlen vom Wasser reflektiert und dadurch verstärkt werden. Deshalb sind Sonnenschutzmaßnahmen wie Sonnencreme und Kopfbedeckung ganzjährig wichtig.

Ebbe und Flut

Gezeiten

Ebbe und Flut bestimmen den **Rhythmus des Insellebens** und sind die treibenden Kräfte der stetigen Veränderung des Wattenmeers. Durch unzählige große und kleine **Prile** fließen zweimal täglich große Wassermengen ab und wieder zurück. Die **Gezeitenströme** sind, abhängig von Windrichtung und Seegang, sehr unterschiedlich, und damit verändert sich auch ihre Transportkraft. Die Gezeiten des Meeres **(Tiden)** setzen sich aus dem ablaufenden Wasser (Ebbe) und dem auflaufenden Wasser (Flut) zusammen. Die Wechselpunkte zwischen Ebbe und Flut nennt man **Niedrigwasser bzw. Hochwasser.** Die Gezeiten werden von den **Anziehungskräften des Mondes und der Sonne** bestimmt. Stehen Sonne und Mond im rechten Winkel zueinander, gibt es eine **Nipptide,** der Höchststand des Wasser fällt niedriger aus als gewöhnlich. Stehen Sonne und Mond auf einer Linie, entsteht das Gegenteil, eine **Springtide,** weil ihre gemeinsame Kraft am Flutberg zieht. Nipptiden gibt es nur bei Halbmond, Springtiden nur bei Neu- und Vollmond.

Je nach geografischer Konstellation verändert sich der **Tidenhub** zusätzlich, die Differenz der Wasserhöhe zwischen Niedrig- und Hochwasser. Der Tidenhub fällt auf der ganzen Welt sehr unterschiedlich aus. In der Nordsee wird er von den Schwingungswellen der Gezeitenströme im Atlantik bestimmt. In den Flussmündungen an der deutschen Nordseeküste kann er bis zu vier Meter betragen, auf Borkum sind es nur 2,40 Meter. Das **Mittelmeer** ist annähernd **gezeitenfrei,** umso gewaltiger ist im Vergleich der Tidenhub am Atlantik: Im britischen Bristol und im französischen St. Malo beträgt er durchschnittlich rund 12 Meter, bei Springtiden kann er auch noch höher ausfallen. An der kanadischen **Bay of Fundy** ist er mit 15 Metern noch höher, dort sind die Gezeitenunterschiede weltweit am stärksten ausge-

Mit dem Fahrrad auf der Sandbank

Es ist ein herrlicher Sommertag auf Borkum. Die Gäste vergnügen sich an den Stränden und in der Natur. Vor drei Tagen war Neumond. Seefahrer wissen, das sind die **Tage der Springtide,** und der Wasserstand bei Ebbe ist besonders niedrig. Es herrscht leichter Wind aus Ost – ein idealer Tag für **Radwanderer.** Hunderte sind unterwegs, vorbei an Dünen und Wiesen. Und scheinbar auch noch ganz woanders.

Kapitän *Gert Förtsch* steuert wie jeden Tag seine Borkumfähre sicher zwischen Borkum und Emden. Als erfahrener Seemann hält er auch immer Ausschau in seinem Revier. Doch was er da sieht, scheint er nicht wirklich zu glauben. Ein **Radfahrer** steht **auf der** riesigen **Sandbank Randzel,** die sich südöstlich zwischen Borkum und dem Festland ausbreitet. Bei Niedrigwasser fällt sie an vielen Stellen trocken. Aber ein Fahrradfahrer auf der Sandbank? *Gert Förtsch* greift zum Funk und ruft *Fritz Brückner* auf der „Alfried Krupp".

Gert Förtsch: „Fritz, auf dem Randzel steht ein Radfahrer und winkt." *Fritz Brückner,* der das für einen Scherz seines Kollegen hält, antwortet lachend: „Hat er denn auch Licht an?" *Gert Förtsch:* „He, da steht wirklich ein Mensch", bekräftigt er. „Das Wasser läuft auf und er kommt da nicht mehr weg."

Fritz weiß, dass sein Freund und Kapitänskollege nicht scherzt und setzt zwei seiner Rettungsmänner mit dem Tochterboot in Marsch zum Randzel. Nach 15 Minuten erreichen sie die sich langsam wieder mit Wasser füllende Sandbank. Tatsächlich steht dort ein Mann mit Fahrrad, Rucksack und Sandalen (Licht hatte er keines an, es war ja Tag!). Schnell wuchten die Rettungsmänner Mann und Fahrrad auf das Tochterboot und bringen ihn in Sicherheit. Die Erklärung für seinen Leichtsinn oder sein Missverständnis ist einfach. Springtide und Ostwind führen zu **besonders niedrigen Wasserständen** bei Niedrigwasser. Es gibt zu dieser Zeit eine Stelle im Wattfahrwasser südöstlich von Borkum, die komplett trockenfällt und den normalerweise versperrten Zugang zum Randzel für kurze Zeit öffnet. Der Radfahrer – übrigens ein gottesfürchtiger Pastor und Naturliebhaber – ist genau zu der Zeit unterwegs, verlässt Deich und Strand und wagt sich auf die scheinbar sichere Fläche. Er radelt Richtung Emden und bemerkt seinen Irrtum, als er plötzlich von verschiedenen Seiten das Wasser auf sich zukommen sieht. Die Borkumfähre schickte ihm sicherlich sein himmlischer Vater zur rechten Zeit. Und er winkt und winkt und winkt.

Borkumer Bootjefahrer nennen diese trockenfallende Stelle im Watt übrigens **„Pastor".** Nicht wegen des radelnden Gottesdieners, sondern wegen des Dieners, den der Bug der Boote nach vorne macht, wenn sie Grundberührung haben: eben „die Verbeugung vor dem Pastor".

Quelle: Wolf E. Schneider/Friedrich Brückner/Klaus-D. Wybrands: *Die kochenden Seenotretter* (nach einer wahren Begebenheit und einer Rettungsaktion der DGzRS; siehe auch Literaturverzeichnis).

Ebbe und Flut 213

Die Nordsee

prägt. Auch die Ozeane außerhalb des Atlantiks sind von den Gezeitenwellen nicht ausgenommen.

Da, wie bereits erwähnt, die Tide abhängig von der geografischen Lage an der Nordseeküste von Ort zu Ort unterschiedlich ist, gibt es viele **Tidenkalender** bzw. **Gezeitentabellen,** so auch für Borkum. Diese Vorausberechnungen sind nötig, weil sich die Tiden nicht ständig zur selben Zeit wiederholen, sondern pro Tag um etwa 50 Minuten versetzt sind. Von einem Hoch- zum nächsten Niedrigwasser ergibt sich zweimal am Tag mithin eine **Verschiebung von je 25 Minuten;** eine Tide (oder Gezeit) dauert also 6 Stunden und 12½ Minuten. Der Tidenkalender für Borkum wird an verschiedenen Orten ausgehängt und ist auch in der Tourist-Information erhältlich. Es ist sinnvoll, ihn bei sich zu haben, wenn man einen längeren Spaziergang am Strand oder eine Wattwanderung plant. Während der Badesaison werden die tagesaktuellen Zeiten für Hoch- und Niedrigwasser an den Badeständen auch auf Tafeln notiert.

Messung der Wasserstände

Aufzeichnungen über die Wasserstände der Nordsee gibt es seit 1840; erst ab 1880, nach Einführung automatischer Pegelschreiber, wurden sie systematisch aufgezeichnet. Man spricht von einer **Sturmflut,** wenn das Wasser den mittleren Hochwasserstand um mehr als 1,50 Meter übersteigt. Ab 2,50 Metern bezeichnet man sie als **schwere Sturmflut** und ab 3,50 Metern als **sehr schwere Sturmflut.** Bei ihrer Entstehung spielen sowohl die Stärke als auch die Dauer des Sturms eine Rolle. Wenn arktische Kaltluftströme auf subtropische Warmluftmassen treffen, entstehen **Sturmwirbel** über der Nordsee. Besonders im Winterhalbjahr zwischen November und Januar treten Sturmfluten häufig auf, dann sind sie in der Regel auch am höchsten. Durch diese Ereignisse werden die Inseln häufig in Mitleidenschaft gezogen, es kommt zu **Dünenabbrüchen** und **Landverlusten.**

Seit April 2017 steht auf der oberen Strandpromenade eine sogenannte **Gezeitenuhr.** Urlauber können dort den aktuellen und den erwarteten Höchst- und Tiefstand des Wasserpegels ablesen. **Maschinenbaustudenten der Fachhochschule Südwestfalen** entwickelten die Gezeitenuhr in Kooperation mit den Borkumer Stadtwerken. Selbst bei Dunkelheit und schlechter Witterung lassen sich die Plexiglasfähnchen, die die Wasserstände prognostizieren, ablesen: Leuchtdioden und LED-Ketten kommen hier zum Einsatz. Die Messwerte empfängt die Gezeitenuhr vom Wasser- und Schifffahrtsamt, das am Südstrand eine Messstation unterhält, eine weitere gibt es an der Fischerbalje.

5

214 Gefahren beim Baden

Signale am Strand

Von Mai/Juni bis Oktober werden die Badestrände generell von der DLRG bewacht. Auf den Stationen der Wächter sind dann die folgenden Flaggensignale zu sehen:

- Station besetzt
- Strand bewacht, keine Gefahr
- Baden für Kinder und schwache Schwimmer gefährlich (auch ohne rot-gelb-Flagge)
- Baden gefährlich - verboten

Gefahren beim Baden

Gezeitenströmungen

Wie oben erwähnt, ist es für alle, die **Baden oder Wattwandern** wollen, sehr wichtig, die **aktuellen Tidenzeiten** zu kennen und die aktuelle Lage sowie die örtlichen Verhältnisse abzuschätzen, um gar nicht erst in Gefahr zu geraten. Vor allem **bei ablaufendem Wasser** treten vor Borkum ganz **beachtliche Strömungen** auf. Gerät man erst einmal in deren Sog, hilft auch kein Gegenanschwimmen; man wird mitgetragen und landet unter Umständen auf der offenen See. Dort sind selbst an einem warmen Sommertag die **Überlebensaussichten** sehr kurz: sechs bis zwölf Stunden, wenn es hoch kommt.

Gefahren beim Baden 215

Die Nordsee

Etwas länger hält man auf einer **Luftmatratze** oder einem **Gummibötchen** durch, doch die erste kalte Nacht wahrscheinlich schon nicht mehr. Man vermeide deshalb, sich mit solchen Objekten am Strand zu vergnügen. Bei ablandigem Wind segeln sie prompt auf und davon; die nächsten Stationen sind dann Helgoland oder Sylt. In einem extremen Fall trieben 1978 zwei Seeleute, die sich am Hohen Riff an einem Wrack zu schaffen machten, mit ihrem Schlauchboot vier Tage lang auf der nebligen Nordsee, bis man sie schließlich vor Amrum fand.

Wadenkrampf

Wer sicher sein will, schwimmt am besten an einem der bewachten Badestränden, an denen **Rettungsschwimmer** während der Saison ihren Dienst tun und die Badegäste im Auge behalten. Ihre Ansagen sollten unbedingt beachtet werden. Eine Gefahr, die dem Schwimmer an jedem Strand der Welt ins Haus stehen kann, ist ein **Wadenkrampf.** So lässt sich **Abhilfe** schaffen: In Rückenlage das Bein ausstrecken, durchdrücken und die große Zehe hinaufziehen, im Idealfall ist man den Krampf danach los.

Quallen

Es gibt aber auch noch andere Gefahren. Zwar sind ziepende Quallen in der Nordsee **rar,** sie treten aber dennoch auf. Eine Schicht Sonnenschutzmittel bietet zwar etwas Schutz, aber keinen absoluten. Nicht alle Quallen verursachen mit ihrem von den **Nesselzellen** abgesonderten Sekret Schmerzen oder Hautrötungen und juckende Ausschläge. Diese Nesselfäden hängen außen am Quallenschirm. Die Länge der Tentakeln variiert nach Art und ist z.T. länger als ihr Durchmesser misst. Schwimmt man im Wasser, sind diese Nesselfäden kaum zu sehen. Auch am Strand, wenn die Quallen schon tot sind, brennen sie noch. Man sollte also am besten Quallen aus dem Weg gehen und versuchen, jede Berührung zu vermeiden. Besonders die **Gelben und Blauen Haarquallen,** auch Nesselquallen genannt, und die **Kompassqualle** sollte man meiden. Diese kommen zu bestimmten Zeiten an der Nordseeküste vor, und besonders die Gelbe Haarqualle kann einen Schirmdurchmesser von 50 Zentimetern haben. Die anderen beiden erreichen maximal 30 Zentimeter.

Kommt es dennoch einmal zu einer schmerzlichen Begegnung, sollte man das Wasser verlassen und die Stelle mit nassem Sand abreiben, dann passiert nicht viel. Abhilfe schafft auch Essig; ein Fläschchen im Strandgepäck schadet nicht, ansonsten findet man hoffentlich eines bei der Strandwache. Notfalls nimmt man Seewasser, jedoch keinesfalls Süßwasser. Auch Urin kann man einsetzen, wenn man gar nichts anderes dabei hat.

5

Sturm und Wellen

Im Folgenden werden die Windstärken nach der **Beaufort-Skala** (1–12) mit den jeweils charakteristischen Bewegungen der See aufgelistet. Sie ist nach dem irischen Hydrografen *Sir Francis Beaufort* benannt, aber erfunden hat er sie nicht, sondern der englische Ingenieur *John Smaeton*. Dieser veröffentlichte 1759 erstmals eine Tabelle mit elf Windstärken. Es gibt keine verbindliche Version, sondern sie wird in verschiedenen Varianten verwendet.

Bft	km/h	Wind	Zustand der See
0	< 1	Stille	Spiegelglatt
1	1–5	Leichter Zug	Leichte Kräuselwellen
2	6–11	Leichte Brise	Kleine, kurze Wellen mit glasigen Kämmen
3	12–19	Schwache Brise	Anfänge der Schaumbildung
4	20–28	Mäßige Brise	Kleine, länger werdende Wellen, überall Schaumköpfe
5	29–38	Frische Brise/Wind	Mäßige Wellen von großer Länge, überall Schaumköpfe
6	39–49	Starker Wind	Größere Wellen mit brechenden Köpfen; überall weiße Schaumflecken
7	50–61	Steifer Wind	Weißer Schaum von den brechenden Wellenköpfen legt sich in Schaumstreifen in die Windrichtung
8	62–74	Stürmischer Wind	Ziemlich hohe Wellenberge, deren Köpfe verweht werden, überall Schaumstreifen
9	75–88	Sturm	Hohe Wellen mit verwehter Gischt, es beginnen, sich Brecher zu bilden
10	89–102	Schwerer Stum	Sehr hohe Wellen, weiße Flecken auf dem Wasser, lange und überbrechende Kämme, schwere Brecher
11	103–117	Orkanartiger Sturm	Brüllende See, Wasser wird waagerecht weggeweht, starke Sichtverminderung
12	>117	Orkan	See vollkommen weiß, Luft mit Schaum und Gischt angefüllt; keine Sicht mehr

Die Nordsee

Meer und Gesundheit 217

Unterkühlung

Wer sich so lange im kalten Wasser aufgehalten hat, dass die Lippen blau anlaufen und die Zähne klappern, sollte **dick eingepackt** werden und sich möglichst **bald unter eine heiße Dusche** begeben. Warmlaufen und -turnen lassen nur weitere Wärmekalorien verloren gehen. Ganz **besonders gefährlich** ist das **Einflößen von Alkohol** in diesem Stadium. Das wohlige „warme" Gefühl im Magen teilt sich dem Rest des Körpers nämlich nicht mit. Im Gegenteil: Alkohol erweitert die Hautporen und führt zu rapider Verflüchtigung restlicher Wärme. Er macht alles nur noch schlimmer. Um sich von innen her aufzuwärmen, trinke man am besten einen heißen Ostfriesentee.

Meer und Gesundheit

Gesundheitsfördernde Seeluft

Durch die besonderen klimatischen Bedingungen in Verbindung von Sonne, Salzwasser und Wind entsteht ein das Immunsystem anregendes **Reizklima.** Bei einem Spaziergang in der Brandungszone des Meeres ist die Luft voller **Aerosole,** das sind mikroskopisch kleine Meerwassertröpfchen, die reichlich Jod, Magnesium und Salz enthalten. Die Gischt wirkt wie eine Inhalation, die Atemwege werden frei, und man kann wieder tief durchatmen. Viele Erkrankungen, besonders im Bereich der Atemwege und der Haut, lassen sich durch einen Aufenthalt auf Borkum spürbar lindern. Aber auch Gäste ohne Erkrankung wissen dieses spezielle Klima an der Nordsee zu schätzen.

Die Luft ist pollenarm und aerosolhaltig. Dank des ständigen Seewinds und der Inselposition ist Borkums Luft reiner und besonders **für Pollenallergiker sehr gesund.**

Der rhythmische Wechsel von Aktivität im Freien und Ruhephasen hilft erschöpften Menschen ebenfalls dabei, wieder mehr Kraft zu bekommen. Der positive Einfluss der Seeluft kann zur **Steigerung der Leistungsfähigkeit** beitragen. Meist schläft man durch das gesunde Klima auch besser und länger. Die gesundheitsfördernden Aspekte sind durch entsprechende Studien belegt.

Borkum ist allergikerfreundlich

Im Jahr 2013 ist Borkum als erste Insel in Europa von der Europäischen Stiftung für Allergieforschung **ECARF** zertifiziert worden. Das **ECARF-Qualitätssiegel** weist auf besonders allergikerfreundliche Einrichtungen und Unternehmen hin. Darunter gibt

5

es Bäckereien, Fleischereien, Supermärkte und Restaurants, aber auch Unterkünfte. ECARF-zertifizierte Betriebe versuchen, die gesundheitlichen Anforderungen von Allergikern in besonderem Maße zu berücksichtigen. Gastronomische Betriebe beispielsweise gehen auf Glutenunverträglichkeit, Nuss- und Fruchtallergien etc. bei der Speisezubereitung ein und weisen entsprechend auf ihren Speisekarten die Inhaltsstoffe ihrer Gerichte aus. Zertifizierte Unterkünfte verzichten auf Daunenbetten und Teppichboden, sodass auch **Hausstauballergiker** hier gut Urlaub machen können. In diese Betriebe und Unterkünfte darf man seinen Vierbeiner leider nicht mitnehmen.

Thalasso-Therapie

Neben dem Angebot in Kurkliniken gibt es weitere Möglichkeiten, die Kraft aus dem Meer als natürliches Heilmittel zu nutzen. Die Klimatherapeuten im Gezeitenland beispielsweise beraten die Gäste gern dabei, individuelle Anwendungen zu finden. Die

◸ Schon zu Beginn des 20. Jahrhunderts wussten viele die gute Luft zu schätzen (Postkarte von 1910)

Das Sonnenlicht 219

Die Nordsee

Thalasso-Therapie basiert auf der Annahme, dass Meerwasser und Blut einen ähnlichen Salzgehalt aufweisen. Das soll dem menschlichen Körper erlauben, die **heilenden Stoffe des Meerwassers** besonders leicht aufzunehmen. Hauptanwendungsbereiche sind Atemwegserkrankungen, Hautkrankheiten und Herz-Kreislauf-Probleme. Die Behandlungstherapie erfolgt mit kaltem oder warmem Meerwasser, Meerluft, Sonnenlicht, Algen- und Schlickpackungen oder Sand-Peelings (siehe dazu auch „Inselinfo A–Z/Wellness und Thalasso-Therapie", Seite 133).

Für reine Luft auf das Auto verzichten

Wenn man sein **Auto** nicht unbedingt braucht, sollte man es gar nicht erst mit auf die Insel bringen oder nach der Ankunft während des Urlaubs stehen lassen. Denn wenn Borkum autofrei wäre, hätte die Luft dort eine noch bessere Qualität. Schließlich steht man in Konkurrenz zu einigen Nachbarinseln. Und Bewegung an der frischen Luft, sei es zu Fuß oder mit dem Fahrrad, ist ein weiterer gesundheitsfördernder Aspekt.

Das Sonnenlicht

Wenn man an den Strand fährt, so ist es in den meisten Fällen der Sonne wegen. Gewiss, man kann auch bei sonnenlosem Wind und Wetter Inselferien machen. Aber mehr Spaß bereitet es schon, wenn der Himmel lacht und nicht weint.

Risiken

Unumstritten ist, dass UV-Licht die Haut altern lässt. Das lässt sich bei notorischen Sonnenanbetern gut erkennen. Schon ein schlichter **Sonnenbrand** bewirkt innerhalb von drei Tagen eine Alterung der Haut um ein halbes Jahr. Wer sich regelmäßig zu viel Sonne aussetzt, hat auch ein höheres Risiko, an **Hautkrebs** zu erkranken. Besonders Sonnenbrand ist ein echter Risikofaktor. Für die Haut ist es besser, sich öfter nur kurz der Sonne auszusetzen, als wenig und dafür über einen längeren Zeitraum. Besonders Kinder und junge Menschen haben eine sehr empfindliche Haut, die die UV-Strahlen stärker durchlässt und langfristig schädigt.

Schutzmaßnahmen

Nach dem Rat von Medizinern sollte man das Sonnenbaden behutsam angehen, damit sich die Haut an das Licht gewöhnen kann. Besonders in den ersten Tagen des Urlaubs ist es zu emp-

5

fehlen, sich nur vor 11 und nach 15 Uhr in der Sonne zu tummeln. Am frühen Vor- und späten Nachmittag ist die Strahlung der schädlichsten UV-Variante nämlich wegen des längeren Wegs durch die Erdatmosphäre entscheidend geschwächt. Die restliche Zeit sollte man möglichst im **Schatten** verbringen. Schatten ist überhaupt das beste prophylaktische Mittel. Ein bedeckter Himmel reicht allerdings nicht; er lässt immer noch bis zu 80 Prozent der UV-Strahlung durch.

⌂ Farbenfroher Sonnenuntergang über der See

Die Nordsee

Sonnenbrand

Sollte man dennoch einmal einen Sonnenbrand bekommen, hilft am besten, die betroffen Hautpartien zu **kühlen.** Ein leichter Sonnenbrand lässt sich gut selbst behandeln, zum Beispiel mit kühlenden Umschlägen wie **Quarkwickeln, feuchtigkeitsspendenden Lotionen** und **Kompressen** mit kaltem Wasser. Die Sonne sollte man dann für längere Zeit meiden. Ein starker Sonnenbrand muss auf jeden Fall **vom Arzt** behandelt werden. Fühlt man nach seinem Aufenthalt im Freien Kopfschmerzen, Schwindel und Übelkeit bis zum Erbrechen, könnte es sich um einen **Sonnenstich** handeln. Darum empfiehlt es sich, dass Menschen mit wenig oder keinem Haar eine Kopfbedeckung tragen.

Nach den letzten Absätzen sollte der Leser sich jedoch nicht so fühlen, wie nach dem Lesen des Beipackzettels mit Risiken und Nebenwirkungen in der Medikamentenschachtel. Wenn die **Tipps zum Schutz vor der Sonne** berücksichtigt werden, steht einem entspannten und sonnigen Urlaub auf Borkum nichts im Weg.

Die Menschen an der Küste

Eigenständigkeit

Nicht alles ist so, wie es auf den ersten Blick aussieht, und bei vielem lohnt es sich, etwas genauer hinzuschauen und sich erst danach ein Urteil zu bilden. So sind die eigenwillig erscheinenden Insulaner oftmals sehr nett und freundlich, auch wenn es anfangs vielleicht anders aussehen mag. Das liegt daran, dass die Küsten- und Inselbewohner seit eh und je auf sich gestellt waren. Sie hatten ihr Land im Wortsinn der Nordsee abgerungen, und sie **ließen sich von Außenseitern nicht dreinreden,** was sie damit anstellen sollten. Den heiligen Bonifazius, der das versuchte, machten sie im Jahre 755 im holländischen Dokkum zum Märtyrer, und *Karl der Große* arrangierte sich lieber mit ihnen, statt es, wie zuvor die Römer, auf ein wenig aussichtsreiches Tauziehen ankommen zu lassen.

Frühe Demokratie

Bereits im 13. Jahrhundert, als im restlichen Deutschland noch das finsterste Mittelalter regierte, gründeten die Ostfriesen den **Upstalsboom,** eine Art Eidgenossenschaft und frühe Form der

Demokratie. „Lever dood as Slav", so lautete das Motto. Dies ist wohl auch der Grund, weshalb sich die Industrialisierung mit ihrem Lohnknechtschaftssystem in Ostfriesland erst spät durchsetzte und auf den Inseln schon gar nicht.

Auch heute noch hat sich nichts Wesentliches daran geändert, dass die **Einwohner der Inseln zusammenhalten.** Das müssen sie auch, denn nur gemeinschaftlich lassen sich die teilweise harten Herausforderungen meistern, die Wind, Wetter und die **isolierte Lage** auf kleinem Terrain mit sich bringen. Hinzu kommt, dass viele gerade in den Sommermonaten ohne Unterbrechung und freie Wochenenden im Tourismus arbeiten. Gegen Ende der Saison macht sich die schwere Arbeit dann meist bemerkbar, besonders dann, wenn das Personal neu auf der Insel ist und sich noch nicht daran gewöhnt hat. Wenn man als Gast den Menschen jedoch **freundlich auf Augenhöhe** begegnet und sie **mit Respekt** behandelt, wird man in der Regel auf offene Ohren und viel Hilfsbereitschaft stoßen.

Eigenwillige Ostfriesen

Die Menschen im Norden und besonders auf den Inseln waren vielerorts die meiste Zeit auf sich gestellt und mussten viel mit sich selbst ausmachen. Deshalb sind die **Ostfriesen** ein etwas eigenwilliger Menschenschlag und freunden sich nicht mit jedermann sofort an. Sie kommen gern schnell auf den Punkt und reden nicht lang herum. Gelegentlich kann das auf Menschen, die nicht aus dem Norden kommen, mürrisch wirken, es ist aber selten so gemeint.

„Moin"

UNSER TIPP: Eine Anmerkung zum Schluss zu einer **sprachlichen Besonderheit,** die für ganz Norddeutschland gilt: Als Gast sollte man auf jeden Fall mindestens die überall gebräuchliche Grußformel **„Moin"** kennen. In manchen Regionen sagt man auch „Moin moin". Das heißt nicht, wie viele vermuten „Guten Morgen", sondern das Wort ist aus dem Niederdeutschen und bedeutet „schön" oder „gut". Man wünscht sich damit **alles Gute und Schöne,** egal ob morgens, mittags oder abends.

Könen ji Börkumer Platt prooten?

Die Nordsee

Einflüsse

Ursprünglich sprach man auf Borkum **Mittelniederdeutsch,** und während der Zeit der Hanse das **Hanseplatt,** das sich stark im Börkumer Platt (Borkumer Platt) niederschlug. Mitte des 16. Jahrhunderts kamen viele Calvinisten als Glaubensflüchtlinge in den Norden. Während der Walfängerzeit fuhren zahlreiche junge Borkumer zur See, entweder heuerten sie auf niederländischen Walfang- oder den Handelsflotten an. Zur besseren Verständigung lernten sie Niederländisch und brachten die Sprache mit auf ihre Insel. Die Borkumer, Emder und die Bewohner entlang der Ems waren reformierte Calvinisten und sprachen **Holländisch,** das bis 1828 Kanzel- und Amtssprache war. Alte Dokumente aus dieser Zeit sind überwiegend in holländischer Sprache verfasst. Das sprachliche Eigenleben der Borkumer passte den Festländern aber nicht, denn das Fürstenhaus in Aurich gehörte zu den Lutheranern und man sprach dort **Hochdeutsch.** Per Dekret wurde 1828 die deutsche Sprache „eingeführt".

Es kam zu **Protesten** und viel **Widerspruch,** Deutsch konnte sich bei den Borkumern nicht durchsetzen. 1850 wurde immer noch Holländisch geschrieben, wie man auch an einem alten Reisebericht aus Italien sehen kann, den ein Borkumer an seine Mutter schrieb und der mit „Eerwaarde Muuder" (Ehrenwerte Mutter) beginnt. Noch 1860 baten die Borkumer Pastoren darum, weiterhin auf Holländisch predigen zu dürfen, besonders während der Wintermonate, weil die Gemeindemitglieder dringlichst darum gebeten hätten. In den Familien wurde nach wie vor viel Holländisch gesprochen. Eine letzte Schonfrist bis 1862 wurde noch gewährt, dann war Schluss. Hochdeutsch sollte mit aller Macht durchgesetzt werden. Es entwickelte sich ein **Inseldialekt** mit besonderen Eigentümlichkeiten, der sich vom am Festland gesprochenen Niederdeutsch im Detail auch heute spürbar unterscheidet.

Variationen des Niederdeutschen

„Die Sprache auf Borkum ist diejenige des westlichen Teiles des Festlandes von Ostfriesland, sie zeichnet sich aber vor den meisten anderen plattdeutschen Mundarten durch besonderen Wohlklang aus", so schrieb schon im März 1897 der Hauptlehrer

5

Vertellsel in plattdütse Börkumer Maudersprake –

De gaude Tunge van de Skipper

Sin Name is vandage vergeten, Heej kwamm ut Nörddiek un was Kaptein up ein lüttje Kümo. De Lü hebben vertellt, dat disse Kaptein ein heil besünder Keerl was. Heej wuss alltied genou op Water, waar sien Skip was. Heej gung elke Avend – uk bi mall Weer – um acht Ühr in de Koje, man he harr Order geven, dat de Bestmann hum alle Stünde dat Lood brengen sull. För Landrötten: Dat is ein Liene mit ein Stück Blei dran un hiermit kann man de Deipde meeten.

As de Matrose mit dat Lood bi sein Koje kwamm, slickte heej an dat Underende un see genou, waar seej nu mit dat Skip wassen. Un dat was alltied so akkeraat as ein Karkenreeken. De junge Keerl bi hum an Boord kwamm d'r neit achter, hau sin Kaptein dat maakt hett. Dat kann ja wall neit angahn, dat de olde Kaptein mit de Tunge preuven kunn, waar de Position van't Skip was.

Un dann hett sück de Matrose wat utdocht. Heej hett dat Underende van dat Lood dör ein Tuffelkiste trucken. Achteran smeet heej de Baul in't Water, truck hum weer hoog un gung na de Kaptein, hau wiet bin wi van Nörddiek off?"

De Baas slickde mit sien Tunge an dat natte Lood. Miteins jumpde heej umhoog, leip in Hund-jedrafft an Deck un reip sien Lü tau: "Junges! Nörddiek is undergahn un liggt heil und all in't Water! Wi fahren jüst over Jan Poppingas Tune!"

B. *Huismann* in seinem Buch über „Die Nordseeinsel Borkum einst und jetzt". Die Sprache hat viel **Ähnlichkeit mit dem Groninger Platt,** das im gleichnamigen Gebiet in den Niederlanden gesprochen wird. Einige Worte sind komplett anders, andere werden im ähnlichen Platt, das man zum Beispiel in Warsingsfehn (Gemeinde Moormerland im niedersächsischen Leer) spricht, ganz anders ausgesprochen oder betont. Bei einigen, dort auch verwendeten Worten wird ein „e" angehängt, das beim Börkumer Platt fehlt. Bei anderen Begriffen benutzen die Warsingsfehntjer Silben am Wortende, die auf Borkum nicht zu finden sind. Auf Börkumer Platt heißt es „Matrose", in Warsingsfehn „Matroos". Der Borkumer sagt „Mensken", der Warsingsfehntjer „Minsken". Auf Borkum heißt es, „*De Engel hett för alle Krankten dat rechte*", in Warsingsfehn drückt man sich etwas an-

Eine Geschichte auf Börkumer Platt

Des Schiffers gute Zunge

Sein Name ist heute vergessen. Er kam aus Norddeich und war Kapitän auf einem kleinen Küstenmotorschiff. Die Leute erzählten, dass dieser Kapitän ein ganz besonderer Kerl war. Er wusste auf dem Wasser immer ganz genau, wo sein Schiff war. Er ging jeden Abend – auch bei schlechtem Wetter – um acht Uhr in die Koje und gab die Anweisung, dass sein Bestmann (ein erfahrener Matrose) ihm jede Stunde das Lot bringen sollte. Für Landratten: Das ist eine Leine mit einem Stück Blei und hiermit kann man die Meerestiefe messen.

Wenn der Matrose mit dem Lot zu seiner Koje kam, leckte er an dem Unterende und sagte genau, wo sie mit dem Schiff waren. Und das war immer so präzise wie eine Kirchenrechnung. Der junge Mann, der bei ihm an Bord war, kam nicht dahinter, wie sein Kapitän das machte. Das kann ja nicht angehen, dass der alte Kapitän mit der Zunge feststellen konnte, wo die Position des Schiffes war.

Und da hatte der Matrose eine Idee. Er zog das Unterende von dem Lot durch eine leere Kartoffelkiste. Danach warf er den ganzen Kram ins Wasser, zog die Leine wieder hoch, ging zum Kapitän, präsentierte ihm das Lot und fragte, „Kapitän, wie weit sind wir von Norddeich entfernt?"

Der Chef leckte mit der Zunge an dem nassen Lot. Plötzlich sprang er hoch, lief (im Hundetrab) eilig an Deck und rief seinen Leuten zu:„Jungs! Norddeich ist untergegangen und alles liegt im Wasser! Wir fahren gerade über den Garten von Jan Poppinga!"

ders aus: „De Engel hett för all Lieden dat recht". Man sieht und hört im Börkumer Platt den **holländischen Einschlag** zum Beispiel auch am Wörtchen „hau". Ein Borkumer Engel im Himmel sorgt sich, ob er auf der Erde Probleme haben würde (Wie ist es unten auf der Erde?), und fragt: *„Man hau is't undern up de Eer?"* Die Warsingsfehntjer sagen: *„Man wo is dat unnern up de Eer?"*

Börkumer Platt ist wieder im Kommen

Das **„Börkumer Platt"** wird heute nicht mehr wie früher von den meisten Borkumern gesprochen. Es gab Zeiten, in denen es verpönt war, Mundart zu sprechen, und heute gibt es viele Zuwanderer vom Festland, die Hochdeutsch oder andere regionale Dialekte verwenden oder ihre Wurzeln im Ausland haben. In den 1980er Jahren stellte der Borkumer Altbürgermeister *Hermann van Dyken* dennoch fest: „Wenn man vandage achter de

Klaasohm anlöppt [Anmerkung: wichtigster Feiertag aller Borkumer am 5. Dezember, siehe auch S. 110], waat de'r meer Lüthers Proot as unse moije Börkumer Platt". Das bedeutet so viel wie: „Wenn man hinter Klaasohm herläuft, hört man mehr Hochdeutsch als Börkumer Platt". Die **älteren Einheimischen** verständigen sich jedoch nach wie vor im Börkumer Platt, und auch die **Jungen** tragen wieder viel zum Erhalt des Heimatdialekts bei.

Jan Schneeberg, Sprachexperte des Börkumer Platt, hat freundlicherweise für dieses Buch eine Geschichte nebst Übersetzung zur Verfügung gestellt (siehe Exkurs „Eine Geschichte auf Börkumer Platt", S. 224/225).

Alte Sprache hoch im Kurs

Dass sich die alten Regionalsprachen wie auch das Börkumer Platt heute wieder größerer Beliebtheit erfreuen, ist erstaunlicherweise einem Amerikaner zu verdanken. Der Germanist *Marron Curtis Fort,* geb. 1938 in Boston, spezialisierte sich auf die Erforschung der saterfrisischen und niederdeutschen Sprache. Inzwischen besitzt er die deutsche Staatsangehörigkeit und war lange Jahre bis zu seiner Pensionierung 2003 an der Universität Oldenburg tätig. Für seine Bemühungen um die friesische Sprache wurde er mit verschiedenen Medaillen ausgezeichnet und erhielt am 1. September 2015 das **Bundesverdienstkreuz am Bande.**

Hörbuch und Literatur zum Börkumer Platt

Wer mehr zu den sprachlichen Eigenheiten des Börkumer Platt wissen möchte, kann auf der Internetseite www.alt-borkum.de oder im Hörbuch auf CD mit Textbuch **„Hier bin ik tau Huus",** erschienen im BurkanaVerlag 2016, einige Beispiele hören und lesen, die der Sprachexperte *Jan Schneeberg* in liebevoller Kleinarbeit zusammengetragen hat. Weitere Details lassen sich nachlesen im Buch **„Die Nordseeinsel Borkum einst und jetzt"** von *B. Huismann* aus dem Jahr 1897, neu herausgegeben 1979 als unveränderter Nachdruck im Verlag Schuster, Leer (siehe auch Kapitel „Literaturhinweise", S. 236).

Essen und Trinken an der Küste

Die Nordsee

Deftige Kost

Die **traditionelle Küche** der Insulaner war darauf ausgerichtet, die Menschen nach schwerer körperlicher Arbeit **satt zu machen.** Deshalb wurden oft deftige Speisen gekocht. Sättigende Eintöpfe mit einem Stück Speck als Einlage waren üblich. Als Selbstversorger aßen die Inselbewohner, was die Natur und der Garten hergaben, und für die langen Wintermonate legte man Vorräte an, die auf verschiedenste Art und Weise haltbar gemacht wurden. Es gab Eingekochtes, Getrocknetes, Fermentiertes etc. Durch die Nutzung von Pflanzen – auch aus dem Meer – , Fisch und Fleisch war die Küche dennoch überraschend vielseitig. Das Motto lautete: *„För völ Eten bin ik neit, man ik mag geern ein bitje wat Gauds – und dann satt!"* (Ich bin nicht für viele Speisen, aber ich mag gern etwas Gutes, und davon dann satt!).

Viel Gemüse, wenig Fleisch

Bevor die ersten Kurgäste nach Borkum kamen, waren die Inselbewohner arm. Aber der **Boden war fruchtbar,** und man baute Obst und Gemüse im eigenen Garten oder in den Dünen an. Auch die Bergung von Strandgut nach Schiffsunglücken, die damals noch häufig waren, ergänzten das Angebot. Man verpflegte sich **weitgehend fleischlos.** Ein Badegast beschrieb das so: „ ... Die tägliche Lebensweise der Insulaner ist dieselbe wie an der holländischen und ostfriesischen Küste. Morgens, nachmittags und abends wird Thee aus kleinen Tassen getrunken und dazu geschrotetes Brot mit Butter und Schafskäse genossen. Mittags bilden Kartoffeln, Bohnen, Pfannkuchen und Klöße von Gerstenmehl mit Buttermilch, auch wohl Syrup die Kost. Fleisch kommt selten auf den Tisch ...". Fleisch musste vom Festland geliefert werden, gelegentlich wurden **Kaninchen** und **Enten** gejagt. Nach den Weltkriegen mussten die Gäste anfangs ihr eigenes Essen mitbringen. Es gab nicht genug auf der Insel, um auch die Gäste noch mit einem breiten Angebot zu bedienen. Allmählich wandelte sich die Insel im 19. Jahrhundert zum **Seebad,** das bis dahin überteuerte Angebot in den wenigen Monopol-Läden war nicht mehr zu halten, und es entstand eine Vielzahl kleiner Krämerläden, die zum Treffpunkt wurden. Neuigkeiten verbreiteten sich so in Windeseile. Der Satz „Hest all höört?" (Hast Du schon gehört) hält sich unter den Insulanern bis heute.

5

„Wenn Di mal de Woorden fehlen" – ein kleines Küchenglossar

Appelkauke	Apfelkuchen
Arten	Erbsen
Babbelwater	alkoholisches Getränk, das die Zunge löst
Bottermelk	Buttermilch
Braden Tuffels	Bratkartoffeln
Breej	Brei
Bollehawke	Frikadelle
Buuskohl	Weißkohl
Dörstampt Peten	Eintopf aus Stampfkartoffeln und Gemüse
Druwe	Weintrauben
Eeten	Essen
Elführje	Tee oder ein Schnäpschen um 11 Uhr vormittags
Eteg	Essig
Fledderboom	Holunder
Greunkohl	Grünkohl
Greunte	Petersilie
Haundersopp	Hühnersuppe
Hönnegkauke	Honigkuchen
Iis	Eis
Insett Bohntjes	eingelegte Bohnen
Kaneil	Zimt
Karmelk	Buttermilch
Kaukje	Plätzchen, Gebäck
Kniene	Kaninchen
Kniepwaweltjeisder	Waffeleisen
Köken	Küche
Koppke	kleine Tasse
Krüüsbeje	Stachelbeere

Kuffje	Kaffee
Melkbrumme	Milchkanne
Mukkje	Tasse, Pott
Mustert	Senf
Nagelke	Gewürznelke
Peere	Birne
Reuwe	Rübe
Rohm	Sahne
Slikkerbeck	Naschkatze
Snippelbohnen	eingesalzene Bohnen
Snuwer	Steinbutt
Söpke	Schnäpschen
Solt	Salz
Stipp	Tunke, Sauce
Straup	Sirup
Sünnerklaasgaud	Spekulatius
Stute	Weißbrot
Stutje	Brötchen
Trekksel	Teemenge für einen Aufguss
Tuffel	Kartoffel
Tuffelsopp	Kartoffelsuppe
Tweibakk	Zwieback
Upsett Melk	Dickmilch
Wuttel	Möhre
Ziepel	Zwiebel

Quelle: *Smakelk Eeten – Traditionelle Borkumer Küche* (siehe Literaturverzeichnis), Auszug mit freundlicher Genehmigung des Heimatvereins Borkum e.V.

Essen und Trinken an der Küste 229

Die Nordsee

Fisch und Meeresfrüchte

In früheren Zeiten wurde **Fisch** in allen Formen von den Inselbewohnern gegessen. Man fing in wirtschaftlich schlechten Zeiten für den Eigenbedarf. Im Frühjahr und Herbst Schollen („Buttje"), im Sommer Lachs, Butt und Rochen, im Herbst „Granaat" (Krabben) und Aal, im Winter gab es Miesmuscheln und getrockneten Fisch, den die Borkumer „Dröge Fis" („Klippfisch") nannten. Dazu wurden Schollen, Scharben, Schellfisch und Kabeljau ausgenommen und gesäubert und im Freien auf Holzgestellen („Rackjes") getrocknet. Zur Zubereitung musste man den Fisch über Nacht einweichen und ließ ihn nach dem Abgießen in wenig Wasser gar ziehen. Diese Tradition wird heute in Norwegen immer noch so praktiziert und ist als **„Dörrfisch"** oder Trockenfisch bekannt. Für das spanische Gericht *Bacalao* wird z.B. Dörrfisch aus Norwegen verwendet.

Garnelen

Im **Frühjahr** beginnt die Saison für **Nordseekrabben,** die eigentlich *Garnelen* heißen, mit „Krabben" bezeichnet man die Krebse. Sie werden noch an Bord der Fangschiffe gekocht und bekommen erst dadurch ihre charakteristische Farbe. Früher zogen die Fischhändler mit Handwagen durch Borkums Straßen und priesen lauthals ihren Fang an: „Pule, pule, pule, Granaat!" Man kann frische Garnelen **gepult** oder **mit Schale** kaufen (1 kg ergibt gepult etwa 400 g Krabbenfleisch). Zum Pulen nimmt man den Garnelenkopf zwischen Daumen und Zeigefinger der einen Hand, fasst das Ende mit der anderen Hand und dreht beide Enden vorsichtig so lange gegeneinander, bis die Schale bricht und man die eine Schalenhälfte abziehen kann. Die andere Hälfte lässt sich dann leicht aus dem Rest herausziehen. Am besten schmecken frisch gepulte Krabben auf einer **Scheibe Schwarzbrot** mit Butter oder auf einem Butterbrötchen. Leider sind die Krabbenbestände seit Jahren stark rückläufig. Zum einen liegt das an den industriellen Fangflotten, die vor der Küste in großem Stil alles abfischen, zum anderen wird vermutet, dass sich die eingeschleppte „Kastanienqualle", die sich in den letzten Jahren schlagartig vermehrt hat, von Krabben ernährt. Von abgepackten Nordseekrabben sollte man aus ökologischer Sicht lieber die Finger lassen. Sie werden häufig in Nordafrika gepult und haben bereits eine lange Reise im Lkw hinter sich.

Matjes

Auch **Matjesgerichte** gibt es in verschiedensten Variationen, ob als kalter Heringsstipp in einer klassischen Sahnesoße mit Äpfeln, Zwiebeln und Gewürzgurken zu heißen Pellkartoffeln oder mit Bohnen, Kartoffeln und Zwiebelringen, im klassischen Labs-

5

Essen und Trinken an der Küste

kaus oder als Salat. Am berühmtesten ist wohl der **Emder Matjes.** Besonders im Frühsommer ist Hochsaison für Matjes.

Sanddorn

Eine Spezialität an der Nord- und Ostseeküste ist **Sanddorn.** Dieser Busch kam mit der Eiszeit aus Asien nach Europa, wächst massenhaft in den Dünen und so lag es nahe, seine leuchtend orangefarbenen Früchte in der Küche zu verwenden. Es gibt zahlreiche Verwendungsformen, ob als Gelee, in Tees, als Likör („Fasanenbrause") oder in Bonbons – in fast jeder Form wird die Beere verarbeitet. Vor der Ernte muss sie einmal **Frost** abbekommen haben, sonst schmeckt sie nicht. Die Sanddornfrüchte haben ungewöhnlich viel Vitamin C, Vitamin B 12 sowie zahlreiche ungesättigte Fettsäuren und sind sehr gesund.

Der Queller wächst in den Salzwiesen

Als leckere Spezialität gelten die „ostfriesischen Salzstangen", das Wildgemüse **Queller,** der auf Borkum am Rand des Watts und in den Salzwiesen wächst. Im Juni schmeckt er als Salat am besten. Man kann ihn entweder roh essen oder mit Butter, Knoblauch und etwas Pfeffer in der Pfanne braten. Wichtig ist, dass man ihn ungewaschen (!) im Kühlschrank aufbewahrt, sonst wird er labberig und verliert seinen Geschmack. Auf Borkum steht der Queller unter Naturschutz und darf nicht gepflückt werden. Allerdings wird er z.B. in den Niederlanden oder Frankreich kommerziell angebaut und kann entweder über einen guten Fischhändler oder unter www.lachskontor.de (Bremen, Suchbegriff „Salicorne") bzw. www.send-a-fish.de erworben werden.

Das Teetrinken ist wichtiger Bestandteil des geselligen Lebens

Berühmt ist Ostfriesland für seinen hohen Teekonsum. **300 Liter pro Kopf im Jahr** trinkt man dort, in Deutschland im Durchschnitt nur 28 Liter. Seit rund 300 Jahren ist das so, und daraus hat sich eine **eigenständige Teekultur** entwickelt. Echter Ostfriesentee ist eine kräftige Mischung aus bis zu zehn Schwarzteesorten, die vor allem im indischen Teegebiet Assam angebaut werden. Die drei größten ostfriesischen Teehandelshäuser sind *Bünting, Thiele* und *Onno Behrends.*

Bereits Anfang des 17. Jahrhunderts brachten Schiffe der Niederländischen Ostindien-Kompanie Tee nach Europa, und von dort brachten ihn ostfriesische Schiffer schon bald nach Ostfriesland. Um 1720 hatte sich in Ostfriesland ein nennenswerter **Teehandel** etabliert. Durch den Handel mit dem Fernen Osten gelangte auch **Porzellan** nach Europa, das sich besonders zur Zubereitung von Tee und als Trinkgefäß eignet. Berühmt ist be-

Rezepte

Panntje-Fiss (Fischpfanne)

Zutaten: Reste vom Fisch (gekocht oder gebraten), Reste von Kartoffeln (gekochte vom Vortag), geräucherter Speck, pro Person ein Ei, etwas Salz, frische, gehackte Petersilie zum Bestreuen.

Zubereitung: Den Speck würfeln und in der Pfanne auslassen. In Scheiben geschnittene Kartoffeln hinzufügen und braten. Fisch in grobe Stücke zerteilen, zufügen, heiß werden lassen, mit Salz abschmecken. Die Eier verquirlen, über den Panntje-Fiss gießen und bei kleiner Hitze stocken lassen, mit Petersilie bestreuen und in der Pfanne servieren.

Dröge Bohntjes (Eintopf von getrockneten Bohnen)

Zutaten: 500 g getrocknete gelbe Bohnen, 700 g getrockneter oder geräucherter durchwachsener Speck, 3 Mettwürstchen, ¾ l Wasser, 500 g Kartoffeln, Salz, Pfeffer.

Zubereitung: Die Bohnen vom Band streifen (sie wurden zur Haltbarmachung von den Fäden befreit und mit einer Stopfnadel aufgefädelt. Die Bohnenketten, die „ostfriesische Girlande", trocknete man auf dem Dachboden oder über der Herdstelle), gründlich waschen und mit einer Schere in mundgerechte Stücke schneiden. In eine Schüssel geben, mit Wasser bedecken und über Nacht quellen lassen. Am nächsten Tag das Einweichwasser abgießen. ¾ l Wasser mit Bohnen und Speck zum Kochen bringen und ca. 1½ Stunden langsam garen. In der Zwischenzeit die Kartoffeln waschen, schälen, würfeln, mit den Mettwürsten zu den Bohnen geben und weitere 30 bis 40 Minuten kochen. Dann den Speck und die Würste herausnehmen und warm stellen. Kartoffeln und Bohnen gut durchstampfen, mit Salz und Pfeffer abschmecken und mit dem Fleisch servieren. Angewärmt schmecken die *Dröge Bohntjes* wie die meisten Eintöpfe besonders gut.

Quelle: Smakelk Eeten – Traditionelle Borkumer Küche, herausgegeben vom *Kookklöttje* des Heimatvereins Borkum e.V., www.heimatverein-borkum.de. Abdruck der Rezepte mit freundlicher Genehmigung des Heimatvereins Borkum e.V.

sonders das Teegeschirr mit dem Muster „Ostfriesische Rose", ein dünnwandig und gerripptes Porzellan, das man in dieser Region überall sieht. Es bestand früher aus Teebüss, Treckpott und Kopkes (Teedose, Kanne und Tassen).

„Teetrinken heißt, den Lärm der Welt zu vergessen", so lautet ein wahrer Satz. Die mit „Teetied" bezeichnete ostfriesische Teekultur gehört vielerorts zum festen Bestandteil des Tagesablaufs, und häufig wird er Besuchern als erstes angeboten. Der Tee wird mit losen Teeblättern zubereitet, dann kommt ein **Kluntje** (ein Stück brauner oder weißer Kandiszucker) in die Tasse, und der Tee wird eingegossen. Mit einem **speziell geformten Löffel**, der wie eine Miniatursuppenkelle aussieht, wird entgegen dem Uhrzeiger – man möchte schließlich die Zeit an-

Feiner Nordseegranat: Nach dem Schälen bleibt nur ein Drittel übrig

halten – Sahne am Rand der Tasse entlang eingetröpfelt. Sie sinkt ab und steigt in kleinen Wolken (Wulkje) wieder nach oben. Der Tee wird nicht umgerührt, damit mit jedem Schluck ein anderer Geschmack entsteht: Erst kommt die milde Sahne, dann kräftiger Tee und zum Schluss die süße Neige des Kandiszuckers.

Teetrinken ist gesund, seine anregende und wohltuende Wirkung ist bekannt. Die Aminosäuren im Tee stimulieren das menschliche Immunsystem. Da sich die Teezeremonie in Ostfriesland als „identitätsstiftende Kulturpraxis" etabliert hat, gehört sie seit 2016 zum immateriellen Weltkulturerbe. Das Borkumer Wasser eignet sich ganz hervorragend zur Teezubereitung. Es entstammt natürlichen Reservoirs und ist von ausgezeichneter Qualität (siehe dazu auch Exkurs „Borkums Trinkwasser", Seite 131).

Das „Stövje" hält den Tee warm

Die Autoren | 252
Fährzeiten Eemshaven 2017 | 240
Fährzeiten Emden 2017 | 238
Literaturhinweise | 236
Register | 247

6 Anhang

◁ Sandiger Weg zum Nordbad

6

Literaturhinweise

■ *Ahlrichs, Richard:* **Ostfriesland – Natürliches Kleinod voll anmutiger Schönheit,** Verlag Reinhard, Leer 1994. Ein unterhaltsames und informatives Büchlein, geschrieben von einem echten Ostfriesen.

■ *Buchwald, Konrad/Feldt, Walter/Schröder, Theo:* **Nordsee. Ein Lebensraum ohne Zukunft?** Verlag Die Werkstatt GmbH, Göttingen 1991. Pflichtlektüre, um einen tieferen Einblick in die ökologischen Verhältnisse des Nordseeraums zu gewinnen.

■ *Fründt, Hans-Jürgen:* **Plattdüütsch – das echte Norddeutsch,** 7. Auflage, REISE-KNOW-HOW-Verlag, Bielefeld 2007. Die Kauderwelsch-Reihe stellt u.a. deutsche Dialekte und Mundarten vor, allerdings geht es um Niederdeutsch allgemein und nicht das Börkumer Platt.

■ *Fischer, Ludwig/Steensen, Thomas/Waterbolk, Harm Tjalling/ van Lengen, Hajo/Fredriksen, John/Enemark, Jens/Hrsg. Wattenmeer-Sekretariat:* **Das Wattenmeer – Kulturlandschaft vor und hinter den Deichen,** Theiss Verlag, Stuttgart 2005. Ein faszinierender Bildband zeigt die ganze Vielfalt des Wattenmeers mit kultureller Vergangenheit und Gegenwart.

■ *Huismann, B.:* **Die Nordseeinsel Borkum einst und jetzt,** Verlag M. Wilkens, Leer, 1897, unveränderter Nachdruck von 1979 im Verlag Schuster, Leer. Historische Abhandlung über die Insel Borkum.

■ *Kookklöttje des Heimatvereins der Insel Borkum e. V., Hrsg.:* **Smakelk Eeten – Traditionelle Borkumer Küche,** 1. Auflage, Veröffentlichung des Heimatvereins der Insel Borkum e.V., zu beziehen über den Herausgeber. Unterhaltsames Kochbuch mit kleinen Geschichten über die historische Inselküche und Rezepten aus alten Familienkochbüchern.

■ *Meier, Dirk:* **Die Nordseeküste – Geschichte einer Landschaft,** Boyens Buchverlag, Heide 2006. Fundiertes Werk über die Entstehung der Küstenlandschaft der Nordsee.

■ *Narten, Michael:* **Ostfriesische Inseln – Sieben Sehnsuchtsorte in der Nordsee,** Hinstorff-Verlag Rostock, 2014. Schöner kleiner Bildband über die Inselgruppe.

■ *Narten, Michael:* **Ostfriesland – Region zwischen Meer und Moor,** Hinstorff-Verlag Rostock, 2015. Bildband über die Landschaft an der ostfriesischen Küste und im Binnenland.

■ *Neumann, Peter:* **Respekt – 150 Jahre Deutsche Gesellschaft zur Rettung Schiffbrüchiger,** Koehlers V. G., Hamburg 2015.

Viel Wissenswertes in einer Hommage über die Seenotretter der DGzRS, die Flotte und ihre Geschichte.

- *Richter, Werner* (Hrsg.): **Borkum – Die Urlaubskarte,** 17. Auflage, SI-Verlag Berlin. Kleine nützliche Faltkarte mit detailliertem Stadt- und Inselplan.

- *Schneeberg, Jan:* **Hier bin ik tau Huus – Vertellsels in unse Plattdütse Börkumer Maudersprake,** CD inklusive Textbuch, 1. Auflage, BurkanaVerlag, Borkum Berlin 2016. Hörbuch mit Geschichten in Börkumer Platt, eingesprochen von einem echten Borkumer Insulaner.

- *Schneider, Wolf E./Brückner, Karl Friedrich/Wybrands, Klaus-D.:* **Die kochenden Seenotretter,** 2. Auflage, BurkanaVerlag, Borkum Berlin 2017. Unterhaltsame Geschichten von zwei Rettungsmännern und deren Rezepte zur Versorgung der Crew.

- *Schneider, Wolf/Zogel, Jörg:* **Strandung vor Borkum – Der Untergang der Teeswood,** BurkanaVerlag, 2011. Das bis heute prägende Erlebnis dieses Schiffsuntergangs wird hier erzählt und mit beeindruckenden Illustrationen des Malers und Seenotretters *Jörg Zogel* ergänzt.

- *Thiede, Walter:* **Wasser- und Strandvögel – Arten der Küsten und Feuchtgebiete,** 7. Auflage, blv Verlag, München 2012. Handlicher Führer als idealer Begleiter für naturkundliche Touren zur Bestimmung der Arten.

- *Thorenmeier, Claudia:* **Borkums Schätze der Natur – Alles Wissenswerte über Borkums Flora und Fauna,** 2. Auflage, BurkanaVerlag, Borkum, Berlin 2016. In diesem Band sind mehrere Touren beschrieben, mit denen man die vielseitige Landschaft Borkums entdecken kann und viel Wissenswertes erfährt.

- *Ulsamer, Gregor:* **Borkums Leuchtfeuer – Geschichte und Technik,** 3. Auflage, Eigenverlag Gregor Ulsamer, Borkum 2010. Das Buch beschreibt detailliert die Geschichte und Technik der Leuchtfeuer Borkums inklusive Fotos und Zeichnungen.

- *Ulsamer, Gregor:* **Feuerschiff Borkumriff,** VDE Verlag 1997. Nur antiquarisch erhältlich ist dieses Buch mit einer lesenswerten Beschreibung der Entwicklung der Kommunikationtechnik.

UNSER TIPP: In den Nationalparkhäusern und dem Nationalparkschiff Borkumriff sind handliche **laminierte Klapptafeln** erhältlich zu verschiedenen Themen wie Pflanzen, Vogelwelt, Zugvögel, Brutvögel, Funde im Watt und am Strand und Vogelfedern am Meer. Sie lassen sich gut transportieren, und man lernt auf seinen Streifzügen durch die Landschaft viel über die Natur. Die Auswahl variiert.

Insel Borkum — Fahrplan 2017

von Emden-Borkumkai nach Borkum (anschließend Inselbahn)
Fahrzeit Schiff ca. 130 Min., Katamaran** ca. 60 Min., Reservierung erbeten

Zeitraum	Mo	Di	Mi	Do	Fr	Sa	So
01.01.–04.01.	08.00, 09.00**, 11.00, 14.00**, 16.45	08.00, 11.00, 16.45	08.00, 11.00, 16.45	—, 16.45	08.00, 16.45	08.00, 16.45	09.00**, 11.00, 14.00**, 16.45
05.01.–30.03.	06.30**a, 08.00, 14.00**a, 16.45	08.00, 16.45	08.00, 12.30a, 16.45	08.00, 16.45	08.00, 14.00**a, 16.45	08.00, 12.30a, 16.45	08.30, 14.00**a, 16.45
31.03.–23.06.	08.00, 12.30**, 14.00, 16.45**	08.00, 12.30**, 14.00, 16.45**	08.00, 12.30**, 14.00, 16.45**	08.00, 12.30**, 14.00, 16.45**	08.00, 12.30**, 14.00, 16.45**	08.00, 12.30**, 14.00, 16.45**	08.00, 09.00**, 12.30**, 14.00, 16.45**
24.06.–27.08.	08.00, 09.00**, 12.30**, 14.00, 16.45**, 19.30**	08.00, 09.00**, 12.30**, 14.00, 16.45**, 19.30**	08.00, 09.00**, 12.30**, 14.00, 16.45**, 19.30**	08.00, 09.00**, 12.30**, 14.00, 16.45**, 19.30**	08.00, 09.00**, 12.30**, 14.00, 16.45**, 16.45, 19.30**	08.00, 09.00**, 12.30**, 14.00, 16.45**, 19.30**■	08.00, 09.00**, 12.30**, 14.00, 16.45**, 19.30**

Rückfahrt-Zeiten ab Borkum-Bahnhof

bzw. ab Borkum-Bahnhof nach Emden
(die Schiffe legen ca. 25 Min. später am Hafen ab)

Zeitraum	Mo	Di	Mi	Do	Fr	Sa	So
01.01.–04.01.	07.30, 10.10**, 13.30, 15.00**, 16.30	07.30, 13.30, 16.30	07.30, 13.30, 16.30	—, 16.30	07.30, 13.30, 16.30	07.30, 13.30, 16.30	10.10**, 13.30, 15.00**, 16.30
05.01.–30.03.	07.30**a, 07.30, 13.30, 15.00**a, 16.30	07.30, 13.30, 16.30	07.30, 13.30, 15.30a	07.30, 13.30	07.30, 13.30, 15.00**a	07.30, 13.30, 15.30a	08.30, 15.00**a, 16.30
31.03.–23.06.	07.15**, 10.30, 14.00**, 16.30	07.15**, 10.30, 14.00**, 16.30	07.15**, 10.30, 14.00**, 16.30	07.15**, 10.30, 14.00**, 16.30	07.15**, 10.30, 14.00**, 16.30	07.15**, 10.10**, 10.30, 14.00**, 16.30	07.15**, 10.10**, 10.30, 14.00**, 16.30
24.06.–27.08.	07.15**, 07.15, 10.10**, 10.30, 14.00**, 16.30, 17.40**	07.15**, 10.10**, 10.30, 14.00**, 16.30, 17.40**	07.15**, 10.10**, 10.30, 14.00**, 16.30, 17.40**	07.15**, 10.10**, 10.30, 14.00**, 16.30, 17.40**	07.15**, 10.10**, 10.30, 14.00**, 16.30, 17.40**	07.15**, 10.10**, 10.30, 14.00**, 16.30, 17.40**	07.15**, 10.10**, 10.30, 14.00**, 16.30, 17.40**

Copyright: AG EMS. Wir danken für die freundliche Abdruckgenehmigung.

Fährzeiten Emden 2017

28.08. – 29.10.	08.00 09.00** 14.00 16.45**	08.00 09.00** 12.30** 14.00 16.45**	08.00 09.00** 12.30** 14.00 16.45** 19.30**b	08.00 09.00** 12.30** 14.00 16.45** 19.30**b	07.15 10.10** 10.30 14.00** 16.30 17.40**b	07.15 10.10** 10.30 14.00** 16.30 17.40**b	07.15 10.10** 10.30 14.00** 16.30 17.40**b	07.15 10.10** 10.30 14.00** 16.30 17.40**b
30.10. – 23.12.	06.30** 08.00 14.00** 16.45	08.00 16.45	08.00 16.45	08.00 14.00** 16.45	07.30** 07.30 13.30 15.00** 16.30	07.30 13.30 15.00** 16.30	07.30 13.30 15.00** 16.30	08.30 15.00** 16.30

a) ab 23. Februar
b) bis 01. Oktober

** zuschlagspflichtige Katamaran-Schnellverbindung
■ via Eemshaven (NL) nach Borkum (ermäßigter Katamaranzuschlag)

Weitere Fährabfahrten

ab Emden	Uhrzeit	ab Borkum-Bahnhof	Uhrzeit
April	07., 21., 28.	16.45	April	17., 22.	13.30
Mai	24.	16.45	Mai	07., 28.	13.30
Juni	02., 23.	16.45	Juni	18.	13.30
Sept.	29.	16.45			
Okt.	20., 27.	16.45			
Okt.	30., 31.	11.00	Okt.	30., 31.	16.30
Nov.	01., 02., 03., 04., 05.	11.00	Nov.	01., 02., 03., 04.	16.30
			Nov.	05.	13.30
Dez.	22., 23.	11.00	Dez.	22., 23.	16.30

Weitere Katamaran** Abfahrten

ab Emden		Uhrzeit	ab Borkum-Bahnhof		Uhrzeit
April	14., 17., 18., 19., 20., 21.	09.00	April	14., 17., 18., 19., 20., 21.	10.10
April	13.	19.30	April	13.	17.40
Mai	25., 26.	09.00	Mai	25., 26.	10.10
Mai	24., 26.	19.30	Mai	24., 26.	17.40
Juni	05., 06., 15.	09.00	Juni	05., 06., 15.	10.10
Juni	02., 04., 05., 06.	19.30	Juni	02., 04., 05., 06.	17.40
Okt.	03.	19.30	Okt.	03.	17.40
Nov.	04., 05.	09.00	Nov.	04., 05.	10.10

Kofferlos reisen: Gepäckservice gleich mitbuchen!

Fährzeiten Eemshaven 2017

von Eemshaven nach Borkum (anschließend Inselbahn)
Fahrzeit Schiff ca. 50 Min., Katamaran** ca. 25 Min., Reservierung erbeten

Zeitraum	Mo	Di	Mi	Do	Fr	Sa	So
01.01. - 04.01.	12.00 15.15	12.00 15.15	12.00 15.15	—	—	—	12.00 15.15
05.01. - 30.03.	12.00	12.00	12.00	06.15 a 12.00	12.00	12.00	15.15
31.03. - 23.06.	07.30 m 10.15 13.45 o	07.30 10.15	07.30 10.15	07.30 10.15	07.30 10.15 13.45	07.30 09.15 10.15 12.15 13.45 15.15 16.45	07.30 10.15 13.45
	16.45	16.45	16.45	16.45	16.45	16.45	16.45
	07.30	07.30	07.30	07.30	07.30		07.30
24.06. - 27.08.	10.15	10.15	10.15	10.15	10.15	10.15	10.15
	13.45	13.45	13.45	13.45	13.45	13.45	13.45
	16.45	16.45	16.45	16.45	16.45 20.15**	16.45	16.45
28.08. - 29.10.	07.30 10.15 13.45	07.30 10.15	07.30 10.15	07.30 10.15	07.30 10.15 13.45	07.30 10.15 13.45	07.30 10.15 13.45
	16.45	16.45	16.45	16.45	16.45	16.45	16.45
30.12. - 23.12.	12.00	12.00	12.00	06.15 12.00	12.00	12.00	15.15

Rückfahrt-Zeiten ab Borkum–Bahnhof

bzw. ab Borkum-Bahnhof nach Eemshaven
(die Schiffe legen ca. 25 Min. später am Hafen ab)

Zeitraum	Mo	Di	Mi	Do	Fr	Sa	So
01.01. - 04.01.	10.30 13.30	10.30 13.30	10.30 13.30	—	—	—	10.30 13.30
05.01. - 30.03.	10.30	10.30	10.30	10.30	10.30	10.30	13.30
			19.00 a				
31.03. - 23.06.	08.30 m 11.30 o	08.30 12.30 m	08.30 12.30	08.30 12.30 m	08.30 11.30	08.30 11.30	08.30 11.30
	14.40 o 17.40	17.40	17.40	17.40	14.40 17.40	14.40 17.40	14.40 17.40
		08.30	08.30	08.30	08.30	07.15 08.30	08.30
24.06. - 27.08.	11.30	11.30	11.30	11.30	11.30	10.10 11.30 13.30	11.30
	14.40	14.40	14.40	14.40	14.40	14.40 16.30	14.40
	17.40	17.40	17.40	17.40	17.40	17.40	17.40
28.08. - 29.10.	08.30 11.30	08.30 12.30	08.30 12.30	08.30 12.30	08.30 11.30	08.30 11.30	08.30 11.30
	14.40 17.40	17.40	17.40	17.40	14.40 17.40	14.40 17.40	14.40 17.40
30.10. - 23.12.	10.30	10.30	10.30 19.00	10.30	10.30	10.30	13.30

Fährzeiten Eemshaven 2017

a) ab 23. Februar
m) nicht am 13. + 17. April, 01. + 25. Mai, 05., 06., + 15. Juni
o) ab 24. April
   (s. „weitere Fährabfahrten")

Je nach Tide und Schiffseinsatz kann die Fahrtzeit zwischen knapp 2 Stunden und bis zu 3 Stunden betragen. Voraussichtlich längere Fahrtzeiten über 2 Std./45 min. sind im Internet unter www.ag-ems.de abrufbar.

Weitere Fährabfahrten (vornehmlich Ferienbeginn / Ferienende Niedersachsen und Nordrhein-Westfalen) auf Nachfrage im Service-Center Emden unter der Rufnummer 01805/180 182* oder unter www.ag-ems.de
*14 ct/min. aus dem deutschen Festnetz; Mobilfunk max. 42 ct/min.

Ausfall von Fahrten und Änderungen im Programm sowie der Abfahrts- und Ankunftszeiten vorbehalten. Es gelten die „Allgemeinen Geschäftsbedingungen" der Aktien-Gesellschaft "EMS".

Fahrplan- und Preisänderungen vorbehalten

Nutzen Sie unseren Fahrplan-Service
per SMS oder E-Mail.

Weitere Fährabfahrten

ab Eemshaven		Uhrzeit	ab Borkum-Bahnhof
Febr.	22.		19.00
April	03.		12.30
	08.	09.15, 12.00, 15.15	07.15, 10.10, 13.30
	10.		12.30
	13.	13.45, 20.15**	11.30, 14.40
	17.	12.00, 13.45	10.10, 11.30, 14.40
	22.	09.15, 12.00	07.15, 10.10
	23.	07.30	08.30
	29.	09.15, 12.00	07.15, 10.10
Mai	07.	07.30	08.30
	24.	19.30	
	25.	09.15, 13.45	11.30, 14.40
	28.	09.15, 12.00	07.15, 10.10
Juni	02.	19.30	
	03.	09.15, 12.00	07.15, 10.10
	06.	13.45	11.30, 14.40
	14.	19.30	
	15.	13.45	11.30, 14.40
	18.	12.00	10.10
Okt.	21.	09.15, 12.00	07.15, 10.10
	28.	09.15, 12.00, 15.15	07.15, 10.10, 13.30
	29.	19.30	
	30., 31.	15.15	
Nov.	01., 02., 03., 04.	15.15	13.30
	05.	12.00	10.30
Dez.	22., 23.	15.15	13.30

Tickets & Service
01805/180 182*
*14 ct/min. a. d. Festnetz; Mobil max. 42 ct/min
www.ag-ems.de

Notizen

Reisetagebuch – Notizen von unterwegs von REISE KNOW-HOW

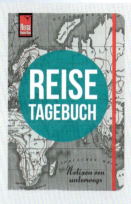

Neu ab dem 25. Sept. 2017

Reisetagebuch –
Notizen von unterwegs
1. Auflage 2017, € 12 [D]
ISBN: 978-3-8317-3020-9

REISE KNOW-HOW
Reisetagebuch – Notizen von unterwegs

Dieses Tagebuch ist ein zuverlässiger und verschwiegener Gefährte auf Reisen. Egal ob Wochenendausflug oder Langzeitreise, ob in den Bergen, am Strand oder in der Stadt. Ein Journal für Fernweh und Wanderlust, Wichtiges und Unwichtiges, Schönes und Schwieriges, Leckeres und Unappetitliches, Aha-Erlebnisse und die ganz großen Fragen – kurz ein Aufbewahrungsort für alles, was auf Reisen wichtig ist.

Das Tagebuch ist liebevoll illustriert mit alten Stichen von Tieren, Pflanzen und Fortbewegungsmitteln aus aller Welt und aufgelockert mit Gedanken und Zitaten zum Reisen. Vor allem aber bietet es viel Freiraum zur individuellen Gestaltung.

Inhalt:
Das Buch hat 133 Seiten zur freien Gestaltung (klar, ist ja ein Tagebuch). Praktischerweise gibt es noch eine Packliste, eine Budgetliste und Adress-Seiten zum Ausfüllen. Und dann noch einiges, was unterwegs nützlich sein könnte: Eine Weltkarte, Kontinente & Zeitzonen, internationale Maße, einen immerwährenden Kalender, ein Reiseverzeichnis und eine Sprachhilfe ohne Worte: Die wichtigsten Reisebegriffe zum Zeigen.

Ausstattung:
160 Seiten, handliches Format (13,5 x 20 cm) mit abgerundeten Ecken, Fadenheftung, robuster Umschlag mit praktischem Gummiband zum Verschließen, Sammeltasche für Erinnerungsstücke, Lesebändchen, gut beschreibbares Papier mit Punktraster

www.reise-know-how.de   **Reisen? We know how!**

Das komplette Programm zum Reisen und Entdecken
von REISE KNOW-HOW

- **Reiseführer** – alle praktischen Reisetipps von kompetenten Landeskennern
- **CityTrip** – kompakte Informationen für Städtekurztrips
- **CityTrip**^{PLUS} – umfangreiche Informationen für ausgedehnte Städtetouren
- **InselTrip** – kompakte Informationen für den Kurztrip auf beliebte Urlaubsinseln
- **Wohnmobil-Tourguides** – alle praktischen Reisetipps für Wohnmobil-Reisende
- **Wanderführer** – exakte Tourenbeschreibungen mit Karten und Anforderungsprofilen
- **KulturSchock** – Orientierungshilfe im Reisealltag
- **Die Fremdenversteher** – kulturelle Unterschiede humorvoll auf den Punkt gebracht
- **Kauderwelsch Sprachführer** – vermitteln schnell und einfach die Landessprache
- **Kauderwelsch plus** – Sprachführer mit umfangreichem Wörterbuch
- **world mapping project**™ – aktuelle Landkarten, wasserfest und unzerreißbar
- **Edition REISE KNOW-HOW** – Geschichten, Reportagen und Abenteuerberichte

Reisen? We know how!

Die Autoren

Nicole Funck, geboren 1963 in Köln, studierte an der Ludwig-Maximilians-Universität München und ist Unternehmensberaterin für Kommunikation und Marketing mit langjähriger Führungserfahrung in Unternehmen, vorwiegend aus dem technischen Umfeld. Sie lebt und arbeitet im Großraum Hannover. Mit dem Schreiben vertraut, veröffentlichte sie viele Beiträge und war an zahlreichen Buchveröffentlichungen beteiligt. Ihr Reiseführer über die Mongolei, erschienen 2015 im Reise-Know-How Verlag, wurde mit dem ITB Book Award ausgezeichnet.

Michael Narten, geboren 1964 in Hannover, arbeitete viele Jahre als Grafiker und Art Director in Hannover und Hamburg. Heute ist er als Grafiker, Fotograf und Buchautor tätig. In den vergangenen zehn Jahren war er an der Veröffentlichung von zahlreichen Büchern beteiligt. Als Autor verfasste er mehrere Titel über die Stadtgeschichte Hannovers, ein weiterer Schwerpunkt seiner Arbeit ist die Aufarbeitung von Firmengeschichten in Buchform. Zwei Bildbände über die Ostfriesischen Inseln und Ostfriesland sind im Hinstorff-Verlag erschienen.

Roland Hanewald, geboren 1942 in Cuxhaven, wuchs an der Weser auf. Gut zwanzig Jahre fuhr er weltweit zur See. Lange Zeit verbrachte er auf den Philippinen. Er spricht fließend Platt, die Ratschläge für die Sicherheit am Strand entstammen solider Praxis. Er war bereits 1955 Deutschlands jüngster Rettungsschwimmer. Der vorliegende Band ist einer von Roland Hanewalds vielen Büchern. Mit über 1400 Fotoreportagen ist er überdies einer der produktivsten Journalisten seines Genres, vertreten in bislang 48 Ländern.

Register 251

Anhang

Vegetation 144
Veranstaltungen 122
Verkehr 70
Vitalienbrüder 169
Vögel 145
Vogelschutz 152
Vordünen 138

W

Wadenkrampf 215
Walfang 175
Walhalle, Dykhus 25
Walknochenzäune 179
Walpfad 46
Wandelhalle 35
Wandern 124
Wasserqualität 108
Wasserski 106
Wassersport 106
Wassersportzentrum
   am Nordstrand 106
Wasserstände 213
Wassertemperatur 108
Wasserturm 33
Waterdelle-Muschelfeld 147

Watt 156
Wattenmeer 142, 156
Wattwandern 124
Wattwürmer 158
Weißdünen 139
Wellen 216
Wellness 133
Westland 174
Wetter 209
Wetterabfolge 210
Wildpflanzen 140
Wind 209
Windsurfen 106
WLAN 92

Y

Yachthafen 61

Z

Zahnärzte 51
Zelten 64
Zug (Anreise) 59
Zug (Kleinbahn) 74
Zweiter Weltkrieg 197

Fotonachweis

■ Nicole Funck (nf)
■ Michael Narten (mna)
■ Heimatverein der Insel Borkum e.V. (HvB)
■ Jörg Zogel (jz)
■ Wirtschaftsbetriebe der Stadt
NSHB Borkum (WB)

■ Wolf Schneider (ws, Lütje Toornkieker)
■ Bar-Bistro Pferdestall (bbp)
■ Volker Kuinke (vk)
■ Wikipedia (Borkumwappen, S. 164,
Walfangschiff, S. 175)
■ Roland Hanewald (rh)

6

Reiten 103
Reitstall Borkum am Wasserturm 104
Reizklima 217
Restaurants 82
Rezepte 231
Robben 154
Römer 163
Ronde Plate 146
Rudolf-Akkermann-Halle, Dykhus 28
Ruhezone 146
Rundfahrten 76

S

Salzwiesen 142
Sandbank Hohes Riff 137
Sanddorn 140, 230
Sandsammlung 24
Schutzzonen, Nationalpark 150
Schwarze Krähenbeere 140
Schwimmen 105
Seebad 189
Seebäder-Antisemitismus 198
Seebadgründung 184
Seehundbank Hohes Riff 153
Seehunde 154
Seekabel 192
Segeln 105
Sendeanlagen 193
Shopping 67
Sonnenbrand 219, 221
Sonnenlicht 219
Spielbank Borkum 109
Spielplätze 94
Sport 100
Springtide 211
Stadtrundgänge 78
Steckbrief Borkum 11
Steernklippdüne 41
Störtebeker, Klaus 169
Strabo 162
Strand-Müll-Box 159
Strände 107, 137
Strände, bewacht 108

Strandjer 169
Strandpromenade 35
Strandsegeln 106
Strandweg 127
Strandzelte/-körbe 108
Strömungen 214
Sturm 210, 216
Sturmflut 213
Südbad 107
Südstrand 108
Sümpfe 143

T

Tanzen 109
Tauchen 106
Teeswood 38
Telefonnummern 50
Telegrafie 192
Tennis 106
Thalasso-Therapie 133, 218
Tiden 211
Tidenhub 211
Tiefdruckgebiete 210
Tierärzte 91
Tiere 143
Tierheim 50
Touren 78
Trampolinspringen 106
Trinken 227
Trinkwasser 131
Tüskendör 152, 174

U

Unterhaltung 109
Unterkühlung 217
Unterkunft 113
Unterwasserwelt 29
Upstalsboom 221

V

Varus-Schlacht 165
Vegetarier 82

Register 249

Kleinkrebse 158
Klettern 102
Klima 209
Klimawandel 210
Kneipen 89
Kontinentalsperre 185
Kraftsport 101
Krankenhaus 50
Küchenglossar 228
Kultur 109
Kulturinsel 50
Kur 95
Kur- und Touristikservice Borkum 50
Kurbeitrag 95
Kurkarte 95
Küstenschutz 206
Kutschfahrten 77

L

Ladenöffnungszeiten 67
Landschaften 136
Landsenkung 173
Leuchtturm, Alter 18
Leuchtturm, Kleiner 23
Leuchtturm, Neuer 21
Literaturhinweise 236
Lounges 83

M

Matjes 230
Meer 204, 217
Meeressalat 141
Meilenlauf 103
Menschen 221
Mien Börkum 100
Milchbuden 36
Milchreis 82
Mittelalter 166
Muschelfeld 147

N

Napoleon 185
Nationalpark 158

Nationalparkschiff Borkumriff 42
Natur 136
Naturschutz 143
Naturschutzgebiete 146
Navigation 23
Neuer Leuchtturm 21
Nipptide 211
Nordbad 107
Norddüne 40
Nordic-Walking 132
Nordsee 203
Nordsee-Aquarium 29
Notfall-Orientierungs-System 128

O

Ökotourismus 156
Ostfriesische Inseln 205
Ostland 174

P

Parken auf Borkum 52
Pensionen 119
Pflanzen 143
Pierwürmer 158
Plattdüütsch 223
Plinius der Ältere 162
Polizei 50
Pollenallergiker 217
Post 50
Pottwalskelett, Dykhus 27
Preiskategorien, Hotels 8
Presse 99
Prile 211

Q

Quallen 215
Queller 141, 230

R

Raabe, Wilhelm 187
Radio 99
Regatta Borkum – Helgoland 105
Rehabilitationsmaßnahmen 97

Anhang

6

Register

Fährzeiten Eemshaven 240
Fährzeiten Emden 238
Fauna 145
Ferienhäuser/-wohnungen 120
Fernbus 61
Feuchtgebiete 143
Feuerschiff 43
Fisch 229
Fitness 101
FKK 108
FKK-Strand 107
Flora 143
Flugplatz 60, 101
Flugschule Borkum 101
Flugzeug (Anreise) 59
Flut 211
Fortbewegung 70
Fotonachweis 251
Franzosen 184
Franzosenschanze 185
Fremdenverkehrsamt 50
Führungen 76
Funkanlagen 193
Fußreflexzonen-Parcours 133

G

Gastgeberverzeichnis 113
Gastronomie 80
Germanicus 166
Geschichte 161
Gesundheit 217
Gezeiten 211
Gezeitenland 94, 101, 105, 133
Gezeitenströmungen 214
Gezeitentabelle 9
Glücksspiel 109
Gottesdienste 94
Grabungen, archäologische 167
Graudünen 139
Greune Stee 146
Großes Kaap 23
Gymnastik 101
Gynäkologie 51

H

Hallenbad 105
Heimatmuseum 24
Heuler 154
Hoge Hörn 52
Hotels 114
Hummer 30
Hunde 89
Hundekot 90

I

Imbisse 83
Indoor-Surfing 101
Insel-Camping Borkum 64
Inselbahn 74
Inselfeste 109
Inselradio 100
Inselschutzmaßnahmen 205, 206
Inselverein 50
Internet 92

J

Jahrestemperatur, mittlere 210
Jugendbad 107
Jugendherberge 120

K

Kaap, Großes 23
Kaap, Kleines 24
Kamtschatka-Rose 140
Kaninchen 145
Kapitänszimmer, Dykhus 26
Karnstee, Dykhus 25
Kartoffel-Rose 140
Kasino 109
Katamaran 58
Kinder 92
Kino 109
Kirchen 94
Kitesurfing 101
Klaasohm 110
Kleinbahn 70, 74
Kleiner Leuchtturm 23

Register

A

Adressen 50
Aerosole 217
Alfried Krupp (Seenotkreuzer) 45
Algenzellen 158
Alter Leuchtturm 18
Angeln 100
Anmoore 143
Anreise 51
Antennen 193
Antisemitismus 198
Apotheken 50
Ärzte 50
Auskunft 50
Aussichtsdünen 40
Auto (Anreise) 52
Auto (auf Borkum) 70

B

Baden (Gefahren) 214
Bahn (Anreise) 59
Bahn (auf Borkum) 70
Baken 23
Barrierefreiheit 63
Bars 83
Beach-Volleyball 100
Beeren 140
Benzin 70
Bibliothek 109
Blasentang 141
Boot (Anreise) 61
Borcum 163
Borkum (Name) 162
Borkum Aktuell 99
Borkumer Kleinbahn 74
Borkumer Meilenlauf 103
Borkumer Zeitung 99
Borkumgaragen 56
Borkumkais 52
Boule 100

Braundünen 139
Burcana fabria 162
Burchanis 162
Burkana 99
Busch, Wilhelm 186
Busse 71

C

Cafés 83
Camping 64
Campinggebühren 65
Christianisierung 168
CVJM-Häuser 121

D

Demokratie 222
Deutsche Gesellschaft
    zur Rettung Schiffbrüchiger 194
DGzRS 194
Ditjes un' Datjes 99
Drachensteigen 100
Dünenwall 148
Dykhus 24

E

Ebbe 211
ECARF-Qualitätssiegel 217
Einkaufen 67
Eisdielen 89
Eiszeiten 204
Elektromobilität 69, 70
Energieversorgung 69
Erderwärmung 210
Erster Weltkrieg 196
Essen 227

F

Fähre 58
Fahrplan, AG-Ems 238
Fahrradverleih 71
Fährtarife (ab Eemshaven) 54
Fährtarife (ab Emden) 53

So sind sie, die ...
Neu bei REISE KNOW-HOW:
Die Fremdenversteher

Die Reihe, die kulturellen Unterschieden unterhaltsam auf den Grund geht.

Mit britischem Humor vom Feinsten, Mut zur Lücke, einem lockeren Umgang mit der politischen Korrektheit – aber immer: feinsinnig und auf den Punkt.

Am Ende ist klar: So sind sie eben, die Anderen!

Die Fremdenversteher: Deutsche Ausgabe der englischen Xenophobe's® Guides.

108 Seiten | 8,90 Euro [D]

www.reise-know-how.de   Reisen? We know how!

Zu Hause und unterwegs – intuitiv und informativ

▶ **www.reise-know-how.de**

- **Immer und überall** bequem in unserem Shop einkaufen
- Mit **Smartphone, Tablet** und **Computer** die passenden Reisebücher und Landkarten finden
- **Downloads** von Büchern, Landkarten und Audioprodukten
- Alle **Verlagsprodukte** und **Erscheinungstermine** auf einen Klick
- **Online** vorab in den Büchern **blättern**
- Kostenlos **Informationen, Updates** und **Downloads** zu weltweiten Reisezielen abrufen
- **Newsletter** anschauen und abonnieren
- Ausführliche **Länderinformationen** zu fast allen Reisezielen

Reisen? We know how!